Teoria, História e Processo

— COM REFERÊNCIAS AO CPC/2015 —

Conselho editorial
André Luís Callegari
Carlos Alberto Molinaro
César Landa Arroyo
Daniel Francisco Mitidiero
Darci Guimarães Ribeiro
Draiton Gonzaga de Souza
Elaine Harzheim Macedo
Eugênio Facchini Neto
Giovani Agostini Saavedra
Ingo Wolfgang Sarlet
José Antonio Montilla Martos
Jose Luiz Bolzan de Morais
José Maria Porras Ramirez
José Maria Rosa Tesheiner
Leandro Paulsen
Lenio Luiz Streck
Miguel Àngel Presno Linera
Paulo Antônio Caliendo Velloso da Silveira
Paulo Mota Pinto

Dados Internacionais de Catalogação na Publicação (CIP)

J62t   Jobim, Marco Félix.
        Teoria, história e processo : com referências ao CPC/2015 / Marco Félix Jobim. – Porto Alegre : Livraria do Advogado Editora, 2016.
        171 p. ; 23 cm.
        Inclui bibliografia e anexos.
        ISBN 978-85-69538-36-3

        1. Direito processual - Teoria. 2. Processo civil - História. 3. Teoria Geral do Processo. 4. Tutela. I. Título.

CDU 347.91/.95
CDD 347.05

Índice para catálogo sistemático:
1. Direito processual : Teoria   347.91/.95

(Bibliotecária responsável: Sabrina Leal Araujo – CRB 10/1507)

Marco Félix Jobim

Teoria, História e Processo

— COM REFERÊNCIAS AO CPC/2015 —

Porto Alegre, 2016

© Marco Félix Jobim, 2016

Capa, projeto gráfico e diagramação
Livraria do Advogado Editora

Revisão
Rosane Marques Borba

Direitos desta edição reservados por
Livraria do Advogado Editora Ltda.
Rua Riachuelo, 1300
90010-273 Porto Alegre RS
Fone: 0800-51-7522
editora@livrariadoadvogado.com.br
www.doadvogado.com.br

Impresso no Brasil / Printed in Brazil

A *Gabriel D'Almeida Jobim, Pedro D'Almeida Jobim* e *Betânia D'Almeida Jobim,* fontes inesgotáveis de inspiração.

Agradecimentos

Recentemente, recebi uma placa que referia: *"Prof. Marco Félix Jobim, além dos ensinamentos que você nos transmitiu, a sua responsabilidade, companheirismo e amizade foram os pontos marcantes e dignos de nossa admiração. Com alegria te agradecemos por ter nos ajudado a alcançar este importante degrau de nossas vidas porque além de mestre, tu és um amigo. Muito obrigado por tudo. Formandos Turma 159. DIREITO PUCRS 2015/2"*. Então, é hora de retribuir o agradecimento, pois sou eu o aqui agraciado. Meus afilhados e afilhadas da Turma 159, PUC/RS 2015/2, a presente obra é, também, em homenagem a vocês, sendo que as suas histórias passam a se confundir, um pouco, com as minhas. Meu muito obrigado aos colegas: Richard Grigolo de Oliveira Alves, Vander Luis da Silva Madrid, José Augusto Mariani dos Santos, Thiago Tutikian Nichele Bier, Victória Zank Cardoso, Rafael Pigatto Arrais, Renan de Fraga Moreira, Eduardo Valcarenghi, João Marcos Sluzynski, Wander Luis Janes Rodrigues, Gabriela Silva de Souza, Laura Zulian da Silva, Louise Lerina Fialho, Jeanderson Ubirajara Primmaz da Silva, Amanda da Rosa Felix, Gabriela Menna Barreto Araujo, Gabriel Fagundes da Cunha, Camila Garcia Castro, Raquel Porto Alegre, Alexandra de Souza Castilhos, Jéssica da Silva Toledo, William Bobsin Tietbohl, Helena Oliveira Celistre, Ari de Souza Alcantara, Aline Aparecida Campos de Lima, Paulo Ricardo Bernardes de Alencar, Fernanda Nascimento dos Santos, Alessandra Pereira Santos, Marcel Medeiros Cabral, André de Souza Neves, Bruno Menezes Manfro, Felipe Mrack Giacomolli, Carolina Franzoi Scroferneker, Marina Domeneghini, Kim Bender Almeida, Barbara Quadrado Massafra, Eduarda Kraemer Cano, Nathielle Rodrigues da Rosa, Fernanda Pedreira Ribeiro, Caroline Francescato da Rosa, Bruna Ferreira Gomes, Luiza Chies Schenato, Jonatan Wolff de Paris, Guilherme Borges Nora, Giordano Boemler Parisotto, Arthur Pereira Maica, Guilherme Moraes Lopes, Gabriela Dias Giorgis, Roberta Mazzaferro Torriani, Natana Lanzarin, Nathalia Mattos Ferreira, Henrique Pratini Seger, Ricardo Luis Beck Filho, Olavo Garcia Renner, Ana Emilia Ruschel Oliveira, Ana Luiza Giron Cardon, Giulia Bacim de Araujo e Silva, Taise Paula Gasda, Rosineidi da Paz Silva, Lais Fernanda Cruz de Oliveira, Gabriela Cecilia Rosi Persico, Simone Costa Fagundes, Paula de Mello Alves, Julieta Graciele da Silva Santos Bitencourt e Claudia Loiola Gonçaves.

Aos professores que compuseram as duas mesas do produtivo e inesquecível dia 23/01/2016 nas formaturas da Turmas 458 e 159 – Clarice Beatriz da Costa Söhngen, Fernanda Rabello, Artur Torres, Guilherme Jaeger, Fábio D'Ávila, Vitor Peruchin, Mauro Fiterman –, aos demais homenageados, Emerson e Geórgia, assim como ao Wagner Dias e ao Fabrício Cunha, pelo excepcional apoio.

O ano de 2015 reservou-me uma grande experiência, com dois amigos e estagiários docentes em sala de aula, razão pela qual meu agradecimento ao Felipe Ferraro e ao Sérgio Gillet, pela oportunidade dos debates e pela paciência que tiveram comigo durante as aulas.

Aos alunos da Turma 458 da PUC/RS 2015/2, por terem me concedido a honra de ser um dos professores homenageados.

Quando convidei o meu querido amigo Julio César Goulart Lanes para prefaciar a obra, sabia que não sairia ileso de sua inteligente leitura, o que me fez mudar alguns tópicos do estudo e costurar algumas questões que, claras no meu pensamento, não o estariam ao público sem suas críticas. Meu muitíssimo obrigado!!!

Ao amigo e sempre professor Daniel Mitidiero, pois o projeto já estava arquivado e bastou uma frase de incentivo de sua parte para que eu o retomasse.

Ao prof. Sérgio Cruz Arenhart, por ter aceitado ser meu tutor de pós-doutoramento na prestigiada Universidade Federal do Paraná, assim como aos membros da banca de ingresso, Profs. Luiz Guilherme Marinoni e Clayton Maranhão. Teremos dois anos para o debate de temas relacionados à Teoria do Direito e sua aplicação no Direito Processual Civil.

Aos colegas da PUC/RS que sempre me oportunizam crescimento, não poupando esforços para me alocarem nas mais diversas frentes que possam contribuir com meu crescimento e agradecendo, muito, a oportunidade de hoje poder coordenar a especialização em Direito Processual Civil.

E, sempre, aos meus familiares (meus pais, irmãos e sobrinhos), afilhados(as), amigos(as), colegas, alunos(as) e à Livraria do Advogado Editora, nas pessoas do Walter e do Valmor.

Prefácio

Recebi de Marco Félix Jobim, com enorme satisfação, o convite de prefaciar seu mais recente trabalho: *Teoria, História e Processo*. Tarefa que me foi especialmente agradável, pois tenho admiração e carinho pelo Marco. Tive a sorte de conhecê-lo no curso de doutoramento da Pontifícia Universidade Católica do Rio Grande do Sul. Durante tal período, mais do que um colega, ganhei um amigo. Amigo novo, com todos os atributos de uma amizade antiga, como já tive a oportunidade de registrar publicamente.

Tamanha proximidade com o Marco não me isenta do compromisso de um debate crítico, claramente e novamente encorajado por ele, como aconteceu quando da conclusão da leitura a que me propus. Mais do que podem traduzir o encontro de todos os acertos e eventuais erros, referida leitura denuncia a preocupação do autor com a evolução constante de seu pensamento. Há muito acompanho o seu corajoso cuidado de não abandonar temas que lhe provocam inquietação. Daí, aliás, o surgimento deste trabalho, iniciado muitos anos antes de sua conclusão. Esse traço é sentido e admirado pelos seus pares. Ao mesmo tempo, indiscutivelmente, faz do Marco um professor simplesmente adorado pelos seus alunos.

A obra tem larguíssimo espectro. Está estruturada em cinco partes, são elas: *Visões contemporâneas sobre a existência de uma teoria geral do processo; e se houvesse uma teoria geral do processo, qual seu ponto de partida; Sociedade e tutela de direitos; apontamentos históricos do processo; teoria do processo constitucional*. O autor, em momento algum, assume o propósito de ser exaustivo, mas, valendo-se de forte pesquisa bibliográfica, consegue semear aguçadas dúvidas sobre os tratamentos dispensados à Teoria Geral do Processo, colocando em xeque sua própria existência. Vence tal iniciativa, subsidiando o leitor de ricas indicações sobre os pontos e os institutos que influenciam o estudo da temática eleita. Para tanto, elegeu a técnica de se conduzir por perguntas, mas sempre se protegendo contra a aceitação de dogmas como respostas. Se, ao final, seus questionamentos centrais são respondidos, saberá cada leitor, ao avaliar as conclusões assumidas pelo autor.

De minha parte, vejo como ponto marcante da obra: *provocar reflexão sobre ideias e conceitos que estão acomodadas pelo tempo, usados e difundidos como inabaláveis*. Sabidamente, qualquer forma de engessamento não pode e não deve ser aceito, ainda mais no presente momento, tão receptivo ao novo. Estamos diante de tempos incertos, mas também de elevadas esperanças. A nova codificação processual, merecedora de apoio, não permite, por certo, despreocupação com a cautela, a qual, por sua vez, deverá ser também alimentada pela constante oxigenação de temas como os da presente obra. Nisso, inclusive, a felicidade do momento de sua publicação.

De nada adianta ansiarmos por transformações profundas, sem investirmos tempo e esforço, como bem faz o Marco, também na discussão sobre as formas pelas quais poderá ser estruturado o contato com fundamentos indispensáveis ao início do estudo da ciência jurídica processual, uma vez que, esses, reconhecidamente, mais do que tijolos de uma base, são ganchos indispensáveis às soluções adotáveis para cada um dos problemas sujeitados ao trabalho colaborativo dos operadores do Direito.

Por fim, parabéns ao Doutor Marco Jobim, com a certeza de uma boa leitura a todos os colegas.

Porto Alegre, final do verão de 2016.

Júlio Cesar Goulart Lanes
Mestre e Doutor em Direito pela Pontifícia
Universidade Católica do Rio Grande do Sul.
Sócio do Escritório Andrade Maia Advogados.

Tendo em vista as transformações havidas na metodologia jurídica, que caracterizam uma fase histórica já denominada de neopositivsimo ou neoprocessualismo, a Teoria Geral do Processo deve ser reconstruída, com a revisão de conceitos inadequados ou obsoletos e a incorporação de novos conceitos jurídicos fundamentais processuais.

Fredie Didier Jr.

Sumário

Introdução..15
1. Visões contemporâneas sobre a existência de uma teoria geral do processo..........21
    1.1. Fredie Didier Jr. e sua tese: sobre a Teoria Geral do Processo, essa desconhecida, e a necessidade de se repensar uma nova disciplina introdutória ao Direito Processual..22
    1.2. As críticas de Luiz Guilherme Marinoni, Sérgio Cruz Arenhart e Daniel Mitidiero sobre a Teoria Geral do Processo..25
    1.3. A crítica de Rômulo de Andrade Moreira a uma Teoria Geral do Processo........28
2. E se houvesse uma Teoria Geral do Processo, qual seu ponto de partida?............33
    2.1. Um panorama doutrinário sobre a Teoria Geral do Processo.........................33
    2.2. Buscando o conceito de teoria..38
    2.3. O conceito de Teoria Geral do Processo..40
    2.4. Quais ramos do processo seriam abrangidos pela Teoria Geral do Processo?....41
    2.5. Teoria Geral do Processo: teorias unitária e dualista...................................54
    2.6. Métodos de elaboração da Teoria Geral do Processo..................................55
    2.7. Função da Teoria Geral do Processo..56
3. Sociedade e tutela de Direitos..59
    3.1. Conceitos introdutórios necessários à compreensão das formas de resolução de controvérsias..65
        3.1.1. Pretensão..66
        3.1.2. Interesse...67
        3.1.3. Bens...67
        3.1.4. Conflito de interesses...68
        3.1.5. Lide..70
        3.1.6. Controvérsia...71
        3.1.7. Direito subjetivo...71
        3.1.8. Direito potestativo..72
    3.2. Formas de solução de controvérsias...72
        3.2.1. Formas alternativas de resolução de conflitos (*ADRS – Alternative Dispute Resolution System*)...73
            3.2.1.1. Autodefesa ou autotutela?..75
            3.2.1.2. A autocomposição...79
                3.2.1.2.1. Desistência ou renúncia.................................80

    3.2.1.2.2. Submissão...81
    3.2.1.2.3. Transação..81
  3.2.1.3. A heterocomposição..82
    3.2.1.3.1. A mediação..84
    3.2.1.3.2. A conciliação...85
    3.2.1.3.3. A negociação...87
    3.2.1.3.4. A arbitragem...88
3.3. Forma principal de resolução de controvérsias: a jurisdição......................90
3.4. Novas formas de composição apontadas na doutrina 92

4. Apontamentos da história do processo..95
4.1. O processo no Direito Romano..95
  4.1.1. Primeiro período: "legis actiones"..97
  4.1.2. Segundo período: procedimento formulário, ou *per formulas*..................99
  4.1.3. Terceiro período: a *cognitio extra ordinem*................................100
4.2. Notas sobre o Direito Processual medieval......................................102
4.3. O processo no Brasil: esforço histórico...103
  4.3.1. As ordenações: Afonsinas, Manuelinas e Filipinas............................104
  4.3.2. O Regulamento n. 737, de 1850..105
  4.3.3. A consolidação do Conselheiro Ribas 106
  4.3.4. Os Códigos de Processo Civil estaduais.....................................107
  4.3.5. O Código de Processo Penal...108
  4.3.6. O conteúdo processual da Consolidação das Leis do Trabalho.................109
  4.3.7. Leis esparsas e conteúdos processuais......................................110
  4.3.8. Códigos de Processo Civil brasileiros: 1939, 1973 e 2015...................111
4.4. Uma breve referência às fases metodológicas do processo........................113

5. Teoria do Processo Constitucional ou Teoria Geral do Processo Constitucional?..125
5.1. O conteúdo processual da Constituição da República Federativa do Brasil......129
  5.1.1. Direitos fundamentais processuais na Constituição Federal..................130
  5.1.2. A organização judiciária...143
  5.1.3. O controle abstrato de constitucionalidade das leis........................145
  5.1.4. As ações ou remédios constitucionais.......................................147

Considerações finais 151

Pósfacio 155

Referências...157

Anexo – Convite para o debate que foi realizado sobre a existência ou não de uma Teoria Geral do Processo entre Fredie Didier Jr. e Rômulo de Andrade Moreira..171

Introdução

A Teoria Geral do Processo,[1] disciplina lecionada nos cursos de graduação em Direito no país,[2] foi introduzida no currículo por meio da Resolução n. 03 do MEC,[3] datada de 25/02/1972,[4] posteriormente substituída pela Portaria n. 1886/1994,[5] do mesmo Ministério, e hoje regulamentada pela Resolução[6] CES/CNE n. 9/2004,[7] foi inaugurada[8]

---

[1] CINTRA, Antonio Carlos de Araújo; GRINOVER, Ada Pellegrini; DINAMARCO, Cândido Rangel. *Teoria geral do processo*. 30. ed. São Paulo: Malheiros, 2014. p. 5. Segundo Luís Eulálio de Bueno Vidigal, prefaciando a obra: "A unificação, em uma só disciplina, dos estudos de direito processual civil e penal foi defendida, na Europa e no Brasil, por dois dos mais profundos e originais pensadores da matéria: Francesco Carnelutti e Joaquim Canuto Mendes de Almeida". No mesmo sentido: COLUCCI, Maria da Glória; ALMEIDA, José Maurício Pinto de. *Lições de teoria geral do processo*. 3. ed. Curitiba: Juruá, 1996. p. 13-14.

[2] DIDIER JR., Fredie. *Sobre a teoria geral do processo, essa desconhecida*. Salvador: Juspodivm, 2012. p. 177. Em que pese, após estudo aprofundado da matéria, o autor ter encontrado Faculdades sem a matéria: "A disciplina Teoria Geral do Processo pode ser encontrada na grade curricular dos cursos de bacharelado em Direito das principais instituições de ensino superior brasileiras. Raros são os cursos que não a prevêem como disciplina obrigatória".

[3] Sigla para Ministério da Educação e Cultura.

[4] MEDINA, Paulo Roberto de Gouvêa. *Teoria geral do processo*. Belo Horizonte: Del Rey, 2012. p. x. Isso não signifrica dizer que, antes mesmo, já havia a disciplina em determinados cursos, conforme expõe o autor: "O livro é fruto de longa experiência didática em torno da matéria de que se ocupa. Comecer a lecionar Teoria Geral do Processo nos idos de 1968, quando minha Faculdade a introduziu no currículo pleno, em iniciativa pioneira, no país, porquanto, àquele tempo, apenas um ou outro curso a contemplava em sua grade curricular. Somente nos últimos trinta anos o estudo da disciplina se espraiou pelos cursos de graduação, havendo, hoje, afinal, um consenso de que os estudos de Direito Processual devem começar pela sua teoria geral".

[5] Para estudar a Portaria n. 1886/94 em sua integralidade, recomenda-se: <http://www.ufpb.br/sods/consepe/resolu/1997/Portaria1886-MEC.htm>. Acesso em 07 mar. 2013.

[6] Para estudar a Resolução n. 9/2004 em sua integralidade, recomenda-se: <http://portal.mec.gov.br/cne/arquivos/pdf/rces09_04.pdf>. Acesso em: 07 mar. 2013.

[7] RODRIGUES, Horácio Wanderley; LAMY, Eduardo de Avelar. *Teoria geral do processo*. 3. ed. Rio de Janeiro: Elsevier, 2012. p. 15. Referm na nota 29: "A Portaria MEC nº 1886/1994, que revogou a Resolução CFE nº 3/1972, não incluiu expressamente a Teoria do Processo entre as matérias obrigatórias, nem como conteúdo obrigatório da matéria Direito Processual Civil; da mesma forma a Resolução CES/CNE nº 9 que atualmente define as diretrizes curriculares para os Cursos de Direito. Na realidade, a atual regulamentação sequer se refere a processos específicos, indicando como obrigatório apenas o conteúdo Direito Processual como integrante do eixo de formação profissional (art. 5º, inciso III)".

[8] Há, inclusive, recente publicação dando conta desta homenagem: ZUFELATO, Camilo; YARSHELL, Flávio Luiz (Org.). *40 anos da teoria geral do processo no Brasil*: presente, passado e futuro. São Paulo: Malheiros, 2013.

na Universidade do Largo de São Francisco,[9] com o intuito de preenchimento de um hiato existente na grade curricular de Direito Processual. Cumpre, desde já, alertar que há vozes que desacreditam em sua existência, em especial daqueles que se dedicam ao estudo do Direito Processual Penal,[10] tendo, inclusive, estudos já publicados direcionados somente a defender esse ponto de vista, como se observa nas obras de Cláudia Marlise da Silva Alberton Ebling[11] e Rômulo de Andrade Moreira.[12] As críticas sobre a existência/inexistência de uma Teoria Geral do Processo serão devidamente enfrentadas no presente estudo.

Criada para, num primeiro momento, abarcar as teses convergentes entre o Processo Civil e o Processo Penal, imiscuiu-se no Processo do Trabalho[13] e tem contemplado explicar, inicialmente, determinados conceitos que transitam por novos ramos do processo que surgem ao longo do tempo, como o Processo Administrativo, o Processo Tributário, o Processo Eleitoral, o Processo Previdenciário, o Processo Empresarial, dentre outros que serão pormenorizados adiante, analisando algumas questões existentes em cada um deles. Esse fato é constatado por Cândido Rangel Dinamarco,[14] que alerta ser ainda indefinido o âm-

---

[9] SICA, Heitor Vitor Mendonça. Perspectivas atuais da teoria geral do processo. In: CARNEIRO, Athos Gusmão e CALMON, Petrônio (Org.). *Bases científicas para um renovado direito processual*. 2. ed. Salvador: Juspodivm, 2009. p. 55-78. p. 57. Relata o autor: "Com efeito, após ser defendida com brilho por importantes doutrinadores pátrios, a teoria geral do processo teve importante marco histórico no ano de 1972, quando a Faculdade de Direito da Universidade de São Paulo destinou-lhe disciplina própria no segundo ano do curso de bacharelado".

[10] DIDIER JR., Fredie. *Sobre a teoria geral do processo, essa desconhecida*. Salvador: Juspodivm, 2012. Em que pese ser alvo, no curso desta obra, de capítulo autônomo, serve o alerta do autor desde já, ao referir: "Nada obstante, a Teoria Geral do Processo difundiu-se na América Latina, especialmente no Brasil, onde está presente no currículo da grande maioria dos cursos de bacharelado em Direito. Ou seja: embora sem que se saiba exatamente no que consiste, a Teoria Geral do Processo vem sendo ensinada em todo o território nacional. Além disso, é alvo de ferrenha crítica dos processualistas penais brasileiros, que a repelem, mesmo sem compreendê-la adequadamente".

[11] EBLING, Cláudia Marlise da Silva Alberton. *Teoria geral do processo*: uma crítica à teoria unitária do processo através da abordagem da questão da sumarização e do tempo no/do processo penal. Porto Alegre: Livraria do Advogado, 2004. p. 175. Conclui a autora: "Concluímos que falar em 'uma' teoria geral do processo é deixar-se trair pela 'generalização' do direito, no falso entendimento de que utilizar os institutos do processo civil no processo penal é forma de agilização na solução de conflitos".

[12] MOREIRA, Rômulo de Andrade. *Uma crítica à teoria geral do processo*. Porto Alegre: Magister, 2013. O autor chega a ser enfático para defender que: "Essa Teoria Geral é inadmissível exatamente porque não há qualquer similitude entre os conteúdos do Processo Civil e do Processo Penal".

[13] GRECO FILHO, Vicente. *Direito processual civil brasileiro*: teoria geral do processo e auxiliares da justiça. 21. ed. São Paulo: Saraiva, 2009. v. 1. p. 5. O autor defende que pode existir uma teoria geral para cada área processual: "No que se refere ao sistema do direito processual, são inegáveis os benefícios trazidos pela teoria geral do processo, mas a sua formulação está incompleta, havendo muito o que se fazer para se chegar a um abrangente conjunto de princípios omnivalentes, que informem o processo civil, o processo penal (comum e militar), o processo do trabalho e o processo eleitoral. Reduzindo o grau de generalidade, deve ser formulada uma teoria geral do processo civil, uma do processo penal e assim por diante, com princípios plurivalentes".

[14] DINAMARCO, Cândido Rangel. *A instrumentalidade do processo*. 13. ed. São Paulo: Malheiros, 2008. p. 67. Refere: "Ainda incipiente e problemática quanto ao reconhecimento de sua própria legitimidade científica, ela não tem até hoje suas linhas bem definidas, nem no âmbito de sua abrangência".

bito total da abrangência da disciplina da Teoria Geral do Processo. Tendo esse viés de introdução aos demais ramos de processo, a disciplina deveria ser considerada como propedêutica[15] pela importância em criar bases teóricas ao estudante para o enfrentamento do restante do curso. Ressalte-se que a importância de um estudo introdutório sobre o processo é tamanha, que leva o aluno a se preparar para os demais ramos autônomos do processo e, ao mesmo tempo, começa a identificar para ele a conexão existente entre Direito Material e Processo,[16] matéria esta que já foi praticamente um tabu na doutrina cientificista do processo, mas que hoje já pode ser tratada como algo natural no estudo do Direito Processual.

Uma imensa preocupação contemporânea nasce do fato de que, desde 1988, com a advento da promulgação da Constituição da República Federativa do Brasil, esta, com conteúdo abrangendo, também, a área processual, cria um Processo Constitucional,[17] ou Direito Processual Constitucional, ou Direito Constitucional Processual ou Conteúdo Processual da Constituição,[18] que seria o guia para os demais ramos da seara processual, devendo, pois, todos repensarem em seus institutos pelo novo modelo processual que foi alocado no Brasil pós-1988, o qual direciona para um pensamento que poderia ser inicialmente conclusivo de que existe um lugar comum a toda atividade jurídico-processual,[19] mas que será oportunamente enfrentado. Alguns processualistas, dando-se conta desse enorme avanço para o estudo de uma Teoria Geral, já elaboram suas obras com esse olhar constitucionalizado,[20] não que o

---

[15] NASCIMENTO, Amauri Mascaro. *Ordenamento jurídico trabalhista*. São Paulo: LTr, 2013. p. 22. Sobre o conceito de propedêutica, expõe o autor: "Propedêutico tem o significado do que é introdutório, preliminar".

[16] Para uma leitura introdutória sobre o tema, recomenda-se: HIDALGO, Daniela Boito Maurmann. *Relação entre direito material e processo*: uma compreensão hermenêutica. Porto Alegre: Livraria do Advogado, 2011.

[17] Que pode ser vislumbrado com os princípios do processo constitucional, com a organização judiciária e com o controle de constitucionalidade de leis trazido no bojo do texto da Constituição Federal, entre outros temas relacionados ao processo.

[18] Alguns doutrinadores tendem a diferenciar os conteúdos processuais existentes na Constituição Federal com determinada nomenclatura.

[19] GRECO FILHO, Vicente. *Direito processual civil brasileiro*: teoria geral do processo e auxiliares da justiça. 21. ed. São Paulo: Saraiva, 2009. v. 1. p. 3. Defende: "A compreensão unitária do direito processual resultou, especialmente, da verificação de que o poder jurisdicional, como um dos poderes do Estado, é único, e sua estruturação básica encontra-se no nível da Constituição Federal, de modo que resulta inevitável a conclusão de que há algo comum a toda atividade jurisdicional".

[20] Por exemplo, mesmo que já tenha refeito sua obra: MARINONI, Luiz Guilherme. *Curso de processo civil*: teoria geral do processo. São Paulo: Revista dos Tribunais, 2006. v. 1. A leitura da introdução de sua obra já denuncia para tal comprometimento do texto processual com a Constituição Federal. De igual forma, recomenda-se: OLIVEIRA, Carlos Alberto Alvaro; MITIDIERO, Daniel. *Curso de processo civil*: teoria geral do processo civil e parte geral do direito processual civil. São Paulo: Atlas, 2010. v. 1.

tema Processo e Constituição seja novo,[21] mas apenas tomando-se como marco, neste momento, a Constituição em vigor brasileira, podendo-se, inclusive, falar num modelo constitucional do Processo Civil brasileiro.[22] Esses são alguns fatos pelos quais se escreve esta obra, aliado a outros pessoais do próprio autor, a dizer que um deles sobrevoa sua docência, pois é professor de programa de pós-graduação *stricto sensu*, cuja área de concentração é sobre Teoria Geral da Jurisdição e Processo, além do fato de que dedicou o seu mestrado à análise de uma parte existente do Processo Constitucional[23] e continuou seus estudos em programa específico de doutorado[24] sob uma ótica semelhante,[25] tendo, inclusive, gerado uma obra,[26] que poderia ser alocada como de História do Processo, durante o transcurso de uma das disciplinas do curso, aliando aos seus conhecimentos teóricos a prática, ao trabalhar aplicando a matéria, o que parece salutar, como expõe Cândido Rangel Dinamarco[27] ao afirmar que é na experiência profissional que se fixa o melhor banco de prova de uma Teoria Geral, pensamento também referido pela caneta de Carlos Alberto Alvaro de Oliveira[28] ao trabalhar o necessário entrelaçamento da Teoria e da prática, e não só de uma ou de outra.

Alguns pensamentos colocados ao longo da obra poderão ser alvo de críticas por parte de parcela dos pensadores do processo, tendo em

---

[21] Apenas a título de referência, o processualista uruguaio Eduardo J. Couture já trabalhava com o tema. Ver: COUTURE, Eduardo J. *Estudios de derecho procesal civil*: la constitución y el proceso civil. 5. ed. Buenos Aires: La Ley, 2010. v. I.

[22] Como assinala: BOTELHO, Guilherme. *Direito ao processo qualificado*: o processo civil na perspectiva do Estado Constitucional. Porto Alegre: Livraria do Advogado, 2010. p. 57.

[23] A dissertação, em sua versão comercial, pode ser lida com: JOBIM, Marco Félix. *Direito fundamental à duração razoável do processo*: a responsabilidade civil do Estado em decorrência da intempestividade processual. 2. ed. Porto Alegre: Livraria do Advogado, 2012.

[24] Programa de Pós-Graduação em Direito da Pontifícia Universidade Católica do Rio Grande do Sul, na área de concentração de Teoria Geral da Jurisdição e Processo.

[25] A tese, em sua versão comercial, pode ser lida com: JOBIM, Marco Félix. *Medidas estruturantes*: da Suprema Corte estadunidense ao Supremo Tribunal Federal. Porto Alegre: Livraria do Advogado, 2013.

[26] A obra foi escrita durante a disciplina ministrada por Elaine Harzheim Macedo, que deu origem, após a apresentação do seminário, a: JOBIM, Marco Félix. *Cultura, escolas e fases metodológicas do processo*. Porto Alegre: Livraria do Advogado, 2011.

[27] DINAMARCO, Cândido Rangel. *A instrumentalidade do processo*. 13. ed. São Paulo: Malheiros, 2008. p. 70. Refere: "O melhor banco de prova de cada uma das formulações avançadas no plano da teoria geral é mesmo a experiência profissional com o processo e observação dos resultados a que conduz; mesmo em sede teórica, todavia, é válida e possível a antecipação dos resultados práticos, mediante prognósticos alcançados através do raciocínio dedutivo".

[28] OLIVEIRA, Carlos Alberto Alvaro de. *Teoria e prática da tutela jurisdicional*. Rio de Janeiro: Forense, 2008. p. 2. Refere: "É claro que teorizar é tão importante quanto extrair conseqüências práticas. O que se deve rejeitar são os extremos: o direito dos rábulas e dos práticos, que se orientam pelas necessidades do momento; ou o direito dos doutores, que não querem enxergar o mundo real e suas mazelas, encerrado nos preconceitos dos gabinetes climatizados. Saudável é, sim, pensar dialeticamente a relação entre direito, fato e valor, entre teoria e prática. E é isso que se pretende realizar com o presente ensaio".

vista que, tradicionalmente, as obras destinadas ao estudo da Teoria Geral do Processo tendem a desembocar para um estudo sobre o Processo Civil brasileiro a partir de sua metade, sendo que alguns, já mesmo no início o fazem, muito embora refiram serem obras de Teoria Geral. Aqui, tentar-se-á manter uma linha de questionamento de que se realmente existe uma Teoria Geral do Processo ou um processo visto por sua unidade,[29] lembrando aqui uma ideia lançada por Ada Pellegrini Grinover,[30] serviria ela para explicar os conceitos mais duros existentes para três áreas processuais: a Civil, a Penal e a do Trabalho? Outro questionamento seria se alguns conceitos teriam a pertinência de irradiar efeitos para as novas áreas criadas do processo, conforme já mencionado? Mas há alguns segmentos que nenhum dos processos deverá deixar de seguir, que são aquelas regras e princípios que a Constituição Federal traz em seu bojo e que fornecem a luz da vida processual para as demais áreas. Ao que tudo indica, não mais se pode tentar iniciar o estudo da Teoria Geral do Processo, se é que ela realmente existe, sem relê-la, constantemente, com os institutos trazidos pela Constituição

---

[29] DIDIER JR., Fredie. *Sobre a teoria geral do processo, essa desconhecida*. 3. ed. Salvador: Juspodivm, 2016. p. 187. Em que pese o autor chegar à conclusão de que a Teoria Geral do Processo não pode ser confundida com uma unidade processual. Comenta ele: "A Teoria Geral do Processo, por ser linguagem doutrinária, não se confunde com o Direito Processual Unitário ou o Direito Processual Fundamental ou com a Parte Geral de determinado estatuto normativo, que são enunciados prescritivos produzidos por quem tem competência legislativa".

[30] GRINOVER, Ada Pellegrini. *O processo em sua unidade*. São Paulo: Saraiva, 1978. p. 1-2. E aqui é bom relembrar uma parte significativa do que escreveu ao apresentar a obra, para fins de compreensão do que queria a autora à época. Inicia ela: "A produção científica e a criação são o *habitat* natural do jurista, especialmente do jurista empenhado em atividades docentes e de pesquisa. Mas, num determinado momento da evolução cultural, a publicação somente se justifica na medida em que signifique a divulgação de idéias verdadeiramente representativas de uma elaboração doutrinária ou capazes de despertar a atenção dos estudiosos, como um passo na continua evolução do direito científico". E continua: "Convidada pela amabilidade de Jorge Eduardo Saraiva a reunir em um volume meus últimos estudos de direito processual – alguns inéditos, outros publicados em revistas de localização nem sempre fácil – perguntei-me se a publicação atenderia aos objetivos prefixados. E, selecionando os trabalhos de processo que vim elaborando nos últimos três anos, constatei, então, que esses temas processuais apresentam uma particularidade e um característica que, assimilando-os em uma visão comum, talvez possam justificar sua edição conjunta". E segue: "São temas de processo, sim, mas de um processo visto e sentido naquela unidade fundamental que, sem significar a identidade de seus ramos distintos, autoriza a elaboração científica de princípios gerais, informativos de todas as disciplinas processuais. E mais: o enfoque deste processo, assim unitariamente concebido na esteira de um Carnelutti, assume uma dimensão ainda mais univocal e uma altitude maior, graças à análise constitucional de seus institutos, examinados no quadro das liberdades públicas, como preconizava Calamandrei". Em seguida, afirma a autora: "Eis a razão desta publicação, eis a razão do título que dei à coletânea. O Processo em Sua Unidade, e não apenas em sua unidade teleológica – que esta existe dentro dos vários 'processos' (penal, civil, trabalhista, administrativo, tributário etc.) – mas o processo à luz da unidade da própria ciência processual, na qual se fundem, em princípios gerais e comuns, seus vários ramos: pelo que o verdadeiro processualista – ou quem pretenda sê-lo – deve erguer-se acima das diversas técnicas e das distintas peculiaridades, para abarcar o fenômeno 'processo', o processo como ciência e como experiência, em uma visão unitária". Finalizando: "Visão unitária, esta, que demanda um método e um enfoque próprios, mas que também exige uma postura filosófica e uma concepção axiológica, porque requer a percepção da função garantidora do processo, transformando em instrumento de realização da Justiça e de tutela dos direitos do homem, dentro de uma ordem democrática".

Federal, o que encontra salvaguarda na leitura de Paulo Roberto Gouvêa Medina,[31] na medida em que assenta a Teoria Geral nas primeiras lições do processo que se encontra no texto constitucional. Note-se que não se está neste momento defendendo a existência de uma Teoria Geral do Processo Constitucional, tendo em vista ser o assunto melhor refletido em capítulo dedicado a esta resposta.

A obra tende a questionar se realmente existe uma Teoria Geral do Processo. Para tanto, inicialmente serão apresentadas algumas noções doutrinárias de pontos relevantes para a compreensão do tema, realizando, ato contínuo, um panorama sobre o que se tem e o que se teve produzido no Brasil sobre ele. Após, analisar-se-á o que pretenderia a disciplina de Teoria Geral do Processo, seguindo-se com alguns temas que, eventualmente, se trabalham como sendo da própria disciplina, mas que pode encontrar diferentes nortes, dependendo do ponto de vista a ser abordado em cada um deles.

Basicamente, para cada capítulo, há um questionamento a ser realizado sobre a subsistência de uma Teoria Geral do Processo. Para o capítulo inicial, seria: i) se realmente se pode falar em Teoria Geral após a análise das obras que se pretendeu abordar; no segundo capítulo, seria: ii) se a matéria ali elencada daria sustentação a uma disciplina inteira de Teoria Geral do Processo; no terceiro capítulo, seria: iii) se a sociedade e a tutela de direitos realizada pelas formas alternativas deveriam ser matérias de Teoria Geral do Processo ou poderiam ser lecionadas em outra disciplina; no quarto, estar-se-ia perguntando: iv) se a história do processo não é uma disciplina autônoma da Teoria Geral do Processo. E, finalmente, no quinto capítulo, ter-se-ia a pergunta: v) se a existência de um Processo Constitucional faz com que exista uma Teoria Geral do Processo Constitucional que irradie efeitos para os demais ramos do processo.

Como sempre, sugestões e críticas são bem-vindas, bastando repassá-las ao e-mail <marco@jobimesalzano.com.br>, as quais se terá o prazer de responder, refletir e, quem sabe, mudar de pensamento para uma futura edição ou estudo apartado.

Uma boa leitura a todos!

---

[31] MEDINA, Paulo Roberto de Gouvêa. *Direito processual constitucional*. 5. ed. Rio de Janeiro: Forense, 2012. p. 7. Refere: "Por sistematizar os princípios do processo de natureza constitucional e estabelecer, assim, os fundamentos jurídico-políticos da ciência processual, o Direito Processual Constitucional apresenta-se intimamente relacionado à Teoria Geral do Processo. A esta incumbe o estudo dos princípios básicos do processo, entre os quais sobrelevam os que emanam da Constituição. Na Teoria Geral, haverão de ser assentadas, por isso mesmo, as primeiras noções do processo constitucional, sem o que a visão propedêutica do Direito Processual, que aquela disciplina procura proporcionar, resultará incompleta. É que se faz, hoje, impossível compreender o processo em sua exata dimensão fora da perspectiva constitucional".

1. Visões contemporâneas sobre a existência de uma teoria geral do processo

Num primeiro momento, há que se aprofundar num estudo sobre o que alicerçaria a Teoria Geral do Processo, com o intuito de tentar compreender se realmente existe uma Teoria que responda a todas as indagações existentes sobre o tema. Cumpre esclarecer, desde já, que sempre se buscará uma análise com um olhar voltado para a seara constitucional, fonte que irradia vida ao ordenamento jurídico infraconstitucional do país,[32] pensamento este que não pode, ao menos, deixar de ser referido pelo profissional do Direito, mesmo sendo ele contrário[33] ao fenômeno da constitucionalização das demais áreas jurídicas,[34] ocasião em que fará suas considerações sobre sua não aceitação. Este primeiro momento da obra é de reflexão e explica-se: há dificuldades de se pensar a Teoria Geral do Processo,[35] sendo, pois, este o norte que será perseguido para

---

[32] MARINONI, Luiz Guilherme. *Curso de processo civil*: teoria geral do processo. São Paulo: Revista dos Tribunais, 2006. v. 1. p. 21. O alerta é feito pelo autor na introdução à obra, ao dizer: "A assunção do Estado constitucional deu novo conteúdo ao princípio da legalidade. Esse princípio agregou o qualificativo 'substancial' para evidenciar que exige a conformação da lei com a Constituição e, especialmente, com os direitos fundamentais".

[33] No processo civil, a discussão tende a ser abolida, uma vez que o artigo 1º da Lei 13.105/15 é enfático ao expor que "O processo civil será ordenado, disciplinado e interpretado conforme os valores e as normas fundamentais estabelecidos na Constituição da República Federativa do Brasil, observando-se as disposições deste Código".

[34] A constitucionalização do Direito Civil, por exemplo, é trabalhado em obras como: TEPEDINO, Gustavo (Coord.). *O Código Civil na perspectiva civil-constitucional*. Rio de Janeiro: Renovar, 2013; ARONNE, Ricardo. *Direito civil-constitucional e teoria do caos*: estudos preliminares. Porto Alegre: Livraria do Advogado, 2006; MORAES, Maria Celina Bodin; KONDER, Carlos Nelson. *Dilemas de direito civil-constitucional*. Rio de Janeiro: Renovar, 2012.

[35] Algumas das dificuldades são explicadas no artigo: SALLES, Carlos Alberto de. Processo: procedimento dotado de normatividade – uma proposta de unificação conceitual. In: ZUFETALO, Camilo e YARSHELL, Flávio Luiz (Org.). *40 anos da teoria geral do processo no Brasil*: passado, presente e futuro. São Paulo: Malheiros, 2013. p. 201-217. p. 201-202. Refere o autor: "Há 40 anos uma ideia começou a ganhar força entre nós com a 1ª edição, em 1974, do pioneiro livro Teoria Geral do Processo, dos professores Antônio Carlos de Araújo Cintra, Ada Pellegrini Grinover e Cândido Rangel Dinamarco. Mais que uma nova disciplina na área do direito processual, congregando estudos de princípios e fundamentos de seus vários ramos, essa ideia continha importante asserção epistemológica, qual seja, a afirmação da existência de um núcleo conceitual comum capaz de unificar e servir de base a qualquer estudo de processo, independentemente de sua aplicação nas esferas

responder a esse importante questionamento. Assim, de início, apresenta o estudo três posições contemporâneas diferentes sobre o tema: (i) num primeiro momento, uma proposta de reestruturação da disciplina escrita e defendida como tese de Livre-Docência por Fredie Didier Jr.; (ii) num segundo momento, o entendimento de não existir uma Teoria Geral do Processo, tendo em vista a impossibilidade de pensá-la numa ótica quer seja universal, transordenamental ou mesmo transetorial, aliado ao fato da equivocada forma de construção da expressão; e (iii) no terceiro pensamento, a identificação da não existência de uma disciplina que explique a unificação de conceitos do processo civil e processo penal, com a crítica de Rômulo de Andrade Moreira sobre a temática.

1.1. Fredie Didier Jr. e sua tese: sobre a Teoria Geral do Processo, essa desconhecida, e a necessidade de se repensar uma nova disciplina introdutória ao Direito Processual

Geralmente, o conteúdo lecionado em sala de aula nos cursos jurídicos durante o semestre de Teoria Geral do Processo tem muito da obra de Antônio Carlos de Araújo Cintra, Ada Pellegrini Grinover e Cândido Rangel Dinamarco, pela força que a Escola Paulista de Processo atua em todo o território nacional.[36] Diante disso, o docente, refém do plano

---

cível, criminal ou trabalhista". E continua o autor: "Todo esse tempo depois, é inegável a consolidação da Teoria Geral como disciplina acadêmica, presente em grande parte dos cursos jurídicos do Brasil. Em termos conceituais, entretanto, é preciso reconhecer pelo menos três dificuldades que as mudanças sofridas pelo direito processual colocam para reconhecimento daquele núcleo teórico comum para seus vários ramos". Iniciando o autor a enumerar os problemas: "Em primeiro lugar, os estudos de direito processual civil e penal voltaram-se para *horizontes metodológicos* muito díspares, um caminhando no sentido da efetividade da tutela jurisdicional, outro do garantismo voltado à proteção dos direitos do acusado. Não que os objetivos implícitos nesses horizontes não possam – e talvez devam – ser conciliados, mas essa diferença de enfoque acentuou a clivagem entre as duas áreas, dificultando o diálogo entre elas e a realização de estudos comuns. É sintomático, a propósito, que gerações anteriores conheceram grandes processualistas que transitavam entre as duas áreas, como é o caso de José Frederico Marques, Hélio Tornaghi e a própria Ada Pellegrini Grinover, autora do livro celebrado nesta obra.". Sendo que, na continuidade, afirma: "Em segundo lugar, o fenômeno da especialização, que tomou conta de todo o Direito, repercutiu fortemente também no direito processual. Não só no tocante às áreas do processo civil e penal, mas, de igual forma, de outros ramos, como o trabalhista, o eleitoral, o administrativo. Em termos das possibilidades de uma Teoria Geral, a verticalização da especialização traz a necessidade da instrumentalização de conceitos para finalidades específicas de cada uma das áreas, dificultando a formação de conceitos mais generalistas". E finaliza: "Por fim, em terceiro lugar, o crescimento do uso e da atenção aos mecanismos de solução de controvérsias diversos da solução judicial impôs ao direito processual ampliar seu objetivo tradicional de estudo. Incorpora-se às atividades jurisdicionais, e, por via de consequência, ao processo, o objetivo de produzir soluções baseadas no consenso, fugindo à tradicional vocação processual à produção de decisões vinculantes, adjudicadas pelo juiz para pôr fim à controvérsia estabelecida entre as partes. Também essas transformações desafiam o conceito de processo a incorporar novas perspectivas teóricas e metodológicas".

[36] Para ver a importância da Escola Paulista de processo, ler: JOBIM, Marco Félix. *Cultura, escolas fases metodológicas do processo*. 3. ed. Porto Alegre: Livraria do Advogado, 2016.

que o Curso de Direito muitas vezes lhe impõe, inicia suas aulas pela sociedade e tutela jurídica, adentrando, após, nos temas de processo, com as suas divisões, seus princípios, o que se entende por processo constitucional, o que vem a ser norma processual, as fontes do processo, a eficácia da lei processual no tempo e no espaço, como ela se interpreta, sua evolução histórica, passando ao exame da jurisdição e seus princípios, espécies, limites, estudando o que vem a ser jurisdição voluntária, o Poder Judiciário e sua organização, os serviços auxiliares da justiça, competência, avançando ao estudo da ação, com a sua natureza jurídica, as classificações, as exceções e, finalmente, ingressando no processo, quando o aluno se depara com natureza jurídica, relação jurídica, procedimento, sujeitos, tipos de processo, as formas processuais, os atos processuais, os vícios do processo, até acabar na teoria geral da prova.[37] Quem leciona a disciplina a partir do paradigma referido enfrenta, pelo menos, dois grandes problemas: (i) a vastidão da matéria; (ii) o ingresso, superficial, em determinados pontos que o graduando muitas vezes não tem ainda condições de compreensão,[38] uma vez que mais destinadas a quando se tem uma visão mais macro do fenômeno processual, como é, por exemplo, a teoria geral das provas.

No livro de Fredie Didier Jr.,[39] fruto de sua tese de livre-docência na Universidade de São Paulo, defendida perante rigorosa banca composta por Carlos Alberto Alvaro de Oliveira, Flávio Luiz Yarshell, Humberto Theodoro Júnior, José Roberto dos Santos Bedaque e Leonardo Greco, cristalizou o entendimento de que a disciplina da Teoria Geral do Processo, na graduação, deva ser considerada como propedêutica[40] e altamente teórica, devendo ser encarada como de conteúdo enciclopédico

---

[37] MARTINS, Sergio Pinto. *Teoria geral do processo*. São Paulo: Saraiva, 2016. Pode-se pegar uma obra atualizadíssima sobre o tema, como a de Sergio Pinto Martins, para se ver que continuamos com quase as mesmas ideias de décadas atrás. O sumário da obra revela um estudo sobre: a evolução histórica; o conceito de direito processual; sua autonomia; sua posição enciclopédica; sua relação com o direito material; suas fontes; sua plicação; seus princípios; meio de solução de conflitos; a jurisdição; o Poder Judiciário; a Organização do Poder Judiciário; o Ministério Público; o Advogado; competência; Ação; Processo; atos processuais; nulidades; prova; sentença; recursos; coisa julgada e execução.

[38] DIDIER JR., Fredie. *Sobre a teoria geral do processo, essa desconhecida*. Salvador: Juspodivm, 2012. p. 169. Refere que os alunos ainda nesta etapa do curso apresentam-se imaturos em sua formação jurídica.

[39] Idem. p. 167-168.

[40] HESPANHA, Benedito. *Tratado de teoria do processo*. Rio de Janeiro: Forense, 1986. v. I. p. 3. Explica o autor o que é uma disciplina propedêutica: "Como a propedêutica é uma ciência preparatória, ou seja, uma introdução à ciência sob o ponto de vista científico, ela serve de preparação para o ensino e para o estudo da ciência do processo a que, particularmente, nos propomos. Nesse sentido, podemos falar numa Propedêutica do Processo. O Direito Processual, na condição peculiar de ciência jurídica, há de buscar os seus conhecimentos propedêuticos dentro dos limites jurídicos das fontes de sua própria criação legislativa a que se vinculam a consciência pessoal e o sentimento jurídico dos indivíduos na vida social. O Direito Processual, como um dos ramos autônomos da ciência do Direito, tem seus próprios e específicos conhecimentos propedêuticos".

e como pré-requisito para que o aluno realmente ingresse na dogmática processual. Já na pós-graduação *lato* (especialização) e *stricto sensu* (mestrado e doutorado), ela teria outras conotações para o processualista baiano.

Dentre as ideias oferecidas por Fredie Didier Jr.,[41] estaria a de que a disciplina, no bacharelado em Direito, trouxesse conceitos lógico-jurídicos[42] processuais mais importantes, que se diferenciam dos conceitos jurídico-positivos,[43] sendo que, ainda, não há que se falar na necessidade de ensino de todos os conceitos lógico-jurídicos, como, por exemplo, aqueles relacionados ao direito probatório, à competência, à decisão, à tutela cautelar e à execução, que, sem qualquer prejuízo, podem ser apresentados aos discentes dentro da grade processual do restante do curso, tendo em vista que pesa demasiadamente a disciplina em matérias que, em algumas ocasiões, o aluno está muito longe de compreender a aplicação.

Diante disso, reputa o autor[44] ser indispensável o caminhar pelos seguintes conceitos jurídicos fundamentais processuais: (i) processo; (ii) procedimento; (iii) formalismo processual; (iv) jurisdição; (v) ação; (vi) exceção; (vii) sujeitos processuais; (viii) capacidades processuais; (ix) fatos jurídicos processuais; (x) situações jurídico-processuais; (xi) preclusão; e (xii) objeto do processo. Aliado a esses pontos, entende Fredie Didier Jr. que deve contar no programa uma parte de Direito Processual Constitucional, alguns tópicos de ciência do processo, as relações entre Direito Material e Processual, algumas noções fundamentais de história do processo e da ciência dogmática do processo, assim como lições de sociologia do processo, antropologia do processo e análise econômica do processo, chegando, ao final, com uma proposição de ementa da disciplina.[45]

---

[41] DIDIER JR., Fredie. *Sobre a teoria geral do processo, essa desconhecida*. Salvador: Juspodivm, 2012. p. 169.

[42] SOARES, Ricardo Maurício Freire. Fundamentos epistemológicos para uma teoria geral do processo. In: DIDIER JR., Fredie; JORDÃO, Eduardo Ferreira. *Teoria geral do processo*: panorama mundial. Salvador: Juspodivm, 2007. p. 841-853. p. 841. Aduz: "Entende-se por conceitos lógico-jurídicos aquelas idéias gerais da Teoria Geral do Direito, dotadas de pretensão universal, geralmente sintetizadas pelo doutrinador e passíveis de aplicação nos mais diversos ramos do conhecimento jurídico, v.g., relação jurídica. No âmbito da Teoria Geral do Processo, podem ser vislumbrados conceitos desta natureza, tais como as noções de jurisdição, ação, defesa, processo, coisa julgada, recurso, preclusão e competência".

[43] Idem, p. 841-853. p. 842. Refere: "Por seu turno, o conceito jurídico-positivo pode ser entendido como a definição de um dado instituto jurídico, expressa no direito positivo, seja através da construção jurisprudencial, mormente nos sistemas jurídicos anglo-saxônicos (*common law*), seja através da institucionalização legal, hipótese mais comum nos sistemas jurídicos de inspiração romano-germânica (*civil law*)".

[44] DIDIER JR., Fredie. *Sobre a teoria geral do processo, essa desconhecida*. Salvador: Juspodivm, 2012. Entre as páginas 168 e 173 destina ao estudo dos componentes curriculares da disciplina.

[45] Idem, p. 173. Aduz ele: "Eis, então, a proposta de ementa para essa disciplina: I) Teoria Geral do Processo: os conceitos jurídicos processuais fundamentais; II) Métodos da ciência do processo.

A idealização da grade curricular da disciplina é muito interessante, sendo, porém, de se pensar na viabilidade de ser lecionada num único semestre, a teor do que vem ocorrendo com o atual plano de disciplinas que existe nos cursos jurídicos do país. Se, realmente, somente fosse ater-se aos conteúdos jurídico-fundamentais do processo, o esboço se tornaria algo viável, em que pese ainda faltar, dentro do Processo Constitucional, toda a organização judiciária, matéria esta que também poderia fazer parte da disciplina de Teoria Geral do Processo. Contudo, a obra que ora se apresenta ao leitor aborda questões diferentes em alguns tópicos, assim como não trabalha outros que Fredie Didier Jr. acredita serem imprescindíveis para a formação de uma grade curricular para o estudo introdutório do processo. Na essência, concorda-se em parte com a tese apresentada, havendo alguns pontos dissonantes, o que sempre é salutar para o debate acadêmico, dentre eles a palavra *Geral*, o que é mais à frente enfrentada. Com isso, tem-se que o conteúdo para que seja lecionada a disciplina de Introdução ao Estudo do Direito Processual passa por todos os pontos a partir deste momento trabalhados, os quais devem ser considerados comuns a todos os processos jurisdicionais ou não, em que pese existir uma matéria que não abrange o processo em si, que é essa apresentada no capítulo inaugural, que trata de questões anteriores à formação do processo, assim como traz alguns conceitos fundamentais para que sejam de aplicação do profissional do Direito[46] em todo seu estudo.

1.2. As críticas de Luiz Guilherme Marinoni, Sérgio Cruz Arenhart e Daniel Mitidiero sobre a Teoria Geral do Processo

Luiz Guilherme Marinoni, Sérgio Cruz Arenhart e Daniel Mitidiero,[47] ao lançarem a obra do Novo Curso de Processo Civil brasileiro, no

---

Relação entre o processo e o direito material. A instrumentalidade do processo; III) Direito Processual Constitucional: direitos fundamentais processuais e competência legislativa em matéria de direito processual; IV) História do direito processual e da Ciência do Processo; V) Antropologia do processo: noções do processo nas tradições jurídicas do *civil law* e do *common law*; VI) Sociologia do processo: o acesso à justiça (problemas e propostas de solução) e a questão da efetividade do processo; VII) Análise Econômica do Processo.".

[46] Prefere-se a expressão profissional do direito ao invés do operador de direito. Poderia ir além, como o faz Joaquim Falcão, ao dizer: "ALGUNS, QUE SE JULGAM MODERNOS, teimam em definir bacharéis, advogados, magistrados, procuradores ou defensores como operadores do direito. Engano". E continua: "É redução sub-profissional. Operador é quem executa, mesmo sem compreender. O inventor compreende antes de executar. Por isto este livro é importante". E finaliza: "Operadores podem viver da imodesta arrogância de engrenagens e parafusos. Criadores, imaginadores, legisladores, inventores do direito, não. É preciso mais. É preciso rumo para atravessar a calçada, conhecer a nós mesmos e ao mundo. O passado, o presente e futuro. Ter, do direito, própria perspectiva". NEVES, Jose Roberto de Castro. *A invenção do direito*: as lições de Ésquilo, Sófocles, Eurípedes e Aristóteles. Rio de Janeiro: Ediçoes de Janeiro, 2015. s.p.

[47] MARINONI, Luiz Guilherme; ARENHART, Sérgio Cruz; MITIDIERO; Daniel. *Novo curso de processo civil*: teoria do processo civil. São Paulo: Revista dos Tribunais, 2015. v. I.

volume 1, o qual denominaram de *Teoria do Processo Civil*, surpreendem o leitor ao não abordarem a nomenclatura de *Teoria Geral do Processo*, a qual o primeiro[48] dos autores já havia, inclusive, trabalhado em obra própria e de extrema importância sobre o tema. Assim, delimitando a nomenclatura utilizada no curso, redigiram a introdução afirmando as razões pelas quais entendem iniciar o curso com uma Teoria do Processo Civil, e não por uma Teoria Geral do Processo. De início, cumpre destacar que a obra refere a entusiasta doutrina brasileira que aderiu ao tema da Teoria Geral do Processo, não se esquecendo de nominar, até mesmo, os últimos estudos que tentam conceder ao tema uma vestimenta diferente daquela tradicionalmente criada e propagada. Apontam os autores que, na primeira metade dos novecentos, a doutrina italiana trabalhou muito para, abstratamente, pensar o Direito Processual, culminando com um distanciamento do Direito Material, com o qual deveria se preocupar. Para que isso pudesse ocorrer, o estudo do Direito Processual Civil foi antecedido por outra disciplina, a Teoria Geral do Processo, tornando-se uma tradição importada pelo Brasil, o que se pode notar com a gama de livros sobre o tema que serão identificados posteriormente.

A partir daí, propiciam os autores desconstruir a expressão *Teoria Geral*, que apontam ter surgido nos oitocentos na tradição romano-germânica e na tradição do *Common Law*, podendo a mesma ser compreendida de três maneiras diferentes: (i) designar uma teoria universal; (ii) designar uma teoria transordenamental; e (iii) designar uma teoria transetorial. Na primeira delas, a identificam como um conceito suscetível de emprego universal, ou seja, que alguns conceitos e institutos sejam compreensíveis em qualquer ordenamento jurídico, sem distinção de espaço e de tempo. Depois, ao trabalharem com o conceito de transordenamental, referem ser uma teoria que insculpe conceitos em determinados ordenamentos que contêm características semelhantes. No terceiro, ou seja, como conceito transetorial, entendem que seria uma teoria encarregada de reconstrução de fundamentos e conceitos comuns a diferentes setores de um ordenamento, entendimento este com o qual os autores mais simpatizam, mas continuam entendendo inviável para o estudo do processo.

Ao final, aportam a compreensão de que não há como, senão por comunicação acadêmica, identificar uma teoria que una Processo Civil e Processo Penal, Processo Jurisdicional e Processo não Jurisdicional, pois existem diferenças funcionais entre todas, desautorizando uma teorização conjunta, sendo que essas diferenças ecoam nas grandes linhas do processo que aqui denominam de civil, mas se pode entender que os

---

[48] MARINONI, Luiz Guilherme. *Teoria geral do processo*. 8. ed. São Paulo: Revista dos Tribunais, 2014. v. I.

autores identificam que as diferenças funcionais refletem, na verdade, em diferenças nas grandes linhas do processo, quer seja o civil, o penal ou qualquer outro.

Outro fator que ainda pode ser lembrado e que corrobora o pensamento dos autores é exposto por Dimitri Dimoulis,[49] ao historiar o próprio caminho traçado pela *Teoria Geral* do Direito e a Teoria do Direito, auferindo que o termo Teoria Geral[50] chega a ser pleonástico, pois toda teoria deve ser geral, só podendo ser ela aceita sob o ponto de vista semântico[51] se, ao paralelo dela, existir uma Teoria Específica do Direito. Ainda reforça o autor[52] a tese de que uma teoria geral que resolvesse explicar o fenômeno jurídico, independentemente de tempo e lugar, não parece ser algo que permita formar um conhecimento válido sobre o objeto estudado.

Na 3ª edição de sua obra, Fredie Didier Jr.[53] responde, parcialmente, às críticas realizadas por Luiz Guilherme Marinoni, Sérgio Cruz

---

[49] DIMOULIS, Dimitri. *Positivismo jurídico*: introdução a uma teoria do direito e defesa do pragmatismo jurídico-político. São Paulo: Método, 2006. p. 22. Refere: "No século XX observa-se, em vários países europeus, a tendência de suprimir o adjetivo 'geral' e se referir simplesmente à 'teoria do direito'. Explica-se a mudança, uma vez que o termo é pleonástico – toda teoria é geral, abrangendo a totalidade de seu objeto, no caso do direito. Indicativo dessa tendência é o emprego desse último termo no título de uma importante revista que foi lançada em 1926 e incluía em seu conselho editorial nomes como Hans Kelsen (1881 – 1973) e Léon Duguit (1859 – 1928). Trata-se da *Revue Internationale de la Théorie du Droit / Internationale Zeitschrift für Theorie des Rechts*".

[50] MARTINS, Sergio Pinto. *Teoria geral do processo*. São Paulo: Saraiva, 2016. p. 19. Note-se que o próprio autor entende ser questionável a construção, mas mesmo assim nomina sua obra da mesma forma como inúmeros outros autores. Refere: "Critica-se o nome Teoria Geral, pois toda a teoria é geral, mas vou usar esse nome: Teoria Geral do Processo, pois é usado pelos autores e também é empregada no primeiro semestre sobre Processo nas Faculdades de Direito".

[51] DIMOULIS, Dimitri. *Positivismo jurídico*: introdução a uma teoria do direito e defesa do pragmatismo jurídico-político. São Paulo: Método, 2006. p. 23. Escreve: "Do ponto de vista semântico, o termo 'geral' só pode ser aceito se tiver, em paralelo, uma teoria especial do direito. Efetivamente, na já comentada versão inicial da *allgemeine Rechtslehre* a referência a uma doutrina geral se contrapunha às teorias específicas de cada ramo do direito e de cada ordenamento jurídico ('doutrina especial do direito' – *besondere Rechtslehre*)".

[52] Idem, p. 25. Expõe: "Ora, atribuir à teoria do direito a tarefa de estudar o fenômeno jurídico independente de tempo e lugar é uma opção de cunho ideológico (no sentido negativo do termo) que não permite produzir um conhecimento válido. Como analisar um direito que ainda não foi criado? Como desvendar a estrutura de direitos antigos em relação aos quais temos pouquíssimas informações fidedignas?".

[53] DIDIER JR., Fredie. *Sobre a teoria geral do processo, essa desconhecida*. 3. ed. Salvador: Juspodivm, 2016. p. 11-13. E aqui vale toda a citação, pois bem resume a discussão a que se propôs o capítulo. Afirma o processualista baiano: "Marinoni, Arenhart e Mitidiero consideraram este meu livro uma 'criativa tentativa de desenvolvimento' do pensamento de Carnelutti e uma obra que, por abstrair 'qualquer elemento jurídico-cultural', estaria mais ligada ao 'estilo cientificista do jusnaturalismo racionalista de Setecentos'. Agradeço o exame cuidadoso do meu pensamento, que mereceu referência expressa logo no início da introdução ao Curso de Processo Civil desses autores". E segue: "Confesso, no entanto, uma surpresa com o conteúdo da crítica [...]. Imaginava que meu pensamento tinha sido exposto de maneira clara, ao menos na parte em que pretendi demonstrar que os conceitos jurídicos fundamentais são produtos culturais. Dediquei, para isso, um item no capítulo 1, respondendo a uma provocação de Humberto Ávila; além disso, o capítulo 3 foi inteiramente dedicado à defesa de uma reconstrução da Teoria Geral do Processo – o que, para minha tese, significa

Arenhat e Daniel Mitidiero em nota à obra, referindo, mas antes agradecendo a crítica, que a mesma lhe causou surpresa, uma vez que acredita que seu pensamento havia sido exposto de forma clara e o que entendia por conceitos jurídicos fundamentais são produtos culturais e, conforme defende no capítulo III, reconstruíveis, não entendendo, pois, a razão da crítica. Após, refere que tampouco compreendeu como seu pensamento poderia ser adjetivado de setecentos, pois trabalha sob uma visão de oitocentos ou novecentos, quando, então, se assim adjetivado, compreenderia a crítica. Por último, não compreende ele a relação genética de sua tese com o pensamento carneluttiano, pois somente há um ponto entre eles, que seria o nome dado ao objeto de estudo comum. Com isso, responde Fredie Didier Jr., parcialmente, às críticas, uma vez que ele mesmo refere que as ideias dos autores serão, futuramente, melhor analisadas.

1.3. A crítica de Rômulo de Andrade Moreira a uma Teoria Geral do Processo

O intento de Rômulo de Andrade Moreira,[54] já anunciado na apresentação de sua obra, é realizar uma crítica à Teoria Geral do Processo

---

a reconstrução de conceitos jurídicos fundamentais e o aporte de novos conceitos, que façam frente aos problemas da contemporaneidade. Por isso, não compreendi bem essa crítica". Continuando o autor: "Também imaginava que havia deixado claro o posicionamento de que a Teoria Geral do Processo é um excerto da Teoria Geral do Direito, tal qual concebida pela ciência jurídica alemã entre o final do século XIX e meados do século XX. Tanto que dediquei ao tema boa parte dos capítulos 1 e 2. Por isso, também não compreendi bem essa parte da crítica; se houvessem adjetivado a minha tese como do 'Oitocentos' ou do 'Novecentos antes da Segunda Guerra', eu entenderia perfeitamente; mas do 'Setecentos'? De todo modo, não me incomoda estar relacionado ao Século das Luzes (reputo-me, como Caetano Veloso, um 'iluminista teimoso'), berço da liberdade do pensamento científico". E avança: "Finalmente, também não entendi a relação genética da minha tese com o pensamento de Carnelutti; dediquei um item inteiro para examiná-lo e, ressalvando o uso do mesmo nome ao objeto de estudo comum, não consigo enxergar nenhuma semelhança entre as nossas abordagens". E, quase em conclusão, aduz: "É provavél que a incompreensão do meu pensamento decorra da falta de clareza da minha exposição. Estou pensando em como aprimorar isso para uma futura edição, se houver". Para, ao final, dizer: "As ideias de Marinoni, Arenhart e Mitidiero sobre o tema merecem, porém, uma análise mais demorada, sobretudo em relação àquilo que pensam sobre os conceitos jurídicos fundamentais. A roda-viva em que ora me encontro, por causa do CPC-2015, não me permitiu analisar as ideias desses três grandes processualistas e amigos. Peço desculpas por isso. Prometo escrever um pósfácio o mais rapidamente possível; adianto, contudo, que meu desejo é verificar se eles mesmos, na sua doutrina, se valem, talvez sem perceber, de conceitos jurídicos fundamentais ou, o que pode ser pior, se propõem, em alguns momentos, também talvez sem perceber, a elaboração ou a reconstrução de conceitos jurídicos fundamentais – quiçá o conceito de 'precedente' venha a ser o mote dessa minha abordagem".

[54] MOREIRA, Rômulo de Andrade. *Uma crítica à teoria geral do processo*. Porto Alegre: Magister, 2013. p. 8. Vale a referência ao escrito na apresentação do autor, dizendo ele: "Este meu novo trabalho tem como finalidade oferecer uma pequena contribuição para a desconstrução definitiva a respeito da ideia de que existiria uma Teoria Geral do Processo e, como tal, poder-se-ia conceber o Direito Processual como uma só categoria dentro da ciência do Direito Processual". Seguindo o autor: "Pretendo, portanto, fazer uma crítica respeitosa, porém contundente, à chamada Teoria Geral

ou Teoria Unitária do Processo, uma vez que há um conteúdo próprio na disciplina de Direito Processual Civil diverso ao do Direito Processual Penal, tanto em princípios como em regras. Com isso, tem receio o autor que exista uma processualização civil do processo penal, o que deixaria este refém daquele. Nada impede, para o autor, que exista entre o Direito Processual Civil e o Direito Processual Penal pontos de encontro, nominando, por exemplo, o conceito de jurisdição (ressalvando que no Processo Penal não existe lide); fala também no conceito de processo, organização judiciária e outros, que entende, embora com ressalvas, haver conexão,[55] mas que não tem o condão de garantir que exista uma Teoria Geral do Processo. Sabe o autor que enfrenta, como mesmo sustenta,[56] processualistas tanto do Processo Penal (Afrânio Silva Jardim, Ada Pellegrini Grinover e José Frederico Marques) e do Processo Civil (e cita J. J. Calmon de Passos, Cândido Rangel Dinamarco e Fredie Didier Jr.) que entendem de forma categórica a existência de uma Teoria Geral do Processo, sendo que, com o último, Fredie Didier Jr., dialoga ao longo de sua obra tentando a desconstrução da tese de livre-docente que apresentou sobre a Teoria Geral do Processo, obra já anteriormente referida,[57] aliado ao fato de que, publicamente e da forma mais cordial possível, lotaram o Teatro Eva Herz[58] para debaterem a questão. Mas também Rômulo de Andrade Moreira[59] sabe que não está sozinho em sua peregrinação, citando autores que abordam a inexistência de uma Teoria Geral, como Elmir Duclarc, Aury Lopes Júnior, Jacinto de Miranda Coutinho e Rogério Lauria Tucci.

Ao longo de toda sua obra, Rômulo de Andrade Moreira transita por temas relacionados ao Direito Processual Penal que entende serem diferentes do Direito Processual Civil, trazendo, por exemplo, a discus-

---

do Processo ou, como alguns preferem, à Teoria Unitária do Processo". Finalizando: "A razão pela qual me debrucei sobre o tema é que entendo ter o Direito Processual Civil conteúdo próprio, que o difere substancialmente do conteúdo do Direito Processual Penal, motivo pelo qual não é possível aplicar princípios e regras do Processo Civil ao Processo Penal, sob pena de fazermos uma verdadeira e odiosa 'processualização civil' do processo penal".

[55] MOREIRA, Rômulo de Andrade. *Uma crítica à teoria geral do processo*. Porto Alegre: Magister, 2013. p. 8.

[56] Idem, p. 11.

[57] DIDIER JR., Fredie. *Sobre a teoria geral do processo, essa desconhecida*. 3. ed. Salvador: Juspodivm, 2016. p. 13. O que é referido por Fredie Didier Jr., na nota à 3ª edição de sua obra, elogiando a obra de Rômulo de Andrade Moreira, assim o fazendo: "Rômulo de Andrade Moreira escreveu um livro inteiramente dedicado a contrapor-se às minhas ideias (Uma crítica à Teoria Geral do Processo. Porto Alegre: Lex Magister, 2013). Já o fiz presencialmente, e agora faço por escrito: agradeço penhoradamente o respeito e a consideração pelo meu trabalho. Devo isso à amizade que nos une há tanto tempo. Rômulo reitera a argumentação de boa parte da processualística penal brasileira contra a Teoria Geral do Processo. Mantenho a minha convicção e registro a divergência".

[58] O convite que foi utilizado para publicizar o debate está no Anexo.

[59] MOREIRA, Rômulo de Andrade. *Uma crítica à teoria geral do processo*. Porto Alegre: Magister, 2013. p. 11.

são sobre o princípio do *favor libertatis*, algumas questões específicas sobre os temas da competência (no capítulo IV), sobre a prova (no capítulo V), sobre a ação penal (no capítulo VI), sobre a norma processual (no capítulo VII), sobre o duplo grau de jurisdição (no capítulo VIII), sobre o procedimento penal (no capítulo IX), e, finalmente, sobre a relação processual penal (no capítulo X). Especificamente sobre o princípio do *favor libertatis*, entende ele[60] que a grande impossibilidade de se pensar numa Teoria Unitária do Processo é em razão da existência deste princípio do Direito Processual Penal, que é condição de possibilidade de interpretação das normas processuais penais.

Ao final, já em suas conclusões,[61] inicia a desconstrução da existência de uma Teoria Geral do Processo para os cursos jurídicos de graduação e pós-graduação do país, chegando a afirmar que essa seria uma pretensão demasiadamente exagerada, sendo, inclusive, desnecessário seu ensinamento. Depois, numa frase não muito feliz,[62] afirma que o Processo Penal atua no Estado Democrático de Direito como meio necessário e inafastável dos direitos e garantias do acusado, e não mero instrumento, como é o processo civil, de efetivação do Direito Material. Aqui, equivoca-se o autor ao compreender o Direito Processual Civil como mera instrumentalidade, teoria que vem no seio processual sendo debatida pelas diversas Escolas de Processo existentes no Brasil,[63] sendo que o próprio autor faz referência ao novo modelo processual que fala ser o neopositivimo ou neoprocessualismo, mas que não são suficientes para reconstruir uma teoria que sequer, em suas palavras, foi um dia construída.[64]

Analisadas as três obras, tem-se a primeira das respostas sobre a existência ou não de uma Teoria Geral do Processo. Que deva existir uma disciplina introdutória do Direito Processual não há dúvidas, mas não pode ela ser denominada de Teoria Geral do Processo, não só em razão de que se trata de uma expressão construída pleonasticamente, mas também porque não há como construir uma teoria universal,

---

[60] MOREIRA, Rômulo de Andrade. *Uma crítica à teoria geral do processo*. Porto Alegre: Magister, 2013. p. 19. Refere: "Tal princípio, possivelmente, é um dos grandes obstáculos para a admissibilidade da Teoria Geral do Processo. Esse postulado deve ser obrigatoriamente observado em toda e qualquer interpretação das normas processuais penais".

[61] Idem, p. 168.

[62] Ibidem. A frase seria: "É preciso afirmar e reafirmar que o Processo Penal funciona em um Estado Democrático de Direito como um meio necessário e inafastável de garantia dos direitos do acusado. Não é mero instrumento de efetivação do Direito Penal (como o Processo Civil é mero instrumento de efetivação do direito material extrapenal), mas, verdadeiramente, um instrumento de satisfação de direitos humanos fundamentais e, sobretudo, uma garantia contra o arbítrio do Estado".

[63] Apenas a título exemplificativo, cita-se: LEAL, André Cordeiro. *Instrumentalidade do processo em crise*. Belo Horizonte: Mandamentos, 2008.

[64] MOREIRA, Rômulo de Andrade. *Uma crítica à teoria geral do processo*. Porto Alegre: Magister, 2013. p. 167.

transordenamental e, atualmente, sequer transetorial sobre o processo. Há força sufiente conceitual nos três principais ramos do processo para a construção de teorias específicas que definiriam os caminhos iniciais de cada uma delas, como uma Teoria do Processo Civil, uma Teoria do Processo Penal e uma Teoria do Processo do Trabalho, cada qual levando um fio condutor para adentrar nas espeficidades de cada uma posteriormente. Assim, raciocina-se que as diferenças mais contundentes existentes entre os diversos ramos do processo seriam condição de construção das bases de suas próprias teorias individualizadas.

2. & se houvesse uma Teoria Geral do Processo, qual seu ponto de partida?

O próprio título do capítulo mostra que, neste momento, já está em xeque a existência de uma disciplina denominada Teoria Geral do Processo. Em razão disso, sabendo que muitos autores de renome defendem sua existência, inicia-se a desvendar o que ela, efetivamente, seria. Por isso, a primeira noção que se deve ter para enfrentar o tema da Teoria Geral do Processo é trabalhar com conceitos que tentam explicar o seu objeto de estudo. Em razão disso, inicialmente, em caráter informativo, comprova-se a existência de ampla massa crítica acerca da matéria, para, após, enfrentar um ponto crucial, que é para qual ou quais processos poderia servir essa teoria de base, complementando o estudo com os demais conceitos pertinentes a explicar o âmbito de delimitação da própria disciplina, para o que ela serviria e qual sua função para o estudo do processo em geral. Não nos descuidamos, por óbvio, de tentar responder dois importantes questionamentos: i) O material utilizado no capítulo é suficiente para, analisando o objeto de estudo da Teoria Geral do Processo, sustentar uma disciplina inteira sobre o tema? ii) Este objeto de estudo não poderia ser o início de cada disciplina especializada sobre determinado tipo de Direito Processual?

2.1. Um panorama doutrinário sobre a Teoria Geral do Processo

Não são raros, na atualidade,[65] os pensadores que tentaram se debruçar no estudo de uma Teoria Geral do Processo, a qual, na sua essência, tente abarcar um estudo dos principais ramos do Direito Processual e suas interligações ou interconexões. Desde obras escritas na íntegra

---

[65] PAULA, Jônatas Luiz Moreira de. *Teoria geral do processo*. 3. ed. Barueri: Manole, 2002. p. vii. Realmente, a produção sobre teoria geral do processo cresce na última década, sendo que o alerta realizado pelo autor é válido, tendo em vista sua obra ser de 2002. Aduz: "Embora as obras de Teoria Geral do Processo existentes sejam de boa qualidade, deve-se ponderar a insuficiência de títulos, o que gera uma bibliografia limitada".

sobre o tema, têm-se capítulos de cursos de processo, artigos científicos e obras coletivas que penetram no extenso e complexo estudo do que seria a Teoria Geral do Processo. Tais escritos não se dão somente em solo brasileiro, cuja produtividade acadêmica tem aumentado de maneira acelerada,[66] embora, infelizmente, com muitas obras sem qualquer profundidade acadêmica, mas também em nível global.[67]

A título meramente exemplificativo, podem-se citar **Elementos para uma Teoria Geral do Processo**, de José Maria Rosa Tesheiner,[68] que recentemente foi reeditada com o nome de **Teoria Geral do Processo: em Conformidade com o Novo CPC**, obra em conjunto com Rennan Faria Krüger Thamay;[69] **Teoria Geral do Processo**, de Jônatas Luiz Moreira de Paula;[70] **Teoria Geral do Processo**, de Fábio Alexandre Coelho;[71] **Teoria Geral do Processo**,[72] de Manuel Galdino da Paixão Júnior; **Teoria Geral do Processo: Primeiros Estudos**, de Rosemiro Pereira Leal;[73] **Teoria Geral do Processo: Civil, Penal e Trabalhista**, de Roberto Moreira de Almeida;[74] **Teoria Geral do Processo**, de Galeno Lacerda;[75] **Teoria Geral do Processo**, de José de Albuquerque Rocha;[76] **Teoria Geral do Processo**, talvez a obra de maior influência[77] até os dias atuais sobre a temática, dos processualistas Antônio Carlos de Araújo Cintra, Ada Pellegrini Grinover e Cândido Rangel Dinamarco;[78] **Noções Introdutórias de**

---

[66] PACHECO, José da Silva. *Evolução do processo civil brasileiro*. 2. ed. Rio de Janeiro: Renovar, 1999. p. XXVIII. Talvez o sonho de Silva Pacheco esteja se concretizando com o aumento de pensadores de processo para que não só importemos teoria, mas, de mesma forma, exportemos. Refere ele: "Se é pelo processo que se distinguem os sistemas jurídicos mais civilizados e se é através dele que se conhece o grau de desenvolvimento de um povo, cabe-nos a ingente missão de elaborá-lo, maleável e com a ductilidade necessária, a que seja eficiente hoje, no ano de 2000 e no princípio do século XXI, a fim de que, ao invés de importarmos técnicas e modelos, a ele relativos, passemos a exportá-los numa colaboração para o progresso do Direito dos povos".

[67] Imperdível, por exemplo, é deixar de visitar o *site* <http://www.civilprocedurereview.com/>. Acesso em: 28 fev. 2013.

[68] TESHEINER, José Maria Rosa. *Elementos para uma teoria geral do processo*. São Paulo: Saraiva, 1993.

[69] TESHEINER, José Maria Rosa; THAMAY, Rennan Faria Krüger. *Teoria geral do processo*: em conformidade com o novo CPC. Rio de Janeiro: Forense, 2015.

[70] PAULA, Jônatas Luiz Moreira de. *Teoria geral do processo*. 3. ed. Barueri: Manole, 2002.

[71] COELHO, Fábio Alexandre. *Teoria geral do processo*. São Paulo: Juarez de Oliveira, 2004.

[72] PAIXÃO JÚNIOR, Manuel Galdino da. *Teoria geral do processo*. Belo Horizonte: Del Rey, 2002.

[73] LEAL, Rosemiro Pereira. *Teoria geral do processo*: primeiros estudos. 9. ed. Rio de Janeiro: Forense, 2010.

[74] ALMEIDA, Roberto Moreira de. *Teoria geral do processo*: civil, penal e trabalhista. 2. ed. Rio de Janeiro: Forense; São Paulo: Método, 2010.

[75] LACERDA, Galeno. *Teoria geral do processo*. Rio de Janeiro: Forense, 2008.

[76] ROCHA, José de Albuquerque. *Teoria geral do processo*. 10. ed. São Paulo: Atlas, 2009.

[77] CINTRA, Antonio Carlos de Araújo; GRINOVER, Ada Pellegrini; DINAMARCO, Cândido Rangel. *Teoria geral do processo*. 30. ed. São Paulo: Malheiros, 2014. p. 11. Referem os autores que ao longo das 29 primeiras edições já foram vendidos mais de 600.000 exemplares.

[78] CINTRA, Antonio Carlos de Araújo; GRINOVER, Ada Pellegrini; DINAMARCO, Cândido Rangel. *Teoria geral do processo*. 27. ed. São Paulo: Malheiros, 2011.

Teoria Geral do Processo, de Luciano Chedid e Adriana Weber;[79] **Lições de Teoria Geral do Processo**, de Maria da Glória Colucci e José Maurício Pinto de Almeida,[80] **Teoria Geral do Processo**, de Horácio Wanderlei Rodrigues e Eduardo de Avelar Lamy;[81] **Teoria Geral do Processo**, de Valdeci dos Santos;[82] **Teoria Geral do Processo**, de Paulo Roberto de Gouvêa Medina;[83] **Teoria Geral do Processo**, de J. E. Carreira Alvim;[84] **Teoria Geral do Processo Judicial**, de Fernando Antônio Negreiros Lima;[85] **Teoria Geral do Processo**, de José Milton da Silva;[86] **Teoria Geral do Processo,** de Eduardo Silva da Silva, Henrique Choer Moraes e Maurício Lindenmeyer Barbieri;[87] **Lições de Teoria Geral do Processo**, de Joel Dias Figueira Júnior;[88] **Esquema de Teoria Geral do Processo**, de Hortencio Catunda de Medeiros;[89] **Guia para Estudo da Teoria Geral do Processo**, de Mauro Cunha e Roberto Geraldo Coelho Silva;[90] **Tratado de Teoria do Processo I**[91] e **II**,[92] de Benedito Hespanha.

Poder-se-iam citar algumas obras de autores internacionais para identificar a transcendência da matéria, como a **Teoria Geral do Processo,** de James Goldshmidt;[93] **Teoría General del Proceso**, de Devis Echandía;[94] **Teoría General del Proceso**, de Enrique Véscovi;[95] **Introduccion al Derecho Procesal**, de Victor Moreno Catena, Valentin Cortes Dominguez

---

[79] CHEDID, Luciano; WEBER, Adriana. *Noções introdutórias de teoria geral do processo*. 2. ed. Porto Alegre: Livraria do Advogado, 2004.

[80] COLUCCI, Maria da Glória da; ALMEIDA, José Maurício Pinto de. *Lições de teoria geral do processo*. 4. ed. Curitiba: Juruá, 2009.

[81] RODRIGUES, Horácio Wanderley; LAMY, Eduardo de Avelar. *Teoria geral do processo*. 3. ed. Rio de Janeiro: Elsevier, 2012.

[82] SANTOS, Valcedi dos. *Teoria geral do processo*. Campinas: Millennium, 2007.

[83] MEDINA, Paulo Roberto de Gouvêa. *Teoria geral do processo*. Belo Horizonte: Del Rey, 2012.

[84] ALVIM, José Eduardo Carreira. *Teoria geral do processo*. 13. ed. Rio de Janeiro: Forense, 2010.

[85] LIMA, Fernando Antônio Negreiros. *Teoria geral do processo judicial*. São Paulo: Atlas, 2013.

[86] SILVA, José Milton da. *Teoria geral do processo*. Rio de Janeiro: Forense, 1997.

[87] SILVA, Eduardo Silva da; MORAES, Henrique Choer; BARBIERI, Maurício Lindenmeyer. *Teoria geral do processo*. Porto Alegre: Sergio Antonio Fabris, 2002.

[88] FIGUEIRA JÚNIOR, Joel Dias. *Lições de teoria geral do processo*. Florianópolis: Florianópolis, 1992.

[89] MEDEIROS, Hortencio Catunda de. *Esquema de teoria geral do processo*. 5. ed. Rio de Janeiro: Renovar, 2003.

[90] CUNHA, Mauro; SILVA, Roberto Geraldo Coelho. *Guia para estudo da teoria geral do processo*. Porto Alegre: Sagra, 1984.

[91] HESPANHA, Benedito. *Tratado de teoria do processo*. Rio de Janeiro: Forense, 1986. v. I.

[92] Idem, v. II.

[93] GOLDSHIMIDT, James. *Teoria geral do processo*. Tradução de: Leandro Farina. Leme, SP: Forum, 2006.

[94] ECHANDÍA, Hernando Devis. *Teoria general del proceso*: aplicable a todas clase de processos. 3. ed. Buenos Aires: Universidad, 2002.

[95] VÉSCOVI, Enrique. *Teoría general del proceso*. Segunda Edición. Santa Fé de Bogotá, Colômbia: Temis, 1999.

e Vicente Gimeno Sendra;[96] **Proceso y Justicia: Temas Procesales**, de Fernando De La Rua,[97] que aborda, no capítulo inicial, temas que considera ser de *Teoria General del Proceso*; **Teoría General del Proceso**, de Héctor Santos Azuela;[98] **Teoría General Unitaria del Derecho Procesal**, de Omar A. Benabentos;[99] **Teoría General del Proceso**, de José Vizcarra Dávalos;[100] **Teoría General del Proceso**, de Juan F. Monroy Gálvez,[101] e **Teoría General del Derecho Procesal**, de Adolfo Rivas.[102]

Alguns outros estudos apontam para uma teoria geral que abarque o processo civil, ou em estudos próprios, ou como capítulos iniciais em cursos e manuais ou livros específicos de processo civil. Podem ser citados como exemplos: **Teoria Geral do Processo Civil**, de Ovídio A. Baptista da Silva e Fábio Luiz Gomes;[103] **Teoria Geral do Processo**, de Luiz Guilherme Marinoni,[104] que o tinha como livro introdutório ao seu Curso de Processo Civil até pouco tempo atrás; **Teoria Geral do Processo Civil**, obra coordenada por Milton Paulo de Carvalho;[105] **Novo Curso de Direito Processual Civil**, de Marcus Vinicius Rios Gonçalves,[106] que, em sua primeira parte, trabalha a Teoria Geral do Processo; **Direito Processual Civil Brasileiro**, de Vicente Greco Filho;[107] **Direito Processual Civil**, de Eduardo Arruda Alvim,[108] que tem como início uma parte sobre Teoria Geral do Processo; **Manual de Direito Processual Civil**, de Sidnei Amendoeira Jr.,[109] que da mesma forma trata do assunto nas páginas iniciais; **Direito Processual Civil**, de Antônio Pereira Gaio Júnior;[110] **Teoria**

---

[96] CATENA, Victor Moreno; DOMINGUEZ, Valentin Cortes; SENDRA, Vicente Gimeno. *Introduccion al derecho procesal*. Valencia: Tirant lo Blanch, 1993.

[97] DE LA RUA, Fernando. *Proceso y justicia*: temas procesales. Buenos Aires: Lerner Editores Asociados, 1980.

[98] AZUELA, Héctor Santos. *Teoría general del processo*. Cidade do México: McGraw-Hill, 2000.

[99] BENABENTOS, Omar A. *Teoría general unitaria del derecho procesal*. Rosario: Juris, 2001.

[100] DÁVALOS, José Vizcarra. *Teoría general del processo*. 7. ed. Cidade do México: Porrúa, 2004.

[101] GÁLVEZ, Juan F. Monroy. *Teoría general del processo*. Lima: Palestra, 2007.

[102] RIVAS, Adolfo. *Teoría general del derecho procesal*. Buenos Aires: Lexis Nexis, 2005.

[103] SILVA, Ovídio A. Baptista; GOMES, Fábio Luiz. *Teoria geral do processo civil*. 5. ed. São Paulo: Revista dos Tribunais, 2010.

[104] MARINONI, Luiz Guilherme. *Teoria geral do processo*. 4. ed. São Paulo: Revista dos Tribunais, 2010.

[105] CARVALHO, Milton Paulo de (Coord.). *Teoria geral do processo civil*. Rio de Janeiro: Elsevier, 2010.

[106] GONÇALVES, Marcus Vinícius Rios. *Novo curso de direito processual civil*: teoria geral e processo de conhecimento. 7. ed. São Paulo: Saraiva, 2010. v. 1.

[107] GRECO FILHO, Vicente. *Direito processual civil brasileiro*: teoria geral do processo e auxiliares da justiça. 21. ed. São Paulo: Saraiva, 2009. v. 1.

[108] ALVIM, Eduardo Arruda. *Direito processual civil*. 2. ed. São Paulo: Revista dos Tribunais, 2008.

[109] AMENDOEIRA JR., Sidnei. *Manual de direito processual civil*: teoria geral do processo e fase de conhecimento em primeiro grau de jurisdição. 2. ed. São Paulo: Saraiva, 2012. v. 1.

[110] GAIO JÚNIOR, Antônio Pereira. *Direito processual civil*: teoria do processo, processo de conhecimento e recursos. 2. ed. Belo Horizonte: Del Rey, 2008. v. I.

Geral do Processo Civil, de Luiz Fux.[111] Na mesma linha de raciocínio, já existem obras que trabalham direcionadas aos outros processos, com sua Teoria Geral, como o caso de **Processo do Trabalho: Teoria Geral do Processo Trabalhista e Processo do Conhecimento**, de Ricardo Damião Areosa;[112] **Fundamentos do Processo do Trabalho**, de Francisco Gérson Marques de Lima,[113] e **Teoria Geral do Processo Penal**, de Antônio Alberto Machado,[114] assim como existe obra que trabalha a parte da Teoria Geral do Direito com a do Processo, como os **Fundamentos de Teoria Geral do Direito e do Processo**, de Maria da Glória Colucci.[115]

Por fim, tem-se para a complementação dos estudos sobre Teoria Geral do Processo algumas obras coletivas que contam com ensaios individuais, como: **Elementos para uma Nova Teoria Geral do Processo**, que foi organizada por Carlos Alberto Alvaro de Oliveira;[116] **Teoria Geral do Processo: Panorama Doutrinário Mundial**, primeira série, coordenada por Fredie Didier Jr. e Eduardo Ferreira Jordão;[117] **Teoria Geral do Processo: Panorama Doutrinário Mundial**, segunda série, coordenada por Fredie Didier Jr.;[118] **Reconstruindo a Teoria Geral do Processo**, também organizada por Fredie Didier Jr.;[119] **40 Anos da Teoria Geral do Processo no Brasil: Passado, Presente e Futuro**, organizada por Camilo Zufelato e Flavio Luiz Yarshell,[120] obra esta que resgata um pouco da história da disciplina, homenageando seus precursores.

Alguns dos últimos estudos realizados acerca do tema são as obras **Lições sobre Teorias do Processo: Civil e Constitucional**, de Sérgio Gilberto Porto e Guilherme Athayde Porto,[121] e a tese apresentada por

---

[111] FUX, Luiz. *Teoria geral do processo civil*. Rio de Janeiro: Forense, 2014.

[112] AREOSA, Ricardo Damião. *Processo do trabalho*: teoria geral do processo trabalhista e processo do conhecimento. Rio de Janeiro: Lumen Juris, 2009.

[113] LIMA, Francisco Gérson Marques de. *Fundamentos do processo do trabalho*: bases científicas e sociais de um processo de princípios e equidade para a tutela de direitos fundamentais do trabalho. São Paulo: Malheiros, 2010. Inclusive, o autor aponta em sua introdução (p. 11-12) que o processo do trabalho tem premissas próprias, não podendo ser confundido com qualquer outro ramo do Direito Processual.

[114] MACHADO, Antônio Alberto. *Teoria geral do processo penal*. 2. ed. São Paulo: Atlas, 2010.

[115] COLUCCI, Maria da Glória. *Fundamentos de teoria geral do direito e do processo*. 3. ed. Curitiba: JM, 2003.

[116] OLIVEIRA, Carlos Alberto Alvaro de. *Elementos para uma nova teoria geral do processo*. Porto Alegre: Livraria do Advogado, 1997.

[117] DIDIER JR., Fredie; JORDÃO, Eduardo Ferreira. *Teoria geral do processo*: panorama doutrinário mundial. Salvador: Juspodivm, 2007.

[118] DIDIER JR., Fredie. *Teoria geral do processo*: panorama doutrinário mundial. Salvador: Juspodivm, 2010. v. 2.

[119] DIDIER JR., Fredie. *Reconstruindo a teoria geral do processo*. Salvador: Juspodivm, 2012.

[120] ZUFELATO, Camilo; YARSHELL, Flávio Luiz (Org.). *40 anos da teoria geral do processo no Brasil*: passado, presente e futuro. São Paulo: Malheiros, 2013.

[121] PORTO, Sérgio Gilberto; PORTO, Guilherme Athayde. *Lições de teoria do processo*: civil e constitucional. Porto Alegre: Livraria do Advogado, 2013.

Fredie Didier Jr.[122] na Universidade do Largo de São Francisco para a conquista do título de livre-docente, com a versão comercial intitulada **Sobre a Teoria Geral do Processo, essa desconhecida**, obra que tem, pela sua base sólida de pesquisa, tudo para se pensar numa disciplina introdutória ao Direito Processual, diferente do que até hoje defendido na disciplina de Teoria Geral do Processo.

2.2. Buscando o conceito de teoria

Na atualidade, sabe-se que o estudo do Direito não pode ser feito estaticamente, merecendo algumas abordagens fora de sua própria área para buscar segurança aos seus conceitos ou até mesmo grandes revoluções,[123] tudo nas linhas que hoje é comum falar – multidisciplinaridade, transdisciplinaridade e interdisciplinaridade, que, apesar de muitas vezes confundidos, têm suas diferenças. Diante disso, é necessário que, pelo menos antes de ingressar na seara processual propriamente dita, se conceitue a palavra *teoria*, por ser ela uma expressão primária ou fundamental.

Segundo Fábio Alexandre Coelho,[124] teoria vem a ser aqueles conceitos gerais essenciais para o entendimento de uma arte ou ciência, estando, no mínimo, organizados racionalmente, abordagem que é seguida por José de Albuquerque Rocha,[125] ao apontar que teoria seria a sistematização de conceitos que permite o conhecimento de determinado domínio da realidade. Nas palavras de Fredie Didier Jr.,[126] a teoria não deixa de ser, da mesma forma, um conjunto organizado de enunciados

---

[122] DIDIER JR., Fredie. *Sobre a teoria geral do processo, essa desconhecida*. Salvador: Juspodivm, 2012.

[123] Nota-se como fica devidamente embasado um trabalho acadêmico no qual o processo é estudado em conjunto com a teoria do direito, ao ler: LANES, Julio Cesar Goulart. *Fato e direito no processo civil cooperativo*. São Paulo: Revista dos Tribunais, 2014.

[124] COELHO, Fábio Alexandre. *Teoria geral do processo*. São Paulo: Juarez de Oliveira, 2004. p. 2. Refere: "Teoria corresponde às noções gerais de uma arte ou ciência, cuja compreensão é baseada no estudo do conjunto de elementos essenciais, que estão organizados de forma racional, sendo, por isso, necessário e indispensável reconhecê-los".

[125] ROCHA, José de Albuquerque. *Teoria geral do processo*. 10. ed. São Paulo: Atlas, 2009. p. 1. Aduz: "Teoria é um corpo de conceitos sistematizados que nos permite conhecer determinado domínio da realidade. A teoria não nos dá um conhecimento direto e imediato de uma realidade concreta, mas nos proporciona os meios (os conceitos) que nos permitem conhecê-la. E os meios ou instrumentos que nos permitem conhecer determinado domínio da realidade são justamente os conceitos que, sistematizados, formam a teoria. Daí a definição de teoria como um corpo de conceitos sistematizados que nos permite conhecer determinado domínio da realidade".

[126] DIDIER JR., Fredie. *Sobre a teoria geral do processo, essa desconhecida*. Salvador: Juspodivm, 2012. p. 35. Refere o processualista baiano: "A teoria compreende uma sistemática e uma finalidade verificativa: trata-se de conjunto organizado de enunciados relativos a determinado objeto de investigação científica ou filosófica. A teoria unifica e arruma o complexo de conceitos e enunciados da ciência ou da filosofia".

que visam à investigação, científica ou filosófica, de determinado objeto, notando-se sobre os autores que há uma palavra latente que necessita, também, de definição, que é palavra *conceito*.

Sobre a palavra *conceito*, Horácio Wanderlei Rodrigues e Eduardo de Avelar Lamy[127] referem ser ela o grande classificador dos objetos de estudo, assim como por meio dela é que se torna possível a construção de determinada teoria, pois esta só tem existência quando há um grupo de conceitos ordenados de modo unitário e coerente, o que não destoa do defendido por Paulo Roberto de Gouvêa Medina,[128] ao expor o que entende por teoria geral. Ainda, para os autores,[129] a teoria funciona como uma teia, sendo que as principais características de seu objeto são destrinchadas, formando-se o que defendem serem outros conceitos, acessórios e secundários, e assim por diante, formando, dessa forma, a mencionada teia. Já Amauri Mascaro Nascimento[130] aponta que teorizar faz parte de uma conceituação realizada dentro de um sistema, descrevendo o fenômeno que se quer analisar.

Diante de tais conceituações, difícil alguma inovação no que vem a ser uma teoria, concordando que se trata de um conjunto sistematizado de definições que alberga determinada prática, sendo oportuno referir, mais uma vez, que, em praticamente toda doutrina pesquisada que tenta definir a palavra *teoria*, há a referência de duas palavras que podem ser, de mesma forma, conceituadas para esclarecimento final do que vem a ser teoria, que são: (i) *conceito* e (ii) *sistematizado*, sendo que, segundo aponta José de Albuquerque Rocha, entende-se por *conceito*[131] a representação das propriedades essenciais e comuns a um determinado grupo de objetos, e por *sistematizado*[132] a mantença de uma ordem na exposição de um conjunto de conhecimentos, com o intuito de torná-lo coerente.

---

[127] RODRIGUES, Horácio Wanderley; LAMY, Eduardo de Avelar. *Teoria geral do processo*. 3. ed. Rio de Janeiro: Elsevier, 2012. p. 12. "São os conceitos que permitem a classificação dos objetos, a partir do que estabelecem ser importante para o intuito de enquadrá-los em uma determinada categoria. Por constituírem a generalização das características essenciais de um conjunto de objetos, por meio deles é possível construir teorias". E finalizam: "Só se tem uma teoria quando um determinado conjunto de conceitos está ordenado, ou seja, arranjado de forma a constituir um todo unitário e coerente".

[128] MEDINA, Paulo Roberto de Gouvêa. *Teoria geral do processo*. Belo Horizonte: Del Rey, 2012. p. 1. Refere: "A teoria geral de um campo do conhecimento consiste na sistematização de seus princípios e conceitos fundamentais, tendo por objetivo conferir unidade aos diferentes segmentos que o compõem".

[129] RODRIGUES, Horácio Wanderley; LAMY, Eduardo de Avelar. *Teoria geral do processo*. 3. ed. Rio de Janeiro: Elsevier, 2012. p. 12.

[130] NASCIMENTO, Amauri Mascaro. *Ordenamento jurídico trabalhista*. São Paulo: LTr, 2013. p. 21.

[131] ROCHA, José de Albuquerque. *Teoria geral do processo*. 10. ed. São Paulo: Atlas, 2009. p. 2.

[132] Ibidem.

2.3. O conceito de Teoria Geral do Processo

Múltiplas são as formas de se pensar o fenômeno processo na atualidade, tendo em vista que diversas são as Escolas de Processo[133] hoje em atividade no país, razão pela qual a cada pensador ou a cada unidade filosófica de pensamento pode corresponder um conceito sobre o que vem a ser a Teoria Geral do Processo, em que pese existir uma característica geral em todas essas Escolas, qual seja, a de que o fenômeno processual deve ser interpretado a partir de um marco que definem ser a Constituição da República Federativa do Brasil.

Um dos mais preocupados processualistas brasileiros na atualidade com a temática da Teoria Geral do Processo, Fredie Didier Jr.,[134] conceitua a disciplina como sendo aquela que se dedica a elaborar, organizar e articular os conceitos jurídicos fundamentais processuais, definição essa que não foge do que autores como José de Albuquerque Rocha,[135] Maria da Glória Colucci e José Maurício Pinto de Almeida[136] defendem. Interessante conceito é trabalhado por Cândido Rangel Dinamarco,[137] que, ao fazê-lo, acaba trazendo algumas características à Teoria Geral do Processo, como: (i) conjunto de conceitos e princípios dotados de máxima generalização; (ii) devem ser condensados quando há confronto entre os ramos do Direito Processual; (iii) há uma transcendência da dogmática processual; (iv) não há formulação de normas de Direito Positivo; e (v) tende à universalização.

No conteúdo introdutório do presente estudo já foi referido que a disciplina de Teoria Geral do Processo foi instituída pela Resolução do MEC 03, de 1972, que disciplinava ser a matéria algo que se estendesse

---

[133] JOBIM, Marco Félix. *Cultura, escolas fases metodológicas do processo*. 3. ed. Porto Alegre: Livraria do Advogado, 2016.

[134] DIDIER JR., Fredie. A reconstrução da teoria geral do processo. In: —— (Org.). *Reconstruindo a teoria geral do processo*. Salvador: JusPodivm, 2012. p. 15-45. p. 25. Conceitua o processualista baiano: "A Teoria Geral do processo, Teoria do Processo, Teoria Geral do Direito Processual ou Teoria do Direito Processual é uma disciplina jurídica dedicada à elaboração, à organização e à articulação dos conceitos jurídicos fundamentais (lógico-jurídicos) processuais".

[135] ROCHA, José de Albuquerque. *Teoria geral do processo*. 10. ed. São Paulo: Atlas, 2009. p. 2. Aduz: "[...] o estudo dos princípios fundamentais do Direito Processual, bem como a abordagem unitária da ação, jurisdição e processo".

[136] COLUCCI, Maria da Glória; ALMEIDA, José Maurício Pinto de. *Lições de teoria geral do processo*. 4. ed. Curitiba: Juruá, 2009. p. 13. Referem os autores: "[...] um conjunto de conceitos sistematizados (organizados) que serve aos juristas como instrumento para conhecer os diferentes ramos do direito processual".

[137] DINAMARCO, Cândido Rangel. *A instrumentalidade do processo*. 13. ed. São Paulo: Malheiros, 2008. p. 69. Conceitua: "Teoria geral do processo é, nessa perspectiva, um sistema de conceitos e princípios elevados ao grau máximo de generalização útil e condensados indutivamente a partir do confronto dos diversos ramos do direito processual. Ela transcende a dogmática processual, não lhe sendo própria a indagação ou formulação de regras, ou normas de direito positivo. Por isso mesmo, tende à universalização, superando as limitações espaço-temporais do direito positivo".

ao estudo do processo civil e do processo penal, a qual, posteriormente, foi dilatada para albergar o processo do trabalho e hoje poderia encontrar guarida, também, nos diversos microssistemas processuais existentes. Diante disso, pode-se então conceituar, com base nos demais estudos sobre o tema, o que vem a ser Teoria Geral do Processo como sendo um conjunto de conceitos sistematizados (organizados) que serve como instrumento para conhecer os diferentes ramos do Direito Processual. Essa teoria não daria um conhecimento imediato e direto de determinado ramo do Direito Processual, mas forneceria um instrumental apenas básico, porém altamente necessário, para o conhecimento das demais disciplinas particulares do Direito Processual. Não se pode deixar nunca de lembrar que o estudo dos problemas concretos de cada área processual faz parte de sua própria disciplina, cabendo, aqui, somente se servir de uma disciplina instrumental. Entretanto, como anteriormente abordado, neste momento apenas se está confirmando o que já é concretizado por parte da doutrina, sendo o conceito trabalhado uma mera compilação do que já referido por outros autores, tendo em vista que o que se está aqui questionando é a própria existência da Teoria Geral do Processo.

2.4. Quais ramos do processo seriam abrangidos pela Teoria Geral do Processo?

Num primeiro momento, conforme explana José Maria Rosa Tesheiner,[138] a Constituição Federal elenca três tipos de processos: (i) o legislativo; (ii) o administrativo; e (iii) o judicial, sendo que, em sua obra, foi o último que teve atenção total de seu texto. Em princípio, essa teoria seria destinada a apenas três searas processuais[139] (o processo civil, o processo penal e o processo do trabalho) na linha do defendido por Jônatas Luiz Moreira de Paula[140] e Manuel Galdino da Paixão Araújo,[141] mas não

---

[138] TESHEINER, José Maria Rosa. *Elementos para uma teoria geral do processo*. São Paulo: Saraiva, 1993. p. 1. Refere: "A mesma Constituição se refere a três tipos de processo: o legislativo (arts. 59 e s.), o administrativo (arts. 5º, LV, e 41, § 1º) e o judicial (arts. 5º, LV, e 184, § 3º)". E finaliza: "O processo, nesse sentido mais restrito, é o que é objeto do presente estudo. É, pois, do processo judicial que se trata, motivo por que podemos caracterizá-lo como método do Poder Judiciário para o exercício da jurisdição".

[139] OLIVEIRA FILHO, Candido de. *Curso de prática do processo*. Rio de Janeiro: Livraria Editora Dr. Candido de Oliveira Filho, 1938. Para se ter noção do que se modificou ao longo dos anos, a obra referida, de 1938, traz que a divisão do processo quanto ao seu objeto é de civil (abrangendo, *lato sensu*, o comercial) e criminal, sendo que, como se verá nas linhas seguintes, em muito se ampliou a ideia do objeto do processo.

[140] PAULA, Jônatas Luiz Moreira de. *Teoria geral do processo*. 3. ed. Barueri: Manole, 2002. p. vii. Refere: "Contudo, é preciso fazer uma advertência: não é um livro de direito processual, mas de Teoria Geral do Processo, isto é, daquilo que é comum nos três ramos processuais (direito processual civil, direito processual penal e direito processual do trabalho)".

[141] PAIXÃO JÚNIOR, Manuel Galdino da. *Teoria geral do processo*. Belo Horizonte: Del Rey, 2002. p. 3. Refere: "Na TGP será estudado o que é comum e invariável nos fundamentos teóricos da téc-

há como negar o fato de que, se existente a disciplina, ela irradiaria também efeitos às demais áreas hoje conhecidas do processo ou microssistemas processuais, o que parece transparecer na pena de Cândido Rangel Dinamarco[142] e de Vicente Greco Filho,[143] embora este restrinja os ramos que acredita serem inerentes à Teoria Geral do Processo. Já a pena de Alexandre Freitas Câmara[144] parece apontar para uma multiplicidade de processos, embora refira que se trata de uma forma de facilitação do ensino, pois entende ser o Direito Processual único, não comportando esse tipo de divisão.

Note-se, por exemplo, a apresentação à obra de Devis Echandía,[145] elaborada por Luis Armando Rodríguez, que expõe, claramente, que se trata da mais completa obra existente de Teoria Geral do Processo, pois tem a pretensão de ser uma obra de inclusão na teoria de todos os tipos de processo. Diante dessas afirmativas, podem-se vislumbrar diversos ramos do Direito Processual, embora com certa resistência,[146] tendo em

---

nica jurídica de se comporem denunciados litígios, originários de lesões a direitos consagrados na ordem jurídica material". E continua: "Não se pensa em unificar os tradicionais ramos do processo civil penal, trabalhista, nem se preocupa em classificá-los em ordem de importância social". Para finalizar: "Apenas examinam-se, em um só momento, fundamentos e critérios comuns a procedimentos de todas as espécies numa disciplina única, com propósitos que vão da economia, passam pela racionalidade e chegam à segurança metodológica".

[142] DINAMARCO, Cândido Rangel. *A instrumentalidade do processo*. 13. ed. São Paulo: Malheiros, 2008. p. 67-68. Lembra o autor, ao falar sobre o tema: "Mas é significativo o seu poder de síntese indutiva do significado e diretrizes do direito processual como um sistema de institutos, princípios e normas estruturados para o *exercício do poder* segundo determinados objetivos: passar dos campos particularizados do processo civil, trabalhista ou penal (e administrativo e legislativo e mesmo não estatal) à integração de todos eles em um só quadro e mediante uma só inserção no universo do direito é lavor árduo e incipiente, que a teoria geral do processo se propõe a levar avante".

[143] GRECO FILHO, Vicente. *Direito processual civil brasileiro*: teoria geral do processo e auxiliares da justiça. 21. ed. São Paulo: Saraiva, 2009. v. 1. p. 3. Refere: "Modernamente o estudo do direito processual tem recebido uma inspiração unificadora. Após séculos de tratamento distinto, o direito processual civil e o direito processual penal passaram a receber tratamento científico unificado em seus institutos fundamentais, por meio da busca por pontos comuns da atividade jurisdicional. Igual aproximação receberam o chamado direito processual do trabalho e os ramos especiais do direito processual, ou seja, o direito processual penal militar e o direito processual eleitoral".

[144] CÂMARA, Alexandre Freitas. *Lições de direito processual civil*. 24. ed. São Paulo: Atlas, 2013. v. 1. p. 15. Refere: "Costuma-se dividir o Direito Processual em pelo menos dois grandes ramos, o Direito Processual Civil e o Direito Processual Penal. Além desses, outros ramos podem ser identificados, como o Direito Processual do Trabalho, o Direito Processual Eleitoral e o Direito Processual Administrativo. Tal divisão, porém, se faz com o fim de atender a critérios exclusivamente didáticos e de facilitação da atividade legislativa. Na verdade, o Direito Processual é único, não comportando verdadeiras distinções. Essa afirmação resulta na admissão da existência de uma teoria geral do Direito Processual, ou seja, uma parte geral da ciência, aplicável a todos os 'ramos' que a integrem".

[145] ECHANDÍA, Hernando Devis. *Teoria general del proceso*: aplicable a todas clase de procesos. 3. ed. Buenos Aires: Universidad, 2002. p. 7. Refere Luis Armando Rodríguez, no prefácio: "Esta es una obra total, indispensable, la más completa sobre la teoria del proceso. Es omnicomprensiva, pues tiene la pretensión, lograda, de incluir todos los procesos (civil, penal, laboral, etc.), como para demonstrar que es único y que sus grandes líneas se aplican en todos su âmbito".

[146] SANTOS, Ernane Fidélis. *Manual de direito processual civil*: processo de conhecimento. 11. ed. São Paulo: Saraiva, 2006. v. 1. p. 1. Aduz: "O Direito Processual é, pois, o ramo da ciência jurídica que

vista que o processo comum ainda é considerado o Direito Processual Civil, que a Teoria Geral do Processo poderia se fazer presente, entre elas, como: (i) o processo tributário; (ii) o processo administrativo; (iii) o processo do consumidor; (iv) o processo coletivo; (v) o processo ambiental; (vi) o processo empresarial; (vii) o processo previdenciário; (viii) o processo constitucional; (ix) o processo dos juizados especiais; (x) o processo na arbitragem; (xi) o processo eleitoral; e até mesmo há quem hoje defenda um (xii) processo imobiliário, não podendo, por óbvio, outros serem descartados, como o desportivo[147] ou o internacional,[148] mas que, devido à insipiente doutrina, deixa-se no momento sem uma reflexão maior.

Sendo os processos civil,[149] penal e trabalhista[150] os mais reconhecidos, descabe uma análise mais aprofundada sobre eles, o que não ocorre quando se está falando dos demais, razão pela qual, ao menos, mesmo que de forma bibliográfica e meramente conceitual, merecem alguma referência para que o leitor saiba de sua existência e, no despertar do pesquisador, este aprofundar-se com o que se indica em cada um dos ramos mencionados. E uma advertência que deve ser realizada desde já: não se está aqui confundindo se se aceita ou não o processo civil[151] como direito comum,[152] que é construção própria para compreensão de um direito

---

cuida do conjunto de normas reguladoras do exercício jurisdicional. Quando a matéria não for de ordem penal, tem-se o Direito Processual Civil, a não ser que, em razão da própria matéria, outro ramo disciplinador se estabeleça, como ocorre com o Direito Processual Trabalhista".

[147] Já se fala, por exemplo, no Direito processual desportivo. Ver: DECAT, Scheyla Althoff. *Direito processual desportivo*. Belo Horizonte: Del Rey, 2014.

[148] ROSAS, Roberto. *Direito processual constitucional*: princípios constitucionais do processo civil. 3. ed. São Paulo: Revista dos Tribunais, 1999. p. 175-176.

[149] GRECO FILHO, Vicente. *Direito processual civil brasileiro*: teoria geral do processo e auxiliares da justiça. 21. ed. São Paulo: Saraiva, 2009. v. 1. p. 6. Aqui há de se concordar com o autor, que entende ser tanto o juizado especial como as ações coletivas subprodutos do processo civil, mas hoje devem ser estudados com seus próprios conceitos e institutos. Aduz: "Dentro do processo civil é possível distinguir, sem a menor duvida, a existência de três sistemas com princípios próprios: o do processo civil comum singular, o do processo civil das ações coletivas e o do processo civil dos juizados especiais. Não é mais Possível tentar entender ou resolver problemas das Ações coletivas com os princípios do processo civil comum, que nasceu e foi idealizado a partir de um autor e um réu, como ocorria no processo romano da *ordo judiciorum privatorum*".

[150] DIDIER JR., Fredie. *Sobre a teoria geral do processo, essa desconhecida*. 3. ed. Salvador: Juspodivm, 2016. p. 187. "A Teoria Geral do Processo é repertório conceitual que serva à compreensão dos processos legislativo, administrativo, jurisdicional (civil, penal ou trabalhista) e negocial".

[151] Recentemente enfrentou-se a questão em banca de dissertação de mestrado: SARTI, Saulo. *As medidas assecuratórias na persecução à criminalidade econômica*: análise dos requisitos para a decretação do arresto nas decisões do Tribunal Regional Federal da 4ª Região e da 7ª Vara Federal de Porto Alegre. Porto Alegre: PUCRS (PPGCrim), 2015.

[152] LAURINO, Salvador Franco de Lima. *Tutela jurisdicional*: cumprimento dos deveres de fazer e não fazer. Rio de Janeiro: Elsevier, 2010. p. 13. Sobre o processo ser o ramo comum: "A unidade do direito processual permite ao processo civil desempenhar o papel de processo comum no sistema processual. Mesmo diante de processos regidos por disciplina específica, ele desempenha o papel de fonte subsidiária para a superação de lacunas sempre que suas normas guardarem compatibilidade com a identidade do processo especial".

positivo vigente,[153] aos demais ramos do Direito Processual, mas sim se está pensando se há uma disciplina de Teoria Geral do Processo,[154] e, se existindo, como se alicerçaria para a construção da compreensão dos demais ramos processuais existentes.

Um dos novos processos que cresce a cada dia mais, tanto em sede legislativa, doutrinária como jurisprudencial, é o processo tributário, que trata de questões atinentes à execução fiscal e às ações tributárias. O contexto tem trazido uma variedade de autores destinados a disciplinarem a matéria. Dentre as obras que podem ser referidas estão **Processo Tributário**, de Hugo Machado de Brito;[155] **Direito Processual Tributário**, de Marcelo Campos;[156] **Manual da Execução Fiscal**, de Éderson Garin Porto;[157] **Curso avançado de processo administrativo tributário**, organizado por Rafael Borin e Rafael Nichele;[158] **O novo CPC e seu impacto no Direito Tributário**, de Paulo Cesar Conrado e Juliana Furtado Costa Araujo,[159] e **A prova do processo administrativo tributário**, de Marcio Pestana.[160] Ainda, pela leitura de algumas obras, pode-se tirar pelo menos três grandes entendimentos: (i) da existência de um processo

---

[153] DIDIER JR., Fredie. *Sobre a teoria geral do processo, essa desconhecida*. 3. ed. Salvador: Juspodivm, 2016. p. 187-188. Refere: "A Teoria Geral do Processo não se confunde com as Teorias individuais ou Particulares do Processo, que são construções doutrinárias elaboradas para a compreensão de determinado Direito Positivo ou de um grupo de ordenamentos jurídicos, respectivamente".

[154] Note-se que, para José Frederico Marques, a Teoria Geral do Processo é para o processo penal e para o processo civil e suas especificidades devem ser acolhidas em suas partes especiais. Ver: MARQUES, José Frederico. *Instituições de direito processual civil*. Campinas: Millennium, 2000. p. 27. Refere: "A Teoria Geral do Processo cuidaria dos institutos que são comuns ao processo civil e ao processo penal, dando-o mesmo conteúdo normativo e igual tratamento dogmático-jurídico a todos eles. Se especificações se fizerem necessárias, num ou outro procedimento do processo civil ou do processo penal, a parte especial do Direito Processual logo as acolheria como ocorre atualmente com os vários procedimentos especiais de ambos os ramos, respectivamente, do Direito Processual".

[155] Dentre as obras de maior destaque, recomenda-se: BRITO, Hugo Machado de. *Processo tributário*. 6. ed. São Paulo: Atlas, 2012.

[156] Isso pode ser confirmado com estudos coletivos como: CAMPOS, Marcelo. *Direito processual tributário*: a dinâmica da interpretação: estudos em homenagem ao professor Dejalma de Campos. São Paulo: Revista dos Tribunais, 2008. Dentre o rol de articulistas estão: Adilson Rodrigues Pires, Agostinho Toffoli Tavolaro, Alexandre Barros Castro, Ana Flávia Messa, Angélica Arruda Alvim, Arruda Alvim, Augusto Fantozzi, Aurélio Pitanga Seixas Filho, Eduardo Arruda Alvim, Edvaldo Brito, Hugo de Brito Machado, Ivan Tauil Rodrigues, Ives Gandra da Silva Martins, José Eduardo Soares de Melo, José Souto Maior Borges, Kiyoshi Harada, Leon Fredja Szklarowsky, Marco Aurélio Greco, Maria Rita Gradilone Sampaio Lunardelli, Marilene Martins Rodrigues, Sacha Calmon Navarro Coelho e, claro, o próprio coordenado Marcelo Campos.

[157] PORTO, Éderson Garin. *Manual da execução fiscal*. 2. ed. Porto Alegre: Livraria do Advogado, 2010.

[158] BORIN, Rafael; NICHELE, Rafael. *Curso avançado de processo administrativo tributário*. Porto Alegre: Livraria do Advogado, 2012.

[159] CONRADO, Paulo Cesar; ARAUJO, Juliana Furtado Costa (Coord.). *O novo CPC e seu impacto no Direito Tributário*. São Paulo: Fiscosoft, 2015. Embora esteja referido no título o direito trributário, os artigos dão conta do processo tributário.

[160] PESTANA, Marcio. *A prova no processo administrativo tributário*. Rio de Janeiro: Elsevier, 2007.

administrativo tributário;[161] (ii) da existência de um processo judicial tributário[162] e; (iii) da existência de um processo administrativo tributário, o que denotam a grandiosidade de assuntos que existem inseridos dentro do processo tributário.

Retirando a força de quem entenda que não existe um processo administrativo, mas se trata de um procedimento, tem-se, hoje, também em larga escala, o seu crescimento, ainda mais em virtude da promulgação da Constituição Federal vigente. As muitas obras destinadas ao tema podem ser facilmente encontradas, razão pela qual se apontam algumas mais conhecidas, como **Processo Administrativo**, de Sérgio Ferraz e Adilson Abreu Dallari;[163] **O Curso de Processo Administrativo**, de Wellington Pacheco Barros;[164] **Direito processual administrativo**, de Waldir de Pinho Veloso[165] e **Processo administrativo**, coordenado por Carlos Alberto Carmona.[166]

Ainda com pouca publicação acadêmica específica, tem-se o tão protetivo processo do consumidor. Inegável que existe um conteúdo processual no Código de Defesa do Consumidor,[167] em especial com regras, como a da inversão do ônus da prova e das ações coletivas envolvendo os danos causados no mercado consumerista. Dentre as obras que podem servir de base para a compreensão desse novo modelo processual, podem-se citar a **Inversão do Ônus da Prova no Processo Civil do Consumidor**, de Érico de Pina Cabral;[168] **Da Defesa do Consumidor em Juízo**, de Nehemias Domingos de Melo,[169] **Ônus da prova no Código de Defesa do Consumidor**, de Astrid Maranhão de Carvalho Ruthes;[170] e **A Defesa dos Interesses do Consumidor**, de Ricardo dos Santos Castilho.[171] Contudo, o tema inserto dentro do Código consumerista é muito

---

[161] BORIN, Rafael; NICHELE, Rafael. *Curso avançado de processo administrativo tributário*. Porto Alegre: Livraria do Advogado, 2012.

[162] ROCHA, Mauro Luís. *Processo judicial tributário*. 8. ed. São Paulo: Impetus, 2012.

[163] FERRAZ, Sérgio; DALLARI, Adilson Abreu. *Processo administrativo*. 3. ed. São Paulo: Malheiros, 2012.

[164] BARROS, Wellington Pacheco. *Curso de processo administrativo*. Porto Alegre: Livraria do Advogado, 2005.

[165] VELOSO, Waldir de Pinho. *Direito processual administrativo*. Curitiba: Juruá, 2010.

[166] CARMONA, Carlos Alberto (Coord.). *Processo administrativo*. São Paulo: Atlas, 2008.

[167] BERMURDES, Sérgio. *Direito processual civil*: estudos e pareceres: 3ª série. São Paulo: Saraiva, 2002. p. 152 *et seq*. O autor explana algumas das regras processuais no Código no capítulo que denomina de *Aspectos Processuais do Código de Defesa do Consumidor*.

[168] CABRAL, Érico de Pina. *Inversão do ônus da prova no processo civil do consumidor*. São Paulo: Método, 2008.

[169] MELO, Nehemias Domingos de. *Da defesa do consumidor em juízo*. São Paulo: Atlas, 2010.

[170] RUTHES, Astrid Maranhão de Carvalho. *Ônus da prova no Código de Defesa do Consumidor*. Curitiba: Juruá, 2010.

[171] CASTILHO, Ricardo dos Santos. *A defesa dos interesses do consumidor*: da legitimidade do Ministério Público nos interesses difusos, coletivos e individuais. São Paulo: Iglu, 2002.

vasto, podendo abarcar outras tantas matérias que confortam alguma diferenciação na lida do Direito Processual, como o direito à saúde.[172]

Quase em oposição aos conflitos individuais,[173] o Direito Processual coletivo tem crescido cada vez mais nos debates acadêmicos, o que levou, inclusive, o Legislativo a propor um projeto de Código de Processos Coletivos, hoje suspenso no Congresso Nacional, assim como regramento próprio no projeto de novo Código de Processo Civil brasileiro, com o IRDR (Incidente de Resolução de Demandas Repetitivas).[174] Cumpre esclarecer que a disciplina encontra, inclusive, para alguns autores, principiologia[175] própria, tendo em vista que o tema da coletividade implica um parcial esquecimento do processo subjetivo individual. Dentre as obras que se podem fazer referência estão **Codificação do Direito Processual Coletivo Brasileiro**, de Gregório Assagra de Almeida;[176] **Processos Coletivos**, com vários autores e organização de José Maria Rosa Tesheiner;[177] **Processo Coletivo e Outros Temas de Direito Processual**, obra com vários autores e organizada por Araken de Assis, Carlos Alberto Molinaro, Luiz Manoel Gomes Júnior e Mariângela Guerreiro Milhoranza;[178] **Perfis da Tutela Inibitória Coletiva**, de Sérgio Cruz Arenhart;[179] **Processo Coletivo: Tutela de Direitos Coletivos e Tutela Coletiva de Direitos**, de Teori Albino Zavascki;[180] **Ações Repetitivas**, de Ruy Zoch Rodrigues;[181] **Direito Processual Coletivo e o Anteprojeto de Có-**

---

[172] MARANHÃO, Clayton. *Tutela jurisdicional do direito à saúde*: arts. 83 e 84 CDC. São Paulo: Revista dos Tribunais, 2003.

[173] VERBIC, Francisco. *Procesos colectivos*. Buenos Aires: Astrea, 2007. Refere o processualista argentino: "De este modo, entendemos que será razonable exigir el establecimiento de vias procesales novedosas y específicas sólo si logramos identificar la noción de conflicto colectivo como opuesta o, al menos, ló suficientemente diferente a la de conflicto individual. Ello así en tanto la tutela diferenciada que se propugna solo resultará justificada en la medida que se oriente a resolver conflictos caracterizados por rasgos tales que no puedan ser atendidos eficientemente por las vias ordinárias".

[174] Artigos 976 a 987 da Lei n. 13.105/15. Disponível em: <http://www.planalto.gov.br/ccivil_03/_Ato2015-2018/2015/Lei/L13105.htm>. Acesso em: 27 jan. 2016.

[175] GRINOVER, Ada Pellegrini. Direito processual coletivo. In: DIDIER JR., Fredie; JORDÃO, Eduardo Ferreira (Org.). *Teoria geral do processo*: panorama doutrinário mundial. Salvador: Juspodivm, 2008. p. 27-35. Na p. 32, conclui sobre o que entende dos princípios relativos ao processo coletivo: "Tudo isso demonstra a saciedade que muitos dos princípios gerais do direito processual assumem feição própria no processo coletivo, apontando para a existência de diferenças substanciais".

[176] ALMEIDA, Gregório Assagra de. *Codificação do direito processual coletivo*. Belo Horizonte: Del Rey, 2007.

[177] TESHEINER, José Maria. *Processos coletivos*. Porto Alegre: HS, 2012.

[178] ASSIS, Araken de [et al.]. *Processo coletivo e outros temas de direito processual*: homenagem aos 50 anos de docência do professor José Maria Rosa Tesheiner e 30 anos de docência do professor Sérgio Gilberto Porto. Porto Alegre: Livraria do Advogado, 2012.

[179] ARENHART, Sérgio Cruz. *Perfis da tutela inibitória coletiva*. São Paulo: Revista dos Tribunais, 2003.

[180] ZAVASCKI, Teori Albino. *Processo coletivo*: tutela de direitos coletivos e tutela coletiva de direitos. 2. ed. São Paulo: Revista dos Tribunais, 2007.

[181] RODRIGUES, Ruy Zoch. *Ações repetitivas*: casos de antecipação de tutela sem o requisito da urgência. São Paulo: Revista dos Tribunais, 2010.

digo Brasileiro de Processos Coletivos, coordenado por Ada Pellegrini Grinover, Aluisio Gonçalves de Castro Mendes e Kazuo Watanabe;[182] **A Tutela Coletiva de Interesses Individuais**, de Sérgio Cruz Arenhart;[183] **Processo Coletivo: do Surgimento à Atualidade**, organizado por Ada Pellegrini Grinover, Antonio Herman Benjamin, Teresa Arruda Alvim Wambier e Vincenzo Vigoriti;[184] **A Tutela Coletiva dos Direitos Individuais**, de Artut Torres;[185] **Processo Civil Coletivo e sua Efetividade**, de Aluísio Lunes Monti Ruggeri Ré;[186] **Processos Coletivos: Ação Civil Pública e Ações Coletivas**, organizada por Antônio Gigi, José Maria Tesheiner e Tereza Cristina Sorice Baracho Thibau.[187] Cumpre lembrar que já existe, inclusive, uma série[188] dedicada a somente publicar obras sobre processo coletivo comparado e internacional, sob a coordenação de Antonio Gigi.[189]

O Direito Ambiental está em alta após sua consagração como direito fundamental na Constituição Federal brasileira vigente, sendo que, em razão da peculiaridade da matéria, por bem se criaram algumas regras processuais que fazem com que exista um processo voltado a este tema de relevante importância. São exemplos de obras que tratam do tema: **Processo Civil Ambiental**, de Marcelo Abelha Rodrigues,[190] e **Devido Processo Ambiental e o Direito Fundamental ao Meio Ambiente**, de Patryck de Araújo Ayala,[191] assim como já há obra que atribua principiologia própria, como **Princípios do Direito Processual Ambiental**, de

---

[182] GRINOVER, Ada Pellegrini; MENDES, Aluisio Gonçalves de Castro; WATANABE, Kazuo. *Direito processual coletivo e o anteprojeto de código brasileiro de processos coletivos*. São Paulo: Revista dos Tribunais, 2007.

[183] ARENHART, Sérgio Cruz. *A tutela coletiva de interesses individuais*: para além da proteção dos interesses individuais homogêneos. 2. ed. São Paulo: Revista dos Tribunais, 2014.

[184] GRINOVER, Ada Pellegrini; BENJAMIN, Antonio Herman; WAMBIER, Teresa Arruda Alvim; VIGORITI, Vincenzo. *Processo coletivo*: do surgimento à atualidade. São Paulo: Revista dos Tribunais, 2014.

[185] TORRES, Artur. *A tutela coletiva dos direitos individuais*: considerações acerca do projeto de novo Código de Processo Civil. Porto Alegre: Arama, 2013.

[186] RÉ, Aluísio Monti Ruggeri. *Processo civil coletivo e sua efetividade*. São Paulo: Malheiros, 2012.

[187] GIDI, Antônio; TESHEINER, José Maria; THIBAU, Tereza Cristina Sorice Baracho. *Processos coletivos*: ação civil pública e ações coletivas. Porto Alegre: Livraria do Advogado, 2015.

[188] Três das últimas publicações são: ARAÚJO, Rodrigo Mendes. *A representação adequada nas ações coletivas*. Salvador: Juspodivm, 2013; VIOLIN, Jordão. *Protagonismo judiciário e processo coletivo estrutural*: o controle jurisdicional de decisões políticas. Salvador: Juspodivm, 2013; e ZANETI JR., Hermes. *O 'novo' mandado de segurança coletivo*. Salvador: Juspodivm, 2013.

[189] Autor que tem um dos mais importantes livros sobre o tema: GIDI, Antônio. *A class action como instrumento de tutela coletiva dos direitos*: as ações coletivas em uma perspectiva comparada. São Paulo: Revista dos Tribunais, 2007.

[190] RODRIGUES, Marcelo Abelha. *Processo civil ambiental*. 3. ed. São Paulo: Revista dos Tribunais, 2011.

[191] AYALA, Patryck de Araújo. *Devido processo ambiental e o direito fundamental ao meio ambiente*. Rio de Janeiro: Lumen Juris, 2011.

Celso Antônio Pacheco Fiorillo;[192] **Tutelas Jurisdicionais do Meio Ambiente: Tutela Inibitória, Tutela de Remoção, Tutela de Ressarcimento na Forma Específica**, de Luciane Gonçales Tessler;[193] **Direito Processual Ambiental Coletivo**, de Celso Antonio Fiorillo, Marcelo Abelha Rodrigues e Rosa Maria Andrade Nery;[194] **Tutela Coletiva e sua Efetividade**, de Sérgio Shimura.[195]

E como ficam as regras pertinentes àqueles que desejam uma aposentadoria ou algum tipo de auxílio previdenciário? Será que não há institutos próprios na seara previdenciária que podem vir a ser sistematizados, também, como um novo modelo processual a ser seguido? Com essa preocupação já há algumas obras que apontam para esse norte, entre eles o **Curso de Processo Judicial Previdenciário**, de Marco Aurélio Serau Jr.;[196] e **Processo Previdenciário: Teoria de Prática**, coordenado por Ana Paula Oriola de Raefray e Wagner Balera.[197]

Indiscutível que no conteúdo das leis dos juizados especiais, tantos o Cível, o Criminal, o Federal e, mais recentemente, o da Fazenda Pública, há um conteúdo processual que se coaduna com o rito, muitas vezes oral e célere, que se quer dar aos direitos que podem ser neles reclamados. Tais regras processuais podem ser constatadas em obras como **Juizados Especiais Cíveis**, coordenada por Jorge Tosta;[198] **Comentários à Lei dos Juizados Especiais Cíveis e Criminais**, de Joel Dias Figueira Júnior e Maurício Antônio Ribeiro Lopes;[199] **Juizados Especiais Cíveis: Novos Desafios**, organizada por Fernando Gama de Miranda Netto e Felippe Borring Rocha;[200] e **Juizados Especiais**, com a coordenação de Bruno Garcia Redondo, Welder Queiroz dos Santos, Augusto Vinícius Fonseca e Silva e Leandro Carlos Pereira Valladares.[201]

---

[192] FIORILLO, Celso Antônio Pacheco. *Princípios do direito processual ambiental*. São Paulo: Saraiva, 2012.
[193] TESSLER, Luciane Gonçalves. *Tutelas jurisdicionais do meio ambiente:* tutela inibitória, tutela de remoção, tutela do ressarcimento na forma específica. São Paulo: Revista dos Tribunais, 2004.
[194] FIORILLO, Celso Antonio; RODRIGUES, Marcelo Abelha; NERY, Rosa Maria Andrade. *Direito processual ambiental brasileiro*. Belo Horizonte: Del Rey, 1996.
[195] SHIMURA, Sérgio. *Tutela coletiva e sua efetividade*. São Paulo: Método, 2006.
[196] SERAU JR., Marco Aurélio. *Curso de processo judicial previdenciário*. 3. ed. São Paulo: Método, 2012.
[197] BALERA, Wagner; RAEFRAY, Ana Paula Oriola de (Coord.). *Processo previdenciário*: teoria e prática. Florianópolis: Conceito, 2011.
[198] TOSTA, Jorge (Coord.). *Juizados especiais cíveis*. Rio de Janeiro: Elsevier, 2010.
[199] FIGUEIRA JÚNIOR, Joel Dias; LOPES, Maurício Antônio Ribeiro. *Comentários à lei dos juizados especiais cíveis e criminais*. 2. ed. São Paulo: Revista dos Tribunais, 1997.
[200] NETTO, Fernando Gama de Miranda; ROCHA, Felippe Borring (Org.). *Juizados especiais cíveis*: novos desafios. Rio de Janeiro: Lumen Juris, 2010.
[201] REDONDO, Bruno Garcia; SANTOS, Welder Queiroz dos; SILVA, Augusto Vinícius Fonseca e; VALLADARES, Carlos Pereira (Coord.). *Juizados especiais*. Salvador: Juspodivm, 2016.

O Direito Processual empresarial trata de questões relacionadas ao direito em empresa, societário, falimentar e comercial, entre outros, que podem ser relacionados com a matéria. Existe, além de um conteúdo processual em determinadas leis, como se nota claramente com a Lei de Falências e Recuperação em Empresas, matérias julgadas em ações civis públicas, ações diretas de inconstitucionalidade, entre outras, com repercussões no Direito Empresarial. Recentes publicações dão conta do relatado, em especial **Direito Processual Empresarial: Estudos em Homenagem a Manoel de Queiroz Pereira Calças**, organizado por Gilberto Gomes Bruschi, Mônica Bonetti Couto, Ruth Maria Junqueira de A. Pereira e Silva e Thomaz Henrique Junqueira de A. Pereira,[202] assim como **Processo Civil Empresarial**, de Cândido Rangel Dinamarco.[203]

Ao lado de todos os ramos de processo acima referidos, ainda se teria aquele que, na teoria, deveria ser o tronco do qual todos se ramificam, que é a existência de um processo constitucional. O tema ganha efetiva importância na atualidade, sendo que autores como André Ramos Tavares defendem, inclusive, a existência de um Código de Processo Constitucional,[204] tema amplamente debatido recentemente no 1º Congresso Brasileiro de Direito Processual Constitucional. Obras sobre a temática não faltam, tendo em vista o imenso conteúdo processual existente na Constituição Federal de 1988, que abarca as ações constitucionais, os princípios processuais constitucionais, a organização judiciária, entre outros. Assim, podem-se citar: **Processo Constitucional: o Modelo Constitucional do Processo Civil Brasileiro**, de Hermes Zaneti Júnior;[205] **Processo Constitucional: Nova Concepção de Jurisdição**, de José Herval Sampaio Júnior;[206] **Direito Processual Constitucional: Aspectos Contemporâneos**, de José Alfredo de Oliveira Baracho;[207] **Curso de Processo Constitucional: Controle de Constitucionalidade e Remédios**

---

[202] BRUSCHI, Gilberto Gomes et al. *Direito processual empresarial*: estudos em homenagem a Manoel de Queroz Pereira Calças. Rio de Janeiro: Elsevier, 2012.

[203] DINAMARCO, Cândido Rangel. *Processo civil empresarial*. São Paulo: Malheiros, 2010.

[204] TAVARES, André Ramos. *Mensalão*: percalços processuais de fundo constitucional. Aduz o constitucionalista: "O tema desta breve reflexão é o Código de Processo Constitucional, e a tese é a de que sua adoção seria extremamente vantajosa para o país. Em termos gerais, permitiria a advogados e operadores do Direito uma antecipação das regras processuais que envolvem a tramitação de garantias constitucionais, como o *habeas corpus*, o mandado de segurança, etc. Para juízes, formaria um reforço de independência, por estabelecer regras objetivas independentemente de situações concretas e interesses subjetivos envolvidos". Disponível em: <http://www.cartaforense.com.br/conteudo/colunas/mensalao-percalcos-processuais-de-fundo-constitucional/11071>. Acesso em: 07 jun. 2013.

[205] ZANETI JR., Hermes. *Processo constitucional*: o modelo constitucional do processo civil brasileiro. Rio de Janeiro: Lumen Juris, 2007.

[206] SAMPAIO JÚNIOR, José Herval. *Processo constitucional*: nova concepção de jurisdição. São Paulo: Método, 2008.

[207] BARACHO, José Alfredo de Oliveira. *Direito processual constitucional*: aspectos contemporâneos. Belo Horizonte: Fórum, 2008.

Constitucionais, de Dimitri Dimoulis e Soraya Lunardi;[208] **Processo Constitucional e Estado Democrático de Direito**, de Ronaldo Brêtas de Carvalos Dias;[209] **Processo Constitucional**, de Eduardo Arruda Alvim, Rennan Faria Kruger Thamay e Daniel Willian Granado;[210] **Direito Processual Constitucional**, de Paulo Roberto de Figueiredo Dantas;[211] **Processo constitucional brasileiro**, de Georges Abboud;[212] e **Cidadania Processual**, de Sérgio Gilberto Porto.[213]

Inegável que a Lei n. 9.307/96[214] tem um conteúdo processual, até mesmo ditando ritos que irão permear a tramitação do caso levado ao juízo arbitral, constituindo, inclusive, a sentença, conforme será posteriormente ressaltado, título executivo judicial. Dentre as obras de referência na temática, têm-se **A Arbitragem na Teoria Geral do Processo**, de Cândido Rangel Dinamarco;[215] **Convenção de Arbitragem e Processo Arbitral**, de Luis Fernando Guerrero;[216] e **Curso de Arbitragem**, de Leonardo de Faria Beraldo.[217]

Também há de ser referendado que se expande, cada vez mais, um processo eleitoral, com fontes e instituições próprias, sendo que, inclusive, parte considerável de sua sistematização encontra-se testificada na Constituição Federal. Em 1998, José Neri da Silveira[218] lançava a obra **Aspectos do Processo Eleitoral,** demonstrando que o tema já despertava obras específicas pós-88. Ao longo dos anos, a doutrina foi aumentando, demonstrando o franco crescimento da área destinada ao processo eleitoral. Dentre as obras que podem ser citadas estão **Direito Eleitoral:**

---

[208] DIMOULIS, Dimitri; LUNARDI, Soraya. *Curso de direito constitucional*: controle de constitucionalidade e remédios constitucionais. São Paulo: Atlas, 2011.

[209] DIAS, Ronaldo Bretãs de Carvalho. *Processo constitucional e Estado Democrático de Direito*. Belo Horizonte: Del Rey, 2010.

[210] ALVIM, Eduardo Arruda; THAMAY, Rennan Faria Kruger; GRANADO, Daniel Willian. *Processo constitucional*. São Paulo: Revista dos Tribunais, 2014.

[211] DANTAS, Paulo Roberto de Figueiredo. *Direito processual constitucional*. 5. ed. São Paulo: Atlas, 2014.

[212] ABBOUD, Georges. *Processo constitucional brasileiro*. São Paulo: Revista dos Tribunais, 2016.

[213] PORTO, Sérgio Gilberto. *Cidadania processual*: processo constitucional e o novo processo civil. Porto Alegre: Livraria do Advogado, 2016.

[214] Disponível em: <http://www.planalto.gov.br/ccivil_03/LEIS/L9307.htm>. Acesso em:14 fev. 2016.

[215] DINAMARCO, Cândido Rangel. *A arbitragem na teoria geral do processo*. São Paulo: Malheiros, 2013. p. 23. A ideia está bem delineada na seguinte frase: "Dadas essas premissas, reconfirma-se que é imperiosa a inclusão da arbitragem na teoria geral do processo, considerando que ela contém em si um autêntico processo civil no qual se exerce um verdadeiro poder, a jurisdição, e que as atividades inerentes a esse exercício têm natureza inegavelmente processual".

[216] GUERRERO, Luis Fernando. *Convenção de arbitragem e processo arbitral*. São Paulo: Atlas, 2009.

[217] BERALDO, Leonardo de Faria. *Curso de arbitragem*: nos termos da lei 9.307/06. São Paulo: Atlas, 2014.

[218] SILVEIRA, José Neri da. *Aspectos do processo eleitoral*. Porto Alegre: Livraria do Advogado, 1998.

Aspectos Processuais, de Antônio Veloso Peleja Jr.;[219] **Direito Eleitoral e Processo Eleitoral**, de Marcus Vinicius Furtado Coelho;[220] e **Direito Eleitoral e Processo Eleitoral: Temas Relevantes**, de Walter de Almeida Guilherme, Richard Par Kim e Vladmir Oliveira da Silveira[221] como organizadores.

É inegável que a Lei do Inquilinato ou Lei n. 8.245, de 18 de outubro de 1991,[222] aborda, em seu bojo, um conteúdo processual, podendo ser defendido que existem, na sua sistemática, regras e princípios próprios de Direito Processual Imobiliário, em especial nas ações de despejo, renovatórias e revisionais de aluguel. A bibliografia, ainda insipiente, encontra em livros como **Processo Imobiliário**, de organização de Fabiano Carvalho e Rodrigo Barioni,[223] com algumas boas ideias para o fortalecimento da disciplina, e **Locações: Questões Atuais e Polêmicas**, de José Fernando Lutz,[224] que trabalha o Direito Material e o Processual ao mesmo tempo.

Ao lado de todos os ramos processuais acima identificados, deve-se esclarecer que chega com muita força no ordenamento jurídico brasileiro, por meio de pensadores do Direito Processual e até mesmo de teóricos do Direito, a teoria dos precedentes judiciais que não podem ficar de fora de uma singela lembrança, uma vez que, acaso realmente[225] venha a ser adotada tal teoria oriunda do *Comon Law* para o *Civil Law*, com certeza implicações haverão de existir na Teoria Geral do Processo, para quem acredita em sua existência, ou ainda na particularidade de cada área do processo, tendo em vista que o tema dos precedentes, para parte da doutrina, estaria mais relacionado com a disciplina de Teoria do Direito do que propriamente com a de processo. Dentre as obras que podem ser citadas, estão: **Teoria dos Precedentes Judiciais: Racionalidade da Tutela Jurisdicional**, de Francisco Rosito;[226] **Precedentes**

---

[219] PELEJA JR., Antônio Veloso. *Direito eleitoral*: aspectos processuais: ações e recursos. São Paulo: Juruá, 2010.

[220] COELHO, Marcus Vinícius Furtado. *Direito eleitoral e processo eleitoral*. Rio de Janeiro: Renovar, 2012.

[221] GUILHERME, Walter de Almeida; KIM, Richard Pae; SILVEIRA, Vladmir Oliveira da. *Direito eleitoral e processo eleitoral*: temas relevantes. São Paulo: Revista dos Tribunais, 2012.

[222] Disponível em: <http://www.planalto.gov.br/ccivil_03/leis/l8245.htm>. Acesso em: 14 fev. 2016.

[223] CARVALHO, Fabiano; BARIONI, Rodrigo (Org.). *Processo imobiliário*. São Paulo: Forense, 2011.

[224] LUTZ, José Fernando. *Locações*: questões atuais e polemicas. Curitiba: Juruá, 2014.

[225] Só com uma real doutrina forte sobre os artigos 926 e 927 do CPC/2015 isso será possível. Disponível em: <http://www.planalto.gov.br/ccivil_03/_Ato2015-2018/2015/Lei/L13105.htm>. Acesso em: 24 jan. 2016.

[226] ROSITO, Francisco. *Teoria dos precedentes judiciais*: racionalidade da tutela jurisdicional. Curitiba: Juruá, 2012. A obra faz parte de sua pesquisa de doutoramento defendida frente ao Programa de Pós-graduação em Direito da Universidade Federal do Rio Grande do Sul.

Judiciais Civis no Brasil, de Tiago Asfor Rocha Lima;[227] **Precedentes Obrigatórios**, de Luiz Guilherme Marinoni;[228] **Precedentes: o Desenvolvimento Judicial do Direito no Constitucionalismo Contemporâneo**, de Patrícia Perrone Campos Mello;[229] **Precedente Judicial no Processo Civil Brasileiro**, de Erik Navarro Wolkart;[230] **Precedentes Vinculantes no Direito Comparado e Brasileiro**, de Gustavo Santana Nogueira;[231] **Teoria do Precedente Judicial: a Justificação e a Aplicação de Regras Jurisprudenciais**, de Thomas da Rosa de Bustamante;[232] **Os Precedentes Judiciais no Constitucionalismo Brasileiro Contemporâneo**, de Juraci Mourão Lopes Filho;[233] **Direito Jurisprudencial I**, coordenado por Teresa Arruda Alvim Wambier,[234] e **Direito Jurisprudencial II**, coordenado por Aluísio Gonçalves de Castro Mendes, Luiz Guilherme Marinoni e Teresa Arruda Alvim Wambier,[235] que contam com diversos artigos de conhecidos nomes Da área do processo; **O STJ Enquanto Corte de Precedentes**, de Luiz Guilherme Marinoni;[236] **A Ética dos Precedentes: Justificativa do Novo CPC**, de Luiz Guilherme Marinoni;[237] **Julgamentos nas Cortes Supremas: Precedente e Decisão do Recurso Diante do Novo CPC**, de Luiz Guilherme Marinoni;[238] **Coisa Julgada e Precedente**, de Paulo Mendes de Oliveira;[239] **Legitimidade dos Precedentes**, de Paula Pessoa Pereira;[240] **Cortes Superiores e Cortes Supremas**, de Daniel

---

[227] LIMA, Tiago Asfor Rocha. *Precedentes judiciais no Brasil*. São Paulo: Saraiva, 2013.

[228] MARINONI, Luiz Guilherme. *Precedentes obrigatórios*. São Paulo: Revista dos Tribunais, 2010.

[229] MELLO, Patrícia Perrone Campos. *Precedentes*: o desenvolvimento judicial do direito no constitucionalismo contemporâneo. Rio de Janeiro: Renovar, 2008.

[230] WOLKART, Erik Navarro. *Precedente judicial no processo civil brasileiro*: mecanismos de objetivação do processo. Salvador: Juspodvim, 2013.

[231] NOGUEIRA, Gustavo Santana. *Precedentes vinculantes no direito comparado e brasileiro*. 2. ed. Salvador: Juspodivm, 2013.

[232] BUSTAMANTE, Thomas da Rosa de. *Teoria do precedente judicial*: a justificação e a aplicação de regras jurisprudenciais. São Paulo: Noeses, 2012.

[233] LOPES FILHO, Juraci Mourão. *Os precedentes judiciais no constitucionalismo brasileiro contemporâneo*. Salvador: Juspodivm, 2014.

[234] WAMBIER, Teresa Arruda Alvim (Coord.). *Direito jurisprudencial*. São Paulo: Revista dos Tribunais, 2012.

[235] MENDES, Aluísio Gonçalves de Castro; MARINONI, Luiz Guilherme; WAMBIER, Teresa Arruda Alvim. (Coord.). *Direito jurisprudencial*. São Paulo: Revista dos Tribunais, 2014. v. II.

[236] MARINONI, Luiz Guilherme. *O STJ enquanto corte de precedentes*: recompreensão do sistema processual da corte suprema. São Paulo: Revista dos Tribunais, 2013.

[237] MARINONI, Luiz Guilherme. *A ética dos precedentes*: justificativa do novo CPC. São Paulo: Revista dos Tribunais, 2014.

[238] MARINONI, Luiz Guilherme. *Julgamentos nas cortes supremas*: precedente e decisão do recurso mediante o novo CPC. São Paulo: Revista dos Tribunais, 2015.

[239] OLIVEIRA, Paulo Mendes. *Coisa julgada e precedente*: limites temporais e as relações jurídicas de trato continuado. São Paulo: Revista dos Tribunais, 2015.

[240] PEREIRA, Paula Pessoa. *Legitimidade dos precedentes*: universabilidade das decisões do STJ. São Paulo: Revista dos Tribunais, 2014.

Mitidiero;[241] e **Precedentes: da Persuasão à Vinculação**, de Daniel Mitidiero.[242] Aliado a essas obras, ainda é de ser referida **O Que É Isto – o Precedente Judicial e as Súmulas Vinculantes?**, de Lenio Luiz Streck e Georges Abboud,[243] que faz uma crítica hermenêutica ao modelo de aprisionamento da razão por meio de institutos como súmulas, enunciados e precedentes judiciais, caminhando para o fenômeno da *commonlização*[244] ou da *commonlawlização*[245] do Direito.

Então, é de afirmar que, pelo menos conceitualmente, Teoria Geral do Processo deveria ser um ambiente no qual todos os ramos de processos[246] se identificam, abarcando alguns conceitos mais gerais que servem de fio condutor para explicar o Direito Processual em geral, auxiliando no preparo dos alunos para o estudo dos diversos ramos do Direito Processual. Isso se dá por intermédio do estudo do objeto da Teoria Geral do Processo, que vem a ser a sistematização de conceitos relacionados à área em comento, conforme preleciona José Albuquerque Rocha.[247] Não

---

[241] MITIDIERO, Daniel. *Cortes superiores e cortes supremas*: do controle à interpretação, da jurisprudência ao precedente. São Paulo: Revista dos Tribunais, 2013.

[242] MITIDIERO, Daniel. *Precedentes*: da persuasão à vinculação. São Paulo: Revista dos Tribunais, 2016.

[243] STRECK, Lenio Luiz; ABBOUD, Georges. *O que é isto – o precedente judicial e as súmulas vinculantes?* Porto Alegre: Livraria do Advogado, 2013.

[244] Idem, p. 74. Os autores referem ser o termo uma idealização do que vem ocorrendo no Brasil com o advento da EC/45, o projeto de Código de Processo Civil brasileiro e as discussões sobre súmulas vinculantes e precedentes judiciais.

[245] PORTO, Sérgio Gilberto. *Common law, civil law* e precedente judicial. In: MARINONI, Luiz Guilherme (Coord.) *Estudos de direito processual civil*. São Paulo: Revista dos Tribunais, 2005. p. 761-776. p. 764. Refere o autor: "Cumpre, outrossim, registrar que, hodiernamente, em face da globalização – a qual para o bem ou para o mal indiscutivelmente facilitou as comunicações –, observa-se um diálogo mais intenso entre as famílias romano-germânicas e da *common law*, em que uma recebe influência direta da outra. Da *common law* para a *civil law* há, digamos assim, uma crescente simpatia por algo que pode ser definido como uma verdadeira 'commonlawlização' no comportamento dos operadores nacionais, modo especial, em face das já destacadas facilidades de comunicação e pesquisa postas, na atualidade, à disposição da comunidade jurídica. Realmente, a chamada 'commonlawlização' do direito nacional é o que se pode perceber, com facilidade, a partir da constatação da importância que a jurisprudência, ou seja, as decisões jurisdicionais, vem adquirindo no sistema pátrio, particularmente por meio do crescente prestigiamento da corrente de pensamento que destaca a função criadora do juiz".

[246] Note-se que a Teoria Geral do Processo não pode ficar alheia a esta nova onda de digitalização dos autos, que faz com que, em tese, se crie uma teoria própria do processo eletrônico, com institutos e princípios que lhes são próprios. Pode-se ler para a compreensão do *neo* fenômeno processual. ABRÃO, Carlos Henrique. *Processo eletrônico*: Lei 11.419, de 19 de dezembro de 2006. 2. ed. São Paulo: Revista dos Tribunais, 2009.

[247] ROCHA, José de Albuquerque. *Teoria geral do processo*. 10. ed. São Paulo: Atlas, 2009. "O objeto de estudo da Teoria Geral do Processo são os conceitos que a compõem. Por outras palavras, o objeto de estudo da disciplina que recebe o nome de Teoria Geral do Processo são os conceitos mais gerais do direito processual. É isto que vamos estudar em nosso curso. E o estudo dos conceitos se faz através de sua definição ou explicação, ou seja, através daqueles conceitos que designamos por conceito-definição. Para cumprir esse objetivo, começaremos pelos conceitos mais gerais e importantes da Teoria Geral do Processo, que são justamente os que servem de fio condutor para explicar os outros conceitos do direito processual em geral".

se pode deixar que cada ramo do processo se desgarre metodologicamente um do outro, razão pela qual a Teoria Geral do Processo serviria para que se mantenha uma unidade mínima entre todos, conforme defende Cândido Rangel Dinamarco.[248]

Contudo, pela maciça maioria das obras existentes hoje em Teoria Geral do Processo, nota-se que existe um momento do estudo que não haverá mais como conceituar pura e simplesmente algo relacionado a uma Teoria Geral ou Unitária do Processo, mas deverá ser eleito um dos direitos processuais para abarcar um norte de estudo, sendo isso realizado por meio dos conceitos do Direito Processual Civil. A função inicial que existe na Teoria Geral do Processo seria a de simplesmente colocar o estudante em contato com conceitos que lhe servirão para o futuro nos demais ramos de estudo do Direito Processual. Contudo, a matéria que poderia ser alvo dessa disciplina e, novamente, introdutória e não geral, não se sustenta, como será comprovado alhures.

2.5. Teoria Geral do Processo: teorias unitária e dualista

Até em razão de que ambos os conceitos podem servir de base mais adiante para compreender o sistema de leis que tem em seu bojo Direito Material e Direito Processual, faz-se necessária a menção ao que são as teorias unitária e dualista do ordenamento jurídico. Antes ainda, é de ser referido que outro conceito como direito objetivo deve ser inserido no contexto, sendo ele o conjunto de normas, escritas e não escritas, que compõe o ordenamento jurídico e que disciplina as relações entre indivíduos e estes com os bens da vida, como relembra Milton Paulo de Carvalho,[249] sendo, pois, a base da exigência social na solução e ordenação dos conflitos de interesse, como assevera Darci Guimarães Ribeiro.[250] Aqui, ainda é lugar de destacar que não se está a falar sobre teoria unitária e dualista como forma de separação do Direito Processual Civil do Penal, como faz Ovídio Araújo Baptista da Silva e Fábio Luiz Gomes,[251] tema deveras importante, mas que não entra diretamente nesta discussão, embora os títulos sejam confundíveis.

---

[248] DINAMARCO, Cândido Rangel. *A instrumentalidade do processo*. 13. ed. São Paulo: Malheiros, 2008. p. 73. Aduz: "A complexa diversidade de espécies de processos é responsável, como facilmente se compreende, pelo estado de desagregação metodológica no estudo de cada um, contra o qual se volta a teoria geral do processo. Sem esta, prevalecia a natural tendência a observar cada ramo processual em particular, como se fosse conceitual e metodologicamente isolado dos demais".

[249] CARVALHO, Milton Paula de (Coord.). *Teoria geral do processo civil*. Rio de Janeiro: Elsevier, 2010. p. 25.

[250] RIBEIRO, Darci Guimarães. *Da tutela jurisdicional às formas de tutela*. Porto Alegre: Livraria do Advogado, 2010. p. 28.

[251] SILVA, Ovídio A. Baptista da; GOMES, Fábio Luiz. *Teoria geral do processo civil*. 5. ed. São Paulo: Revista dos Tribunais, 2010. p. 34-38.

Com isso, dentro desse universo que seria o ordenamento jurídico ou ordem jurídica,[252] há autores que entendem que este não tem condições de disciplinar todas as situações da vida, razão pela qual há a necessidade de uma ação para que exista a possibilidade de complementação dos comandos da lei ou do preenchimento de suas lacunas. Já para outros, há um direito que estabelece normas abstratas que se concretizam quando em confronto com o fato ocorrido, pois já preexistente ao processo. Para os primeiros, o ordenamento jurídico é monista, ou seja, o processo participa da criação do Direito, não sendo tão nítida uma divisão entre Direito Material e Processual[253] e, para os segundos, ele é dualista, ou seja, há uma latente divisão entre Direito Material e Direito Processual, conforme expõem Horácio Wanderley Rodrigues e Eduardo de Avelar Lamy,[254] embora ainda possa ser identificada uma fusão entre ambos, denominada por alguns como Direito Processual Material, como explana Flávio Luiz Yarshell.[255]

2.6. Métodos de elaboração da Teoria Geral do Processo

Neste momento, estuda-se como se constrói a Teoria Geral do Processo. Trata-se de algo que, por exemplo, se deve pensar para pôr em prática ou deve-se, a partir da análise empírica dos acontecimentos da vida, elaborá-la? Segundo José de Albuquerque Rocha,[256] três são os métodos utilizados para se chegar a uma Teoria Geral do Processo, sendo eles: o empirista, o racionalista e o habermasiano. No primeiro, como o mesmo nome aponta, os conceitos seriam elaborados por meio da experiência, sendo observados diversos ramos do Direito Processual e, com base na semelhança, formados os conceitos mais gerais. No segundo, tem-se que não mais a experiência é o fator preponderante na elaboração de conceitos, mas a razão, a racionalidade. O conhecimento, então, ganha razão não mais por mera observação, mas elaborada a partir de ideias ou de princípios fundamentais. Analisando as duas concepções, Luiz Otávio de Oliveira Amaral[257] aponta suas principais diferenças, dentre elas que

---

[252] LAURINO, Salvador Franco de Lima. *Tutela jurisdicional*: cumprimento dos deveres de fazer e não fazer. Rio de Janeiro: Elsevier, 2010. p. 4.
[253] CHEDID, Luciano; WEBER, Adriana. *Noções introdutórias de teoria geral do processo*. 2. ed. Porto Alegre: Livraria do Advogado, 2004. p. 21.
[254] RODRIGUES, Horácio Wanderley; LAMY, Eduardo de Avelar. *Teoria geral do processo*. 3. ed. Rio de Janeiro: Elsevier, 2012. p. 10-11.
[255] YARSHELL, Flavio Luiz. *Curso de direito processual civil*. São Paulo: Marcial Pons, 2014. p. 40.
[256] ROCHA, José de Albuquerque. *Teoria geral do processo*. 10. ed. São Paulo: Atlas, 2009. p. 3-5.
[257] AMARAL, Luiz Otávio de Oliveira. *Teoria geral do direito*. 3. ed. São Paulo: Saraiva, 2011. p. 23. Refere: "O que é uma Teoria? As ciências costumam ser classificadas, segundo o procedimento metodológico de suas investigações, em ciências empíricas (cujos objetos são materiais: ciências fáticas, i.e., da observação/experimentação) e ciências não empíricas (cujos objetos são ideais: ciên-

a corrente empírica se baseia em objetos materiais, e a empírica decorre de um objeto que seria ideal, alcançando, assim, as suas características próprias.

Finalmente, a corrente habermasina deve ser explicada à luz do que conceitua José de Albuquerque Rocha[258] ao dispor que se trata de uma nova forma de construção do pensamento, não descartando a importância das outras correntes, mas mantendo-se na linha de que é por meio do diálogo que temos a pretensão de chegar à verdade, devendo, pois, ser criado um agir comunicativo para a produção de determinado conhecimento. Baseado nos ensinamentos do filósofo alemão Jürgen Habermas,[259] aponta o autor que a saída para se chegar aos conceitos, em especial neste caso os da Teoria Geral do Processo, advém do diálogo, condição esta de possibilidade por meio da linguagem utilizada pelos atores envolvidos.

2.7. Função da Teoria Geral do Processo

Parece que apontar a função da disciplina da Teoria Geral do Processo se torna algo um pouco óbvio, sendo, contudo, importante para o leitor, e, neste item, mais diretamente dirigindo-se ao estudante, pois, não mais das vezes, em sala de aula, o docente se depara com a desilusão de uns quando acreditavam que a disciplina se tratava de algo essencialmente prático, com análise de casos e confecção de peças, quando a mesma se apresenta completamente ao contrário, mostrando-se altamente

---

cias formais, i.e., dedutivas, sua validade/verdade decorrem de postulados e teoremas). As não empíricas comprovam suas proposições sem recorrerem à experiência (a Lógica e a Matemática, p. Ex.). Já as empíricas, ao contrário, exploram, descrevem, explicam e formulam predições sobre fatos/acontecimentos do mundo que nos rodeia: suas proposições devem ser confrontadas com os fatos e consideradas válidas se conformadas experimentalmente".

[258] ROCHA, José de Albuquerque. *Teoria geral do processo*. 10. ed. São Paulo: Atlas, 2009. "A terceira corrente tem em Habermas um de seus expoentes. Para o filósofo alemão, as correntes empiristas e racionalistas caracterizam-se por entender o conhecimento como produto de relação entre um sujeito e um objeto. Esse entendimento não estaria totalmente errado. Seria inaceitável se tentasse explicar o conhecimento como uma relação objeto x objeto. Não obstante isso, a afirmação da relação sujeito x objeto é só parcialmente correta. A atividade cognitiva engloba também relação entre sujeitos mediada pela linguagem, que pressupõe uma comunidade de sujeitos em interação comunicativa. Essa nova forma de conceber a produção do conhecimento é o que se chama de paradigma linguístico-pragmático, porque põe em evidência o fato de que o conhecimento da realidade é linguisticamente mediado, já que a linguagem é o canal de acesso do ser humano à realidade. Assim, só através do diálogo chegamos à verdade. O que há são pretensões de verdade, sujeitas, como qualquer pretensão, a contestações – o que suscita o diálogo tendente a um consenso".

[259] Para conhecer um pouco mais dos conceitos do filósofo, recomenda-se a leitura de: HABERMAS, Jürgen. *Direito e democracia*: entre faticidade e validade. 2. ed. Rio de Janeiro: Tenpo Brasileiro, 2003. v. I e HABERMAS, Jürgen. *Direito e democracia*: entre faticidade e validade. 2. ed. Rio de Janeiro: Tempo Brasileiro, 2011. v. II.

teórica e que se opera no plano abstrato de conhecimento, conforme refere Leonard Ziesemer Schmitz.[260]

Por isso, não é de causar estranheza que a disciplina de Teoria Geral do Processo vem, na grade acadêmica, antecipada de qualquer outro ramo do processo, em especial civil, penal e trabalhista, por serem os mais comuns no currículo do Direito. Isso se dá pelo simples fato de a disciplina ser uma preparação para que os alunos possam, posteriormente, cursar Direito Processual Civil, Direito Processual Penal e Direito Processual do Trabalho com maior tranquilidade, sabedouros que os conceitos que abarcam todos eles, pelo menos em linhas gerais, já foram estudados antecipadamente e estão sendo, agora, revisitados sob outras óticas.

Por essas razões é que José de Albuquerque Rocha[261] trata a disciplina como sendo propedêutica, assim como Fredie Didier Jr.,[262] que a coloca como um excerto da Teoria Geral do Direito, pois está destinada a introduzir ao discente bases para que consiga, futuramente, cursar com maior tranquilidade as demais disciplinas processuais,[263] encontrando, nas palavras de Alexandre Freitas Câmara,[264] um alerta para que se compreenda da melhor forma possível a Teoria Geral do Processo a fim de que, no futuro, o estudante possa navegar com mais facilidade nas demais áreas processuais. Também deve ser lembrado que novas concepções sobre o tema processo repercutem na forma como se deveria ver a sua teoria, como, por exemplo, a opção de Carlos Alberto de Salles,[265]

---

[260] SCHMITZ, Leonard Ziesemer. A teoria geral do processo e a parte geral no Código de Processo Civil. In: DIDIER JR., Fredie (Coord.). *Novo CPC doutrina selecionada*: parte geral. Organização de Lucas Buril de Macêdo; Ravi Peixoto; Alexandre Freire. Salvador: Juspodivm, 2015. v. 1. p. 101-134. p. 105.

[261] ROCHA, José de Albuquerque. *Teoria geral do processo*. 10. ed. São Paulo: Atlas, 2009. p. 3.

[262] DIDIER JR., Fredie. *Sobre a teoria geral do processo, essa desconhecida*. 3. ed. Salvador: Juspodivm, 2016. p. 187.

[263] É o que parece apontar: LAURINO, Salvador Franco de Lima. *Tutela jurisdicional*: cumprimento dos deveres de fazer e não fazer. Rio de Janeiro: Elsevier, 2010. p. 9. Refere ele: "A consequência teórica da unidade é justamente a possibilidade de elaboração de uma teoria geral do direito processual, uma disciplina de introdução cujo objeto é o corpo de conhecimentos comuns a todos os ramos do direito processual, o que abrange os métodos, os princípios, os institutos e as funções do sistema processual".

[264] CÂMARA, Alexandre Freitas. *Lições de direito processual civil*. 24. ed. São Paulo: Atlas, 2013. v. 1. p. 17. Aduz: "A consciência, por parte do estudioso do Direito Processual, de que existe uma teoria geral desse ramo do conhecimento jurídico é essencial para a adequada compreensão dos meandros e detalhes que o compõem. Aquele que conhece bem a teoria geral do Direito Processual pode, sem nenhuma dúvida, 'navegar' pelo Direito Processual (civil ou penal) sem grandes dificuldades, sendo certo, de outro lado, que aquele que ignora os conceitos genéricos da disciplina terá imensa dificuldade em bem apreender o Direito Processual Civil (ou qualquer outro ramo do Direito Processual)".

[265] SALLES, Carlos Alberto de. Processo: procedimento dotado de normatividade – uma proposta de unificação conceitual. In: ZUFETALO, Camilo e YARSHELL, Flávio Luiz (Org.). *40 anos da teoria geral do processo no Brasil*: passado, presente e futuro. São Paulo: Malheiros, 2013. p. 201-217. p. 214.

quando, recentemente, defendeu que uma conceituação ampla de processo como um procedimento decisório dotado de normatividade, ou seja, como elemento de regulação de qualquer espécie de poder decisório,[266] faria com que, necessariamente, e essas são suas palavras, se repensasse uma renovada e consistente[267] Teoria Geral do Processo.

Retornando aos questionamentos iniciais, parece cediço dizer que a matéria-alvo do capítulo não dá sustentação a uma disciplina inteira num curso de graduação. Para que isso ocorresse, realmente deveria ser fortalecido o objeto do que seria a Teoria Geral do Processso e, condensando os conceitos mais abstratos do direito processual, elaborar uma disciplina a partir deles. Contudo, a armadilha estaria ainda armada, uma vez que qualquer conceito que se queira elaborar a partir da generalização, ao aplicar no ramo específico do processo iria sobre mutações, o que gera angústia, pois não seria mais preferível que já pensasse nestes conceitos como base introdutória para cada uma das discipinas processuais? Parece que uma nova pergunta geraria outra resposta angustiante, pois seria sim melhor proveitoso que cada processo se ancorasse em sua própria teoria, construindo seus próprios conceitos, regras e princípios, mas, de igual forma, muitos assuntos seriam tratados de mesma forma, ocorrendo sua duplicação ou triplicação, o que não seria tecnicamente salutar ao estudante de um curso de graduação em Direito.

---

[266] SALLES, Carlos Alberto de. Processo: procedimento dotado de normatividade – uma proposta de unificação conceitual. In: ZUFETALO, Camilo e YARSHELL, Flávio Luiz (Org.). *40 anos da teoria geral do processo no Brasil*: passado, presente e futuro. São Paulo: Malheiros, 2013. p. 201-217. p. 214.
[267] Idem, p. 201-217. p. 215.

3. Sociedade e tutela de Direitos

Ao longo de sua trajetória, o ser humano já instituiu diversos mecanismos para a resolução de seus conflitos.[268] A ideia de um terceiro tutelar direitos de outrem não é algo essencialmente novo. Desde os primórdios, as sociedades dependiam da intervenção de alguém para dirimir conflitos existentes entre membros do clã ou da tribo[269] em que se vivia.[270] Em algumas ocasiões, as decisões eram afetas aos deuses, oráculos, em outras, ao homem; mas, o essencial para se compreender, é que havia, da forma como fosse, alguém, alheio ao fato ocorrido, possivelmente imparcial, que daria seu posicionamento final sobre de quem era a razão, construindo, assim, conceitos mínimos de tutela, Direito e justiça.

Diante dessa constatação, é cediço que, para entender temas como o que vem a ser sociedade, Direito, processo, tutela e justiça, por exemplo, é essencial que, antes, ao menos, se tenha uma compreensão de quem vem a ser o próprio ser humano, conforme alertam, dentre outros, Darci Guimarães Ribeiro[271] e Francisco Wildo Lacerda Dantas.[272] Uma das

---

[268] ASSIS, Araken. *Processo civil brasileiro*: parte geral: fundamentos e distribuição de conflitos. São Paulo: Revista dos Tribunais, 2015. v. I. p. 57.

[269] LACERDA, Galeno. *Teoria geral do processo*. Rio de Janeiro: Forense, 2008. p. 6. Refere: "A tese incide em duplo erro, histórico e filosófico. Como demonstra LÉVY-BRUHL, o que se verifica nos primórdios é a predominância do grupo sobre os indivíduos, e os conflitos, antes de individuais, são na verdade grupais. E, se ocorrerem entre membros da mesma tribo, a autoridade do chefe os resolve".

[270] Aqui dois filmes são recomendados para entender o que se quer dizer: *A GUERRA do fogo*. Diretor: Jean-Jacques Annaud. Ano: 1981. 1 DVD. 100 min. Título no original: La Guerre du Feu; e *O CLÃ do urso das cavernas*. Diretor: Michael Chapman. Ano: 1986. 1 DVD. 98 min. Color. LWE. Título no original: The Clan of the Cave Bear.

[271] RIBEIRO, Darci Guimarães. Esboço de uma teoria processual do direito. In: DIDIER JR., Fredie (Org.). *Teoria geral do processo*: panorama doutrinário mundial. 2ª série. Salvador: Juspodivm, 2010. p. 117-136. p. 117-118. Refere: "Para compreender melhor o direito, se deve partir do princípio. E o que se pode entender por princípio, tratando-se de direito? Certamente que não é definindo-o, pois para isso já existem muitos estudos. A questão deve ser delineada sobre a forma de conceber-se o direito, e dizer, como surge o direito? Com toda a certeza se pode afirmar que o direito não se encontra na natureza, pois não é nem sólido, nem líquido, nem gasoso, nem tão pouco apresenta estrutura molecular, nem atômica, nem celular, não pertence nem ao reino animal, nem ao mineral, nem tão pouco ao vegetal. Então, o que é o direito? O direito é um produto criado pelo

primeiras lições que se aprende, ainda em nível escolar, é a de que, por uma ou outra razão, sendo a mais lembrada delas a de sobrevivência, como apontam Sérgio Augusto Zampol Pavani[273] e Fernando Antônio Negreiros Lima,[274] o ser humano, gregário por natureza, buscou seus pares para viver em sociedade,[275] ou, nas palavras de Sérgio Bermudes,[276] não só ele, mas se pode afirmar que a própria coexistência dos seres vivos é obra predestinada por Deus. Do homem individual passou-se ao homem grupal, da família, do clã, da tribo e, posteriormente, do Estado, sendo, pois, ele um ser essencialmente social. Aristóteles já mencionava que o homem é um *zoon politikon*,[277] ou seja, um animal político, conforme também relembra J. E. Carreira Alvim[278] a partir das lições do filósofo estagirita.

---

homem e para o homem, está diretamente vinculado a ele, pois como já disse PROTÁGORAS, 'El hombre es la medida de todas las cosas'. Para entender realmente o direito é necessário conhecer, em primeiro lugar, a natureza daquele que o concebeu para seu melhor desenvolvimento, o homem, e, para tanto, quanto mais se conheça a natureza do homem, mais se conhecerá seu produto, o direito".

[272] DANTAS, Francisco Wildo Lacerda. *Teoria geral do processo* (jurisdição, ação (defesa), processo). 2. ed. São Paulo: Método, 2007. p. 39. Refere: "Quando se examina o direito como técnica da disciplina da conduta do homem em sociedade, é importante conhecer o destinatário dessa disciplina e estar atento para o fato de que o direito existe para servir ao homem e não, ao contrário, de que este deve ajustar-se àquele".

[273] PAVANI, Sérgio Augusto Zampol. *Estado e processo civilizatório*. São Paulo: MP, 2009. p. 69-70. Para compreensão dos motivos que levaram o ser humano a viver em sociedade, ler as páginas indicadas.

[274] LIMA, Fernando Antônio Negreiros. *Teoria geral do processo judicial*. São Paulo: Atlas, 2013. p. 9.

[275] ALVIM, José Eduardo Carreira. *Teoria geral do processo*. 13. ed. Rio de Janeiro: Forense, 2010. p. 1. Aduz que: "O ser humano possui uma vocação, que lhe é imanente, de viver em grupo, associado a outros seres da mesma espécie [...]".

[276] BERMUDES, Sérgio. *Introdução ao processo civil*. 5. ed. Rio de Janeiro: Forense, 2012. p. 1. Refere: "Deus predestinou as criaturas à coexistência. Em cardumes nadam os peixes. Voam em bandos as aves. Flores florescem juntas. Próximos uns dos outros crescem os frutos. Num sítio, a terra esconde minerais de igual espécie. Até mesmo ventos sopram, tórridos, temperados, ou gélidos, numa certa região. O homem vive na sociedade (palavra derivada do latim *socius*, o que acompanha) porque a sua índole, gerada por sua necessidade, é associar-se. Ele, então, se agrupa: a tribo, o clã, a horda, os povoamentos, das minúsculas aldeias às frementes metrópoles, revelam a irreprimível tendência humana à agregação".

[277] ARISTÓTELES. *Ética a Nicômaco*. Tradução de: Torrieri Guimarães. São Paulo: Martin Claret, 2001. p. 22. Referiu o estagirita: "À mesma conclusão o raciocínio parece levar, considerado sob o ângulo da auto-suficiência, visto que o bem absoluto é considerado auto-suficiente. Por auto-suficiente não entendemos aquilo que é suficiente para um homem isolado, para alguém que leva uma vida solitária, mas também para os pais, os filhos, a esposa, e em geral para os seus amigos e concidadãos, já que o homem é um animal político. Mas é necessário estabelecer nessa enumeração um limite, pois se a entendermos aos antepassados, aos descendentes e aos amigos dos amigos, teremos uma série infinita".

[278] ALVIM, José Eduardo Carreira. *Teoria geral do processo*. 13. ed. Rio de Janeiro: Forense, 2010. p. 1: "[...] tendo registrado Aristóteles que o homem é um animal político, que nasce com a tendência de viver em sociedade. Cada homem tem necessidade dos demais para sua conservação e aperfeiçoamento, pelo que a sociedade não é uma formação artificial, mas uma necessidade natural do homem".

Contudo, vivendo em sociedade[279] e, diga-se, somos feitos para isso,[280] não há como o ser humano acreditar que pode de tudo, embora seja inerente a ele a existência de relacionamentos de várias espécies e de diversas naturezas, conforme refere José Roberto dos Santos Bedaque.[281] Devem, pois, existir regras de conduta ou convivência que fazem com que ele limite suas intenções, trazendo àquela comunidade uma tentativa de paz social,[282] ou, nas palavras de Galeno Lacerda,[283] deve haver ordem e autoridade. Sem regras sociais a vida em comunidade seria impossível de acontecer,[284] tornando inconsistente a vida em comum. Não haveria como ter vida em sociedade[285] sem um mínimo de

---

[279] ASSIS, Araken de. *Processo civil brasileiro*: parte geral: fundamentos e distribuição de conflitos. São Paulo: Revista dos Tribunais, 2015. v. I. p. 55. "O extremo desamparo biológico da pessoa representa a contingência fundamental que a levou à vida em sociedade. É neste ambiente que o dom da palavra, traço distintivo da racionalidade humana, encontrou campo fecundo e propício para seu desenvolvimento. Os comportamentos culturais e a satisfação das múltiplas necessidades humanas realizam-se em sociedade. Para atingir as finalidades que tornaram a espécie humana essencialmente gregária, a ordenação harmônica, universal, obrigatória e previsível da vida do homem e mulher na sociedade mostrou-se imperativa. Originou-se, assim, a ordem jurídica, fenômeno cultural coextensivo à vida em sociedade. Vale, aqui, o antigo aforismo – ubi societas, ibi jus. Essa ordem exige a formulação de tipos prévios e gerais de conduta. Os padrões normativos, geralmente criados pelo Estado, norteiam a ação humana e possibilitam o cálculo jurídico. Entende-se por tal a permanente emissão de juízos da pessoa acerca da regularidade ou adequação do comportamento à pauta aceita e tolerada pelos demais integrantes da comunidade".

[280] ZIPPELIUS, Reinhold. *Introdução ao estudo do direito*. Tradução de: Gercélia Batista de Oliveira Mendes. Belo Horizonte: Del Rey, 2006. p. 1."Somos, por natureza, feitos para a vida em comunidade e é apenas por meio dela que alcançamos o pleno desenvolvimento de nossas aptidões. Graças à cooperação com outras pessoas, não precisamos viver sem teto, procurando por frutas, cavando em busca de raízes. Ela permite que nos vistamos segundo nossa moda, que estejamos protegidos em casas das inclemências do tempo, aprovisionados com uma ampla oferta de alimentos, que nos dediquemos a atividades e interesses multiformes e que possamos nos desenvolver nos mais variados sentidos. Nossa inclinação para o companheirismo, a utilização da língua como meio de compreensão e nosso sentido de justiça e injustiça também correspondem a essa dependência da comunidade. Resumindo, precisamos da comunidade para desenvolver, de forma plena e ordenada, as aptidões que existem dentro de nós, satisfazendo assim a finalidade de nossa existência. Foi mais ou menos assim que Aristóteles traçou a figura do ser humano".

[281] BEDAQUE, José Roberto dos Santos. *Direito e processo*: influência do direito material sobre o processo. 5. ed. São Paulo: Malheiros, 2009, p. 9. Expõe o autor: "A vida em sociedade implica, necessariamente, a existência de relações entre seus membros. As pessoas mantêm umas com as outras relacionamentos de várias espécies e de natureza diversa".

[282] CARVALHO, Milton Paulo de (Coord.). *Teoria geral do processo civil*. Rio de Janeiro: Elsevier, 2010. p. 3. Assim expõe o autor: "Homem é um animal sociável". E no parágrafo seguinte continua: "Como não pode obter por si próprio tudo o de que tem necessidade, racionalmente se organiza com seus semelhantes para, em união e cooperação livre e estável, buscar o fim comum. Essa união, assim moral porque procedente da inteligência e da vontade e porque livre, estável e voltada à consecução do bem comum, chama-se sociedade".

[283] LACERDA, Galeno. *Teoria geral do processo*. Rio de Janeiro: Forense, 2008, p. 6. Aduz: "A natureza social do homem impõe uma exigência de ordem, e esta não pode haver sem autoridade, para disciplinar e tolher os excessos da liberdade individual".

[284] LAMY, Eduardo de Avelar; RODRIGUES, Horácio Wanderlei. *Curso de processo civil*: teoria geral do processo. Florianópolis: Conceito, 2010. v. 1. p. 25. Referem: "Sem a existência de normas mínimas de convivência, seria impossível a manutenção de qualquer sociedade".

[285] Nesse mesmo sentido, entre outros tantos, pode-se ler: COELHO, Fábio Alexandre. *Teoria geral do processo*. São Paulo: Juarez de Oliveira, 2004, p. 5. "Por outro lado, o fato do homem viver em

regras,[286] quer sejam aquelas produzidas em nível estatal, quer aquelas normas essencialmente sociais, conforme aponta José Roberto dos Santos Bedaque,[287] podendo vir da própria moral ou da religião, como anota Fernando Antônio Negreiros Lima,[288] embora entenda que somente o Direito tem uma dupla função que faz com que seja regulada a conduta do ser humano num primeiro momento e, caso rompida, tem o poder de pacificar, com o reequilíbrio daquele que foi lesado e a consequente sanção daquele que causou a lesão.[289] Por isso, sozinho, o homem não necessita delas, mas em comunidade elas são imprescindíveis.[290] Como lembra Sergio Bermudes,[291] o homem é o grande artífice da vida social, sendo, pois, o Direito, inegavelmente, um fenômeno social[292] que visa, ou a prevenir ou a solucionar conflitos.

Em **As Aventuras de Robinson Crusoé**,[293] de Daniel Defoe, a história narrada traz um grande dilema para os profissionais do Direito:

---

sociedade é extremamente relevante para o Direito. Com efeito, se não houvesse qualquer tipo de contato entre os homens não surgiriam conflitos e, assim, não seria preciso disciplinar o comportamento humano através de regras que estabelecessem como deve se conduzir. Na realidade, o oposto ocorre, visto que o homem não vive isolado, e, desse modo, não há como deixar de disciplinar sua conduta. Afirma-se, então, que os conflitos estão relacionados ao fato do homem viver em sociedade e, assim, manter inúmeras relações com seus semelhantes – de trocas, compra e venda, de trabalho etc. –, que precisam ser disciplinadas para permitir a vida em comum. Para tanto, são emitidos comandos obrigatórios que indicam o que é certo, correto, direito. Num sentido amplo, fala-se, então, nos surgimentos do Direito".

[286] TESHEINER, José Maria Rosa. *Elementos para uma teoria geral do processo*. São Paulo: Saraiva, 1993, p. 2. Até mesmo pelo fato lembrado pelo autor, de que: "O direito não existe senão para regular o convívio, isto é para regular relações intersubjetivas ou interpessoais".

[287] BEDAQUE, José Roberto dos Santos. *Direito e processo*: influência do direito material sobre o processo. 5. ed. São Paulo: Malheiros, 2009, p. 9. Aponta: "Nem todas as atividades do homem constituem preocupação do Estado. Algumas são regradas por normas meramente sociais, cujo não acatamento pode gerar sanções impostas pela própria sociedade".

[288] LIMA, Fernando Antônio Negreiros. *Teoria geral do processo judicial*. São Paulo: Atlas, 2013. p. 5.

[289] Idem, p. 6.

[290] LEAL, Rosemiro Pereira. *Teoria geral do processo*: primeiros estudos. 9. ed. Rio de Janeiro: Forense, 2010. p. 1. Em linha diversa, defendendo ser uma ilusão, refere o processualista mineiro: "As expressões *ubi homo ibi jus*, *ubi jus ibi societas* ou *ubi societas ibi jus*, são imperativos mascaradores da história sem qualquer impacto na reflexão jurídica, porque o direito não é uma coisa (*vires occultae*) vinda do cosmo inefável ou da sabedoria da natureza anímica, física ou biológica (metafísica), ou coisa eternamente contida no cérebro do homem ou na sociedade, que possa ser pinçada, como um diamante numa cata".

[291] BERMUDES, Sérgio. *Introdução ao processo civil*. 5. ed. Rio de Janeiro: Forense, 2010. p. 2. Exemplifica essa definição, assim dizendo: "Respeitar a fila do elevador, ainda que haja pressa, dividir com desconforto o espaço num veículo coletivo, ouvir com simulado interesse a anedota mil vezes repetida e achar graça nela constituem atos de solidariedade social, inerentes à vida no grupo, tão importante, na substância, quanto pagar o imposto de renda, ou restituir, como combinado, o que se tomou por empréstimo. O homem é, na sua própria e voluntária atuação, o grande artífice da vida social".

[292] REALE, Miguel. *Lições preliminares de direito*. 27. ed. 5. tiragem. São Paulo: Saraiva, 2005. p. 2. Eis suas palavras: "O Direito é, por conseguinte, um *fato* ou *fenômeno social*; não existe senão na sociedade e não pode ser concebido fora dela".

[293] Para entender melhor a passagem, leia-se LEAL, Rosemiro Pereira. *Teoria geral do processo*: primeiros estudos. 9. ed. Rio de Janeiro: Forense, 2010. p. 1: "O homem isolado, na gênese da humanidade,

antes da chegada do índio Sexta-Feira, havia ou não havia Direito[294] na ilha na qual Crusoé vivia isoladamente, a qual chamou de "Ilha da Desolação"?[295] Quando dois chegam ao mesmo lugar com a vontade igual sobre determinado bem é que devem existir regras para dirimir quem vai ficar com ele, o que é lembrado por Antonio Carlos de Araújo Cintra, Ada Pellegrini Grinover e Cândido Rangel Dinamarco,[296] assim como por Milton Paulo de Carvalho.[297] Na verdade, difícil está sair da concepção de lide de Carnelutti, para quem é ela o conflito de interesses qualificado por uma pretensão resistida.

Uma das primeiras noções do que vem a ser Direito, que está na máxima latina *constans et perpetua voluntas suun cuique tribuendi*,[298] enun-

---

é uma fantasia. A parábola de Robinson Crusoé sem o índio Sexta-Feira, ou com este, é uma história absolutamente ingênua, do tipo *modus-tollens* (eliminação de hipóteses pela escolha arbitrária de uma delas), para ilustrar a origem do direito. A chegada do índio Sexta-Feira à ilha solitária do Robinson não anuncia o nascimento do direito para se estabelecer um pacto de entendimento entre ambos, mas, ao contrário, aumenta a dúvida sobre esse inesperado encontro de culturas diferentes. Também é impossível dizer que necessariamente um deles pressupõe a existência de outro. A humanidade tem origem controvertida, autóctone ou não, e não se pode seguramente afirmar quem é nela o primogênito ou quem primeiro ditou as regras para outros cumprirem".

[294] LEAL, Rosemiro Pereira. *Teoria geral do processo*: primeiros estudos. 9. ed. Rio de Janeiro: Forense, 2010. p. 1. Em que pese o autor defender ser esse pensamento, praticamente, uma ingenuidade: "O homem isolado, na gênese da humanidade, é uma fantasia. A parábola de Robinson Crusoé sem o índio Sexta-Feira, ou com este, é uma história absolutamente ingênua, do tipo *modus-tollens* (eliminação de hipótese pela chegada arbitrária de uma delas), para ilustrar a origem do direito. A chegada do índio Sexta-Feira à ilha solitária do Robinson não anuncia o nascimento do direito para se estabelecer em pacto de entendimento entre ambos, mas, ao contrário, aumenta a dúvida sobre esse inesperado encontro de culturas diferentes. Também é impossível dizer que necessariamente um deles pressupõe a existência do outro. A humanidade tem origem controvertida, autóctone ou não, e não se pode seguramente afirmar quem é nela o primogênito ou quem primeiro ditou as regras para outros cumprirem".

[295] DEFOE, Daniel. *As aventuras de Robinson Crusoé*. Tradução de: Albino Poli Jr. Porto Alegre: L&PM, 2010, p. 78. Assim escreveu em seu diário: "30 de setembro de 1659. Eu, pobre e mísero Robinson Crusoé, depois de naufragar durante uma terrível tempestade em alto mar, vim dar à terra nessa triste e desventurada ilha, que batizei de Ilha da Desolação. Todos os meus companheiros de viagem se afogaram, e por pouco também não tive o mesmo destino".

[296] CINTRA, Antonio Carlos de Araújo; GRINOVER, Ada Pellegrini; DINAMARCO, Cândido Rangel. *Teoria geral do processo*. 21 ed. São Paulo: Malheiros, 2005. p. 21. "No atual estágio dos conhecimentos científicos sobre o direito, é predominante o entendimento de que não há sociedade sem direito: *ubi societas ibi jus*. Mas ainda os autores que sustentam ter o homem vivido uma fase pré-evolutiva formam ao lado dos demais para, sem divergência, reconhecerem que *ubi jus ibi societas*; não haveria, pois, lugar para o direito, na ilha do solitário *Robinson Crusoé*, antes da chegada do índio Sexta-Feira".

[297] CARVALHO, Milton Paulo de (Coord.). *Teoria geral do processo civil*. Rio de Janeiro: Elsevier, 2010. p. 5. A convivência social não se realiza pela colaboração irrestrita e desprendida entre os homens; ao contrário, o concurso, a disputa, ainda que leal e não traumatizante, caracteriza a tendência de indivíduos e grupos, impulsionando, até mesmo, o progresso material das comunidades, quando os interesses dos indivíduos ou dos grupos pelos bens da vida mantêm-se em concorrência leal e ordenada. Todavia, diante da realidade de que os bens existem na natureza em número finito e infinitos são os interesses dos homens sobre eles, momentos há em que os conflitos de interesses não se resolvem pacificamente, surgindo o que a linguagem processual exprime pela palavra lide, isto é, litígio, ou porque não se atende à pretensão legítima ou porque a pretensão é contra o direito.

[298] Tradução: vontade constante e perpétua de dar a cada um o que é seu.

ciado no Digesto de Ulpiano, não explica, já há muito, os demais significados que a expressão comporta, pois dotado de diversas concepções para se trabalhar, o que acaba por confirmar uma grande constatação: a de que as expressões primárias ou fundamentais são deveras difíceis de serem conceituadas com precisão, objetividade e imune de divergências do leitor, pois inerente que, a cada um que for perguntado, sua bagagem cultural incidirá sobre o delineamento de sua resposta e, consequentemente, com seu conceito. Por isso que não se pode pensar no Direito estático, mas sim volátil, pois, como lembra Rosemiro Pereira Leal,[299] ele é construção, e mais, é produzido pela humanidade que, sempre em movimentos culturais, alberga novos valores ou ideais coletivos, não podendo ficar avesso ao seu viés sociológico, como expõe Antônio Carlos Araújo e Cintra, Ada Pellegrini Grinover e Cândido Rangel Dinamarco.[300]

Diante dessas constatações, o que importa, neste momento, é uma análise do que se faz quando o ser humano, vivendo em sociedade, entra em conflito com outro, quer em caráter individual, quer coletivo. O que fazer quando duas vontades totalmente antagônicas, em pessoas que desejam e almejam determinado bem,[301] entram em discordância e o Direito, por si só, não resolve a questão? O que fazer quando as formas convenientes se esvaem, como referem Luigi Paolo Comoglio, Corrado Ferri e Michele Taruffo?[302] Essa é a grande pergunta que se tenta hoje responder quando se fala em meios de resolução de conflitos.

---

[299] LEAL, Rosemiro Pereira. *Teoria geral do processo*: primeiros estudos. 9. ed. Rio de Janeiro: Forense, 2010. p. 2. O direito é construído pela humanidade como necessidade inapartável desta, e produzido pela atividade humana em incessante elaboração de estruturas formais diferenciadas e adequadas à regulação dos interesses prevalentes em cada época e, por via de sua qualidade ordenativa e sistêmica, para criar, extinguir, impor, manter ou ocultar, em convenientes padrões de legalidade (licitude ou incolumidade), as ideologias (de repressão, dominação, permissão) e teorias adotadas nas diversas quadras da história dos privilégios, conflitos e insatisfações humanas.

[300] CINTRA, Antonio Carlos de Araújo; GRINOVER, Ada Pellegrini; DINAMARCO, Cândido Rangel. *Teoria geral do processo*. 27. ed. São Paulo: Malheiros, 2011, p. 22. "Por isso, pelo aspecto sociológico o direito é geralmente apresentado como uma das formas – sem dúvida a mais importante e eficaz dos tempos modernos – do chamado controle social, entendido como o conjunto de instrumentos de que a sociedade dispõe na sua tendência à imposição dos modelos culturais, dos ideais coletivos e dos valores que persegue, para a superação das antinomias, das tensões e dos conflitos que lhe são próprios".

[301] SANTOS, Moacyr Amaral. *Primeiras linhas de direito processual civil*. 25. ed. Atualizado por Maria Beatriz Amaral Santos Köhnen. São Paulo: Saraiva, 2007. v. 1. p. 4. Expõe: "Se, entretanto, duas ou mais pessoas têm interesse pelo mesmo bem, que a uma só possa satisfazer, dar-se-á um conflito intersubjetivo de interesses ou simplesmente um conflito de interesses".

[302] COMOGLIO, Luigi Paolo; FERRI, Corrado; TARUFFO, Michele. *Lezioni sul processo civile*: il processo ordinário di cogniziuone. Bologna: Mulino, 1995. v. I. p. 1. Escrevem: "Quando metodi cosí radicali non sono praticabili o non sono convenienti, allora si può ricorrere ad un'altra strategia, Che mira al contemperamento degli interessi in conflitto. Essa può articularsi in varie modalità (trattative, discussioni, procedura in vario grado standardizzate) che hanno come obiettivo l'individuazione di un punto di equilíbrio tra le posizioni in contrasto. A tal fine occorrre che le parti compiano reciproche concessioni e parziali rinunce alle proprie pretese, eventualmente vincolandosi anche a comportamenti futuri. Si può parlare di metodo della conciliazione, quando le parti raggiungono, per mezzo di trattative, um accordo fondato sul compromesso tra le rispettive posizioni".

A insatisfação é algo inerente a nós! Quando nossa pretensão não é assistida, um sentimento tomo conta de nós: indignação/irresignação. Alie-se isto ao fato de que, mesmo que exista a previsão de uma normatividade, quer seja social ou estatal, ela nunca conseguirá abarcar todas as situações existentes da vida humana, ou ainda, mesmo que o faça, trará conflitos, quando não for respeitada, o que é observado por Eduardo de Avelar Lamy e Horácio Wanderlei Rodrigues,[303] surgindo, assim, algo que deverá ser resolvido por alguma das modalidades a seguir estudadas, que não somente pela via jurisdicional, pois já sabido que ela não acompanha no mesmo tempo a evolução da sociedade brasileira, como alertam Luiz Fernando Tomasi Keppen e Nadia Bevilaqua Martins.[304]

Outro interessante fato a tentar ser respondido no final do capítulo tem a ver com a pergunta: o que se pretende abordar agora teria alguma ligação com uma disciplina de Teoria Geral do Processo? Isso significa, num primeiro momento, pensar se temas que são decididos fora do Poder Jurisdicional do Estado têm intimidade suficiente com o processo ou têm mais ligação com temas ligados à concepção de Estado, sendo, pois, matéria afeta à outra área do Direito que não o processual.

3.1. Conceitos introdutórios necessários à compreensão das formas de resolução de controvérsias

Mesmo que de uma forma não abrangente, é de interesse inicial, para que se compreenda melhor as razões de existências das modalidades de resolução de conflitos, que se aborde pelo menos alguns conceitos que identificam um caminho para se chegar ao conflito, sendo eles: (i) pretensão; (ii) interesse; (iii) bens; (iv) conflito de interesse; (v) lide; (vi) controvérsia; (vii) direito subjetivo; e (viii) direito potestativo.

---

[303] LAMY, Eduardo de Avelar; RODRIGUES, Horácio Wanderlei. *Curso de processo civil*: teoria geral do processo. Florianópolis: Conceito, 2010. v. 1. p. 26. Aduzem: "Seja na sociedade primitiva, seja no estado contemporâneo, seja em qualquer forma de organização política intermediária que tenha existido no longo período histórico que os separa, a existência de normas, quer sejam sociais ou estatais, foi insuficiente para evitar a existência de conflitos. Desse modo, nem sempre essas normas foram ou são respeitadas. Há, então, a necessidade de se criar, ao lado delas, normas que definam as formas pelas quais serão resolvidos os conflitos".

[304] KEPPEN, Luiz Fernando Tomasi; MARTINS, Nadia Bevilaqua. *Introdução à resolução alternativa de conflitos*: negociação, mediação, levantamento de fatos, avaliação técnica independente. Curitiba: JM Livraria Jurídica, 2009. p. 7. Referem: "A experiência do autor como Magistrado, entrelaçada com o fluxo pensante da juventude universitária e seus problemas, somadas a sua experiência no cotidiano do Juizado Especial, deu-lhe a clara visão de envelhecimento do sistema processual tradicional em face da rápida evolução da sociedade brasileira. A complexidade da sociedade acompanhava o tempo, mas o direito processual não. Só que esse não pode dar-se ao luxo de viver em crise. Ele é resolvedor de crise, um construtor de soluções, fazendo o movimento inteligente da realidade existente para a realidade desejada. Em resumo: o Brasil vive no presente uma grave crise no processo de resolução de conflitos e os seus operadores têm o dever de reagir e contê-las".

A partir dos conceitos de cada um dos institutos nominados, sabe-se a gênese que causou a lide, o que desborda, posteriormente, em modos de solucioná-la, dentro e fora do Poder Judiciário.

3.1.1. Pretensão

O que significa pretender algo? Segundo Jônatas Luiz Moreira de Paula,[305] pretensão tem origem latina na expressão *praetensu*, tendo múltiplos significados, dentre eles o de reinvindicar direitos, sendo que, ao alocar a palavra ao âmbito processual, afirma que a pretensão abarca um duplo sentido: (i) no primeiro, significa uma subordinação de interesse de outrem ao próprio;[306] (ii) a formalização da pretensão no processo dá-se por meio do pedido e sobre o qual existirá um pronunciamento judicial. Segundo aponta André Fontes[307] em trabalho no qual a pretensão é o tema central, tem-se que analisá-la sob dois aspectos, sendo que, num primeiro momento, pela caneta alemã de Bernhard Windscheid, ela guardou relação como um direito subjetivo, enquanto que a doutrina italiana, pela mão de Francesco Carnelutti, trouxe a ideia de pretensão como um ato jurídico que estaria ligado a uma declaração de vontade ao se vincular a uma afirmação dirigida a outro sujeito. Na realidade, conforme expõe José Carlos Teixeira Giorgis,[308] a pretensão muda de endereço, é maleável, deixando de ser às vezes contra o outro sujeito, passando a ser exercida contra o Estado. Flávio Luiz Yarshell[309] explica que a pretensão pode ser pré-processual, ou seja, em momento anterior ao processo no qual se instaurará a lide, mas que também ela pode ser aproveitável no bojo do processo, quando, ganhando contornos processuais, é utilizada para designar o objeto do processo, sendo oportuna a lição de Alois Troller[310] sobre a impossibilidade de a pretensão ser pré-processual.

---

[305] PAULA, Jônatas Luiz Moreira de. *Teoria geral do processo*. 3. ed. Barueri: Manole, 2002. p. 18-19.

[306] VÉSCOVI, Enrique. *Teoría general del proceso*. Segunda Edición. Santa Fé de Bogotá, Colômbia: Temis, 1999. p. 1. Segue o autor na mesma linha, ao afirmar: "Surgen así pretensiones de algunos que no son aceptadas por otros, sino resistidas, lo cual genera la controvérsia".

[307] FONTES, André. *A pretensão como situação jurídica subjetiva*. Belo Horizonte: Del Rey, 2002. p. 5.

[308] GIORGIS, José Carlos Teixeira. *A lide como categoria comum do processo*. Porto Alegre: Lejur, 1991. p. 57. Aduz: "Há uma alteração no endereço da pretensão, pois antes se dirigia contra o outro sujeito, agora, contra o Estado".

[309] YARSHELL, Flavio Luiz. *Curso de direito processual civil*. São Paulo: Marcial Pons, 2014. p. 28.

[310] TROLLER, Alois. *Dos fundamentos do formalismo processual civil*. Tradução de Carlos Alberto Alvaro de Oliveira. Porto Alegre: Sergio Antonio Fabris, 2009. p. 27-28. Traduzido do alemão: *Von den Grundlagen dês zivilprozessualen Formalismus*. Refere ele: "Pelo contrário, revela-se incorreto identificar essa pretensão exercida com a pretensão pré-processual ou até com o direito subjetivo do autor. Não podemos imaginar, assim, um expediente processual em que o autor ofereça ao juiz, para exame e certificação com o selo estatal, um direito obrigacional inteiramente polido, com brilho intenso, e impecavelmente azeitado por um contrato de compra e venda certfcado publicamente, ou um evaporado e reconhecível direito de uso mais amplo e já não mais um antigo contrato de empréstimo; que o sujeito subjetivo do autor seja esvaziado na máquina de demarcar e resulte ex-

3.1.2. Interesse

Já compreendido que os bens existem em quantidade limitada, e as vontades se mostram ilimitadas em relação a eles, o que se pretende responder neste momento é o que vem a ser aquilo que se denomina de interesse. Conforme aponta Francisco Wildo Lacerda Dantas,[311] interesse vem a ser a designação que se dá pela relação existente entre a necessidade e o bem da vida, ou seja, quando a necessidade pode ser satisfeita pela entrega daquele bem, pode-se falar que está configurado um interesse.

Francesco Carnelutti,[312] discorrendo sobre interesse, o faz de maneira exemplificativa, ao demonstrar que tanto num roubo como num contrato de compra e venda estão presentes, sempre, de um lado, os interesses de alguém, como do ladrão e do vendedor, assim como do outro, no caso a vítima e o comprador, para tentar demonstrar que existe uma relação entre cada um deles e a coisa, sendo que essa relação entre cada um deles com ela que configura o que é interesse. Para Flavio Luiz Yarshell,[313] o assunto transita sobre importantes temas destinados ao Direito e, em especial, ao Direito Processual, estando ligado à noção de bem ou pessoa satisfazendo a necessidade de outrem.

3.1.3. Bens

Cada dia torna-se mais e mais evidente que o ser humano direciona sua vida para que tenha o maior número de bens. Esse fenômeno não

---

tinto pelo poder judicial de sentenciar, ou – se o processo falha – seja o direito material mutilado e fundido em burla da engrenagem processual, ou que, finalmente, o incorreto e infundado requerimento contido na demanda, assim como carecendo do núcleo dourado do direito subjetivo, seja desmascarado como envoltura sem valor".

[311] DANTAS, Francisco Wildo Lacerda. *Teoria geral do processo* (jurisdição, ação (defesa), processo). 2. ed. São Paulo: Método, 2007. p. 41. Aduz: "O interesse designa essa relação entre a necessidade e o bem da vida apto a satisfazê-la, de modo que, quando existe uma necessidade que pode ser satisfeita por um determinado bem da vida, dizemos que há um interesse por esse bem".

[312] CARNELUTTI, Francesco. *Teoria geral do direito*. Tradução de: Antônio Carlos Ferreira. São Paulo: LEJUS, 1999. p. 88. Refere: "Se considerarmos qualquer dos fenômenos mais comuns do direito, como por exemplo, uma compra e venda ou um roubo, desde logo a sua percepção nos mostra duas pessoas, não em atitude de indiferença, mas antes de amizade ou inimizade. Se vemos o ladrão e a vítima do roubo sofrendo ou tolerando uma violência, e ao vendedor e comprador, os vemos, primeiro em atitude de oposição, e depois de acordo, é porque qualquer coisa deve haver que os divide. Este qualquer coisa todos sabem muito bem que se chama interesse. Ladrão e vítima, comprador e vendedor, estão separados pelo interesse de cada um deles a respeito de uma coisa, que, por tal motivo, é o objeto do delito ou do contrato. O interesse é, por conseguinte, uma relação ente cada um deles e a coisa. Por causa desta relação, fazem eles, num caso guerra um ao outro, no outro caso a paz".

[313] YARSHELL, Flavio Luiz. *Curso de direito processual civil*. São Paulo: Marcial Pons, 2014. p. 25. Refere: "Interesse é conceito em torno do qual gravitam importantes temas jurídicos e, em particular, institutos processuais. Ele pode ser entendido como aptidão de determinado bem ou pessoa a satisfazer a necessidade de outrem, de sorte a existir complementação ou utilidade. Interesses diversos podem conviver de forma harmoniosa e, em certa medida, é isso que busca o Direito. Os interesses são objeto de regulação antes e independentemente do processo".

é novo, tendo em vista que, ao longo de sua história, o que foi sendo modificado é o conceito do que é bem, mas não sua vontade de tê-lo, condição essa de subsistência da própria pessoa humana, uma vez que o bem está interligado ao nosso dia a dia. Nas palavras de José Milton da Silva,[314] bem é qualquer coisa que satisfaça a criatura humana, sendo algo que pode ser objeto de relações jurídicas, conforme explanam Cristiano Chaves de Farias e Nelson Rosenvald.[315] Contudo, e é importante referir, os bens têm proteção[316] para que a paz se instale numa sociedade que quer se fazer civilizada.

3.1.4. Conflito de interesses

Ao referir a existência de conflito[317] de interesses, Luiz Guilherme Marinoni e Sérgio Cruz Arenhart[318] apontam para o fato de que as regras existem para a harmonia, no mesmo sentido de Michele Pedrosa Paumgartten,[319] em sociedade, o que é interrompido quando existe divergên-

---

[314] SILVA, José Milton da. *Teoria geral do processo*. Rio de Janeiro: Forense, 1997. p. 7. Inicia o autor: "Os bens são todas as coisas que satisfazem a criatura humana; tanto aquelas indispensáveis à sua sobrevivência (e nesse caso o homem realiza a satisfação de suas necessidades vitais ou primárias), como assim aquelas que lhe proporcionam, tão-somente, alegria e bem-estar (satisfação das necessidades secundárias)". E finaliza: "Os bens são, portanto, todas as coisas materiais que integram o patrimônio do indivíduo; contudo, são assim também consideradas aquelas que, embora imateriais e insuscetíveis de avaliação econômica, interessam-no pelo valor espiritual, afativo ou moral que representam".

[315] FARIAS, Cristiano Chaves de; ROSENVALD, Nelson. *Curso de direito civil*: parte geral e LINDB. 10. ed. Salvador: Juspodivm, 2012. v. 1. p. 486.

[316] COLUCCI, Maria da Glória; ALMEIDA, José Maurício Pinto de. *Lições de teoria geral do processo*. 3. ed. Curitiba: Juruá, 1996. p. 15. Referem: "Os bens foram primitivamente tutelados por um aglomerado de regras que surgiram do costume e da tradição, e que, pela sua natureza elementar, se mesclaram umas às outras. Pouco a pouco, porém, acompanhando a evolução cultural humana, as regras que orientavam as várias atividades dos grupos sociais foram se diversificando, reunindo características próprias, separando-se dentro do corpo heterogêneo da primitiva normatividade social. Essa diferenciação foi lenta, havendo uma primeira divisão das normas em religiosas e morais, e, em outro grupo, as jurídicas, sendo que as de hoje denominadas 'convencionais ou de trato social' podiam ser encontradas ora em um grupo, ora em outro". E finalizam: "Protegendo os bens com sanções que se caracterizavam pela crueldade com que puniam os transgressores, as primeiras normas jurídicas não tiveram sua aplicação através de órgãos estatais, como hoje ocorre (Poder Judiciário), porem sempre foram impostas por ato de autoridade, vale dizer poder, ou do grupo, ou do chefe da clã".

[317] YARSHELL, Flavio Luiz. *Curso de direito processual civil*. São Paulo: Marcial Pons, 2014. p. 26. Não se pode perder de vista ser a palavra conflito muito abrangente e genérica, como expõe o autor.

[318] MARINONI, Luiz Guilherme; ARENHART; Sérgio Cruz. *Processo de conhecimento*. 8. ed. São Paulo: Revista dos Tribunais, 2010. p. 29. Referem: "Como é necessária a existência de regras jurídicas para a harmônica convivência social, e como pode existir dúvida em torno de sua interpretação, ou mesmo da intenção de desrespeitá-las, podem eclodir no seio da sociedade conflitos de interesse".

[319] PAUMGARTTEN, Michele Pedrosa. *Novo processo civil brasileiro*: métodos adequados de resolução de conflitos. Curitiba: Juruá, 2015. Refere a autora: "Diante disso, concluímos que na sociedade concorrem ininterruptamente dois fenômenos: harmonia e conflito. Em geral as pessoas obedecem às normas, mantendo o equilíbrio nas relações sociais. O conflito surge quando há o descumpri-

cia quanto a sua interpretação ou ainda quando exista uma intenção de desrespeitá-la, surgindo, dessas situações, o conflito de interesses. Para Francesco Carnelutti,[320] o conflito nasce da necessidade, ou seja, quando há sobreposição de interesses sobre determinado bem que, em tese, tem em escassez frente a necessidades, o que também aparenta ser o conceito adotado por Maria da Glória Colucci e José Maurício Pinto de Almeida,[321] há o surgimento desse conflito, de choque, de contraposição de ideias,[322] que, nas palavras de Chrysolito de Gusmão,[323] é o primeiro passo para a instauração da lide. Luiz Fernando Tomasi Keppen e Nadia Bevilaqua Martins[324] apontam alguns casos de conflito de interesses em sua obra, como o do vizinho que reclama da construção do muro na divisa das propriedades, do proprietário do veículo em busca da reparação, entre outros, que também são apontados pela doutrina,[325] mas com

---

mento da norma, provocando a ruptura do tecido social, que poderá, contudo, ser resolvido de modo adequado para a retomada da estabilidade social, ou poderá se perpetuar no tempo, por desinteresse ou pela utilização de métodos inadequados em sua resolução".

[320] CARNELUTTI, Francesco. *Teoria geral do direito*. Tradução de: Antônio Carlos Ferreira. São Paulo: LEJUS, 1999. p. 93. Aduz: "É da natureza dos homens que as suas necessidades cresçam à medida que crescem os seus bens. É esta a razão da infelicidade, ao mesmo tempo que da igualdade e do progresso humanos. A limitação dos bens em comparação com as necessidades, põe, precisamente muitas vezes ao homem o dilema de saber qual, de dentre duas necessidades, deve ser satisfeita e qual sacrificada. Assim, se delineia o conflito entre dois interesses da mesma pessoa".

[321] COLUCCI, Maria da Glória; ALMEIDA, José Maurício Pinto de. *Lições de teoria geral do processo*. 3. ed. Curitiba: Juruá, 1996. p. 16.

[322] Trabalhando na etimologia da palavra *conflito*, leia-se: PAUMGARTTEN, Michele Pedrosa. *Novo processo civil brasileiro*: métodos adequados de resolução de conflitos. Curitiba: Juruá, 2015. Aduz: "Uma ação conflituosa denota o confronto de vontades e forças entre dois seres ou grupos, direcionados a determinados objetivos, logo, o conflito é resultado de uma divergência de interesses em que as partes se enfrentarão de forma hostil, e em alguns casos, lançando mão da violência a fim de aniquilar um dos contendedores para lhe garantir a vitória sobre o bem em disputa. Numa acepção estrita, constitui-se uma categoria distinta do comportamento social onde duas partes ou grupos se enfrentam para a manutenção de um direito. De fato, a palavra conflito tem como raiz etimológica a ideia de choque, contraposição de ideias".

[323] GUSMÃO, Chrysolito de. *Direito judiciário e direito constitucional*. Rio de Janeiro/São Paulo: Freitas Bastos, 1956. p. 9.

[324] KEPPEN, Luiz Fernando Tomasi; MARTINS, Nadia Bevilaqua. *Introdução à resolução alternativa de conflitos*: negociação, mediação, levantamento de fatos, avaliação técnica independente. Curitiba: JM Livraria Jurídica, 2009. p. 28.

[325] LACERDA, Galeno. *Teoria geral do processo*. Rio de Janeiro: Forense, 2008. p. 170-171. Assim refere o autor: "Este conflito de interesses pode surgir numa relação interindividual, como, por exemplo, num contrato de compra e venda; depois de celebrado, poderá surgir dúvida quanto ao objeto, quanto ao preço etc. Pode o conflito nascer não de um ato, mas de um fato jurídico: alguém se apresenta como filho de uma pessoa falecida e passa a reclamar seu quinhão na sucessão. Não havendo a aceitação dos outros herdeiros, surge um conflito de interesses decorrente do fato jurídico da filiação. Pode também o conflito ter origem no ilícito civil: o não-cumprimento de um contrato de mútuo, por exemplo. Ainda o choque de interesses pode permanecer do direito privado, embora os valores em conflito sejam de ordem moral (litígios entre cônjuges). É possível que os valores litigiosos se tornem ainda mais importantes, e sejam feridos pelo ilícito penal, onde encontramos o ato humano a destruir certos bens fundamentais, até em sua forma mais grave, que é a destruição da vida humana. Pode ainda o conflito assumir formas mais catastróficas, iniciando em esferas maiores, regidas pelo direito público, às vezes internacional. O direito processual, entretanto, abrande a regulação dos conflitos que possam ser solucionados pelo Poder Judiciário Nacional".

a ressalva de que, ao assim pensarem, já estão colocando nos exemplos o *animus* de ambos os lados para que se diferencie o conflito do mero interesse com os exemplos acima apontados por Carnelutti.

Muito se trabalhou na história do Direito Processual com paradigma de conflitos de interesses individuais, o que, no momento contemporâneo que surge no horizonte, não pode ser mais admitido. Os novos processos já referidos, como o do consumidor; a tutela de direitos coletivos (que também abrange o controle concentrado de constitucionalidade); o processo ambiental; as ações trabalhistas, que envolvem grande massa de trabalhadores, trazem essa nova concepção de processo, razão pela qual tanto se pode falar em conflito de interesses individuais como coletivos, o que é bem destacado por Luiz Guilherme Marinoni e Sérgio Cruz Arenhart[326], e que não pode ser levado a estudo sem responsabilidade, como adverte Flavio Luiz Yarshell,[327] tendo em vista que não se pode quebrar a unidade do sistema, embora se esteja pensando sobre diferentes formas de tutelar direitos.

3.1.5. Lide

Já se tornou clássica a doutrina carneluttiana[328] sobre o conceito de lide, ao apontar ser ela o conflito de interesses qualificado por uma pretensão resistida, embora o mesmo processualista aponte que a nomenclatura poderia estar mais relacionada até mesmo como de contenda ou de controvérsia, mas preferindo a de lide para expor o fenômeno que se quer explicar.

---

[326] MARINONI, Luiz Guilherme; ARENHART; Sérgio Cruz. *Processo de conhecimento*. 8. ed. São Paulo: Revista dos Tribunais, 2010. p. 29. Aduzem: "É importante frisar, porém, que os conflitos, atualmente, não são mais apenas individuais (entre Caio e Tício). Os conflitos podem envolver direitos que dizem respeito a uma coletividade de pessoas (direito coletivo; por exemplo, direito dos estudantes de determinada escola a não pagar uma mensalidade fixada em cláusula abusiva) ou, indeterminadamente, a todas as pessoas (direito difuso; por exemplo, direito à higidez do meio ambiente)".

[327] YARSHELL, Flavio Luiz. *Curso de direito processual civil*. São Paulo: Marcial Pons, 2014. p. 27. Neste sentido, aduz: "De outro lado e de forma paradoxal, esse tratamento homogêneo dos conflitos convive com disciplinas estanques – por exemplo, de um «processo coletivo», «arbitral», «empresarial», «de família» – como se houvesse diferentes «direitos processuais»; o que, sem o devido cuidado, pode ser um erro metodológico, com consequências práticas nocivas. A existência de subsistemas – caracterizados por conjunto de regras especiais – considera que os conflitos são diversos e que o modo de tratá-los deve ser diferente. Isso é correto. Contudo, isso não infirma a existência de um autêntico sistema processual. É preciso cautela para que, sob o argumento da especialidade, não se quebre a unidade do sistema e, pior, que se dê ensejo a soluções arbitrárias".

[328] CARNELUTTI, Francesco. *Teoria geral do direito*. Tradução de: Antônio Carlos Ferreira. São Paulo: LEJUS, 1999. p. 108-109. Inicia dizendo: "Ao conflito de interesses, quando se efetiva com a pretensão ou com a resistência, poderia dar-se o nome de contenda, ou mesmo de controvérsia. Pareceu-me mais conveniente e adequado aos usos da linguagem o de lide". E finaliza: "Lide é, portanto, um modo de ser do conflito de interesses, que se pode representar como o oposto da posse. Posse é o conflito de interesses que se compõe por si; lide é conflito que deflagra em um contraste de vontades".

Jônatas Luiz Moreira de Paula[329] trabalha sob uma ótica de reformular o conceito de lide carneluttiano para que sejam abrangidas, também, nesse conceito, as ações que envolvem jurisdição voluntária, pelo fato de que não precisa, em seu entendimento e, a princípio, de forma interessante, o litígio ocorrer por conflito de vontade de duas ou mais pessoas, mas também quando elas encontram alguma barreira no próprio ordenamento jurídico. Flavio Luiz Yarshell[330] relembra que esse é o calcanhar de Aquiles do conceito de lide de Carnelutti, ao trazer algo mais sociológico que jurídico, uma vez que nem sempre o Estado intervirá quando somente existir conflito. A lide pensada por Carnelutti, como aponta José Carlos Teixiera Giorgis,[331] não pode ter adaptação ao processo penal.

3.1.6. Controvérsia

Pode existir lide sem haver controvérsia? A pergunta é de difícil resposta, uma vez que, ao conceituar lide, tem-se a ideia de que há pretensão resistida e, em razão disso, surge, a partir deste fato, a noção de que necessariamente há controvérsia. A pergunta é respondida por Galeno Lacerda,[332] ao afirmar, categoricamente, que não há que se confundir lide com controvérsia, posto que pode um litígio se instaurar sem que exista controvérsia. Parte o processualista de um exemplo de dívida oriunda de uma nota promissória na qual o devedor, no vencimento, é visitado pelo credor, e, admitindo que deve, não pode resgatar o respectivo título, tendo em vista estar em estado de insolvência. Segundo o processualista gaúcho, no exemplo há lide, mas não controvérsia.

3.1.7. Direito subjetivo

Noção também deveras importante para a compreensão da função do processo e da jurisdição é saber o conceito de Direito subjetivo, tendo em vista que é, a partir do conhecimento de institutos como este, que a bagagem inicial do estudioso do processo começa a se consolidar. Direi-

---

[329] PAULA, Jônatas Luiz Moreira de. *Teoria geral do processo*. 3. ed. Barueri: Manole, 2002. p. 18-19.

[330] YARSHELL, Flavio Luiz. *Curso de direito processual civil*. São Paulo: Marcial Pons, 2014. p. 26. Aponta: "Nesse contexto, lide pode ser entendida como conflito de interesses qualificado por pretensão resistida (ou insatisfeita). Esse conceito, contudo, é criticado por parte da doutrina por expressar fenômeno sociológico, e não exatamente jurídico, na medida em que nem sempre a intervenção do Estado, sob a forma de jurisdição, ocorrerá na presença de uma lide, tal qual definida pelo referido autor".

[331] GIORGIS, José Carlos Teixeira. *A lide como categoria comum do processo*. Porto Alegre: Lejur, 1991. p. 118. Na conclusão de n. 23, aponta o autor que, "[...] inadaptável, a nosso juízo, o conceito carnelluttiano de lide ao campo do processo penal".

[332] LACERDA, Galeno. *Teoria geral do processo*. Rio de Janeiro: Forense, 2008. p. 171.

to subjetivo, na lição de André Fontes,[333] é o poder de agir para a satisfação daquilo que é de seu interesse. Esse interesse, para Cristiano Chaves de Farias e Nelson Rosenvald,[334] recai sobre um bem que é o objeto de uma relação jurídica, aliado ao sujeito e ao vínculo existente, formando a tríade de elementos da própria relação. Serpa Lopes[335] explica que estruturalmente o Direito subjetivo apresenta duas relações interdependentes: poder e dever.

3.1.8. Direito potestativo

Lembram Cristiano Chaves de Farias e Nelson Rosenvald[336] que Direito potestativo tampouco se confunde com poderes jurídicos, nem com direitos subjetivos, sendo, pois, aqueles direitos que concedem ao seu titular o direito de agir, mediante uma declaração de vontade, a modificação ou extinção de uma relação jurídica. O titular pode exercer o seu direito independentemente de qualquer atuação da parte contrária, realizando-o sozinho ou por meio de uma medida judicial. No Poder Judiciário, por exemplo, exemplificam os autores com a dissolução de casamento, sendo que, o seu não exercício, quando fixado prazo para tanto, importa em decadência do direito.

3.2. Formas de solução de controvérsias

Conforme já exposto, os seres humanos têm, em suas essências, vontades, sendo que estas, quando estão em contraposição, causam determinada indisposição entre eles, pois dificilmente um abrirá mão do que deseja em prol de outro. Instaura-se, assim, uma lide, conceito já analisado sob a escrita de Francesco Carnelutti. Quando ilimitadas, são as vontades, e limitados são os bens que se deseja, é inerente que ela se instaure. Assim, esclarecendo, quando dois desejam o mesmo bem,

---

[333] FONTES, André. *A pretensão como situação jurídica subjetiva*. Belo Horizonte: Del Rey, 2002. p. 101-102. Refere o autor: "O direito subjetivo constitui a mais relevante situação jurídica subjetiva, seja pela dimensão de seu comando, seja pelo seu significado histórico. É produto de elaboração doutrinária que se inicia na Idade Média e se consolida no século XIX com a pandectística alemã. Constitui modernamente uma expressão de liberdade, e é produto das relações sociais. Por metonímia, acabou sendo confundido coma relação jurídica da qual faz parte, da mesma forma que a 'cabeça de gado' com toda a rês, e isso ocorre certamente por expressar o aspecto de poder da relação. O direito subjetivo é a própria senhoria do querer, é o poder de agir para satisfação de um interesse, tutelado pelo ordenamento jurídico".

[334] FARIAS, Cristiano Chaves de; ROSENVALD, Nelson. *Curso de direito civil*: parte geral e LINDB. 10. ed. Salvador: Juspodivm, 2012. v. 1. p. 486.

[335] LOPES, Serpa. *Curso de direito civil*: introdução, parte geral e teoria dos negócios jurídicos. 2. ed. Rio de Janeiro: Freitas Bastos, 1957. p. 239.

[336] FARIAS, Cristiano Chaves de; ROSENVALD, Nelson. *Curso de direito civil*, cit.. v. 1. p. 35-37.

surge o que se pode definir como interesse, e a lide surge quando ambos não abrem mão de ficar com ele. Caso inexista, num primeiro momento, uma abnegação de um em detrimento de outro para aquela determinada vontade, como se resolve, nos dias de hoje, essa controvérsia surgida, quando se sabe que a força ou a astúcia já não podem ser considerados sinais contemporâneos de justiça? Para isso existem hoje determinadas formas autorizadas de resolução de conflitos.[337]

3.2.1. Formas alternativas de resolução de conflitos (ADRS – Alternative Dispute Resolution System)

Não há no presente estudo uma crítica mais aprofundada ao modelo tradicional de resolução de controvérsias que é, em solo brasileiro, a jurisdição, ao trabalharmos com os meios alternativos, mas tão só se está apresentando a matéria que leva em conta que determinados segmentos da sociedade não querem enfrentar seu processo no Poder Judiciário,[338] em razão do próprio desgaste público de suas funções, como lembram Fernando Horta Tavares[339] e César Augusto de Castro Fiuza.[340]

---

[337] MARINONI, Luiz Guilherme; ARENHART; Sérgio Cruz. *Processo de conhecimento*. 8. ed. São Paulo: Revista dos Tribunais, 2010. p. 30. Apontam os autores quais entendem ser essas formas: "Os conflitos civis podem ser eliminados por ato dos próprios envolvidos, quando ocorre a autocomposição, ou mediante ato do Estado, através do processo individual ou do processo coletivo, ou ainda por via da mediação ou da arbitragem (por um terceiro que não exerce o poder estatal)".

[338] BERMURDES, Sérgio. *Direito processual civil*: estudos e pareceres: 3ª série. São Paulo: Saraiva, 2002. p. 6-7. Escreve o autor: "Paralelamente ao aperfeiçoamento do processo judicial, e consideradas as suas deficiências, aparecem, então, as alternativas para as partes desavindas, como: a conciliação, conduzida por não juízes, que se devem preservar para as funções mais complexas de processar e julgar, mas por pessoas idôneas que atuem sob a supervisão de órgãos judiciais; a mediação, que vai se institucionalizando nos países de primeiro mundo, onde se obtém a interferência de terceiro qualificado que, mostrando aos contentores as vantagens da composição, os estimula ao acordo; o juízo arbitral, que entrega o caso à decisão de pessoas especializadas na matéria controvertida, que só dele se ocuparão; a dinamização do contencioso administrativo, no qual a administração, através de órgãos confiáveis e específicos, se torna juíza dos seus próprios atos. Essas alternativas de justiça, mais prestantes que a perigosa justiça alternativa, claramente inconstitucional, convêm aos jurisdicionados porque lhes tutelam as pretensões sem as demoras do processo e, simultaneamente, aliviam o Poder Judiciário de uma carga considerável de causas".

[339] TAVARES, Fernando Horta. Mediação, processo e Constituição: considerações sobre a autocomposição de conflitos no novo Código de Processo Civil. In: FREIRE, Alexandre et al. (Org.). *Novas tendências do processo civil*: estudos sobre o projeto do novo Código de Processo Civil. Salvador: Juspodivm, 2013. p. 57-74. p. 58. Refere: "De há muito afirmam-se como recorrentes os estudos conducentes à afirmativa do desgaste da função pública estatal de conhecer, processar e julgar os litígios postos ao Estado-juiz, isto é, o exercício da jurisdição em moldes que nos remetem à indagação se ainda não estaríamos dependentes, no Brasil, de um aparato de resolução de controvérsias submetido a estruturas estatais ainda burocráticas, lentas, pesadas, complexas e que é resultante de decisões 'tudo ou nada' para os Sujeitos do conflito, revelador de alto grau de insatisfação e de frustração por parte dos cidadãos, a re-ensejar a continuidade do conflito pela utilização indiscriminada, conquanto constitucional, de Recursos aos Tribunais".

[340] FIUZA, César Augusto de Castro. Formas alternativas de solução de conflitos. In: FIUZA, César Augusto de Castro; SÁ, Maria de Fátima Freire de; DIAS, Ronaldo Brêtas C. (Coord.). *Temas atuais de direito processual civil*. Belo Horizonte: Del Rey, 2001. p. 73-100. p. 74.

Todavia, mesmo não tendo a pretensão de se esgotar com a matéria, o estudo estaria longe de complementação se não tocasse, mesmo que de forma sucinta, nas algumas das formas alternativas de se resolverem os conflitos (mundialmente conhecidas como ADRS[341] – *Alternative Dispute Resolution System*),[342] matéria que está em franco crescimento,[343] passando, os mesmos, a analisar as formas mais defendidas pela doutrina, aliados ao fato de que já há obras que as defendem como parte integrante da própria Teoria Geral do Processo, como se pode comprovar com a leitura da tese de doutoramento de Petrônio Calmon.[344] Esse crescimento também pode ser visto como parte de respostas diversas que devem ser encontradas em razão de se viver numa sociedade hipercomplexa ou de progressiva complexidade,[345] sendo que, muitas vezes, novas situações devem ser resolvidas por novos modelos de resolução de conflitos. Cumpre lembrar, de mesma forma, que a Lei n. 13.105/15, também conhecida como Código de Processo Civil brasileiro, aposta, e muito, nas formas alternativas de resolução de controvérsias, estando, inclusive, tal

---

[341] TARTUCE, Fernanda. Conciliação em juízo: o que (não) é conciliar? In: SALLES, Carlos Alberto de; LORENCINI, Marco Antônio Garcia Lopes; SILVA, Paulo Eduardo Alves da (Coord.). *Negociação, mediação e arbitragem*: curso básico para programa de graduação em direito. Rio de Janeiro: Forense; São Paulo: Método, 2012. p. 149-178. p. 149-150. Refere a articulista que a letra "A" está sendo repensada para que represente *appropriate* e não *alternative*, uma vez que melhor que os mecanismos sejam adequados do que alternativos.

[342] SPENGLER, Fabiana Marion. *Da jurisdição à mediação*: por uma cultura no tratamento de conflitos. Ijuí: Unijuí, 2010. p. 294-295. Expõe a autora: "O contexto cultural contemporâneo fomentou e, principalmente, determinou o surgimento de outras práticas de tratamento de conflitos de modo responsável – por indivíduos, organizações e comunidades –, possibilitando o diálogo e promovendo uma mudança de paradigmas. Essas práticas se conduzem em caminho diverso daquele até então privilegiado pela cultura jurídica que funcionava em torno de uma lógica determinista binária, na qual as opções limitadas a 'ganha' ou 'perder'. Essas práticas passam a observar a singularidade de cada participante do conflito, considerando a opção de 'ganhar conjuntamente', construindo em comum as bases de um tratamento efetivo, de modo colaborativo e consensuado". E finaliza: "Tais práticas tiveram origem nos Estados Unidos sob o nome de *Alternative Dispute Resolution* (ADR), expressão reservada para designar todos os procedimentos de resolução de disputas sem a intervenção de uma autoridade judicial. Conceitualmente, trata-se de vários métodos de liquidação de desajustes entre indivíduos ou grupos por meio do estudo dos objetivos de cada um, das possibilidades disponíveis e a maneira como cada um percebe as relações entre os seus objetivos e as alternativas apresentadas".

[343] Inclusive tendo sido criada na USP disciplina na graduação em Direito sobre mediação e conciliação judiciais e extrajudiciais de 2012. Ver: SALLES, Carlos Alberto de; LORENCINI, Marco Antônio Garcia Lopes; Silva, Paulo Eduardo da (Coord.). *Negociação, mediação e arbitragem*: curso básico para programas de graduação em Direito. Rio de Janeiro: Forense; São Paulo: Método, 2012. p. ix.

[344] CALMON, Petrônio. *Fundamentos da mediação e da conciliação*. Rio de Janeiro: Forense, 2007. p. 4-5. Refere o autor: "O trabalho se insere na teoria geral do processo, ramo do direito processual que se ocupa dos aspectos jurídicos do conflito (lide) e dos institutos fundamentais relacionados aos meios de sua solução. A tese identifica a autocomposição dentre os meios de solução dos conflitos e sistematiza os mecanismos para sua obtenção. Nesse exercício, sobressai sua natural amplitude, pois assim como a teoria geral do processo cuida do direito processual civil e penal, neles identificando alicerces comuns, o mesmo ocorre com o estudo da autocomposição, que deve ser realizado considerando suas dimensões civil e penal".

[345] ASSIS, Araken. *Processo civil brasileiro*: parte geral: fundamentos e distribuição de conflitos. São Paulo: Revista dos Tribunais, 2015. v. I. p. 56.

previsão no capítulo destinado às normas fundamentais do processo, encontrando guarida no seu artigo 3º.[346] Ainda, há que ser recordado que uma das questões negativas que existe em meios que apontam serem ditos como conciliatórios de conflitos é a questão do desequilíbrio de poderes, crítica muito bem realizada por Owen Fiss.[347]

3.2.1.1. Autodefesa ou autotutela?

A **autotutela**[348] ou **autodefesa** resume-se na solução dos litígios pela imposição da vontade do litigante mais forte ou mais astuto sobre o mais fraco, quase que com uma noção de direito como poder,[349] sendo que, desde já, é de se ressaltar que não é uma forma civilizada de solução de controvérsia, como apontam Othmar Jauernig[350] e Enrique

---

[346] Eis a redação do referido dispositivo: "Art. 3º Não se excluirá da apreciação jurisdicional ameaça ou lesão a direito. § 1º É permitida a arbitragem, na forma da lei. § 2º O Estado promoverá, sempre que possível, a solução consensual dos conflitos. § 3º A conciliação, a mediação e outros métodos de solução consensual de conflitos deverão ser estimulados por juízes, advogados, defensores públicos e membros do Ministério Público, inclusive no curso do processo judicial". Disponível em: <http://www.planalto.gov.br/ccivil_03/_Ato2015-2018/2015/Lei/L13105.htm>. Acesso em: 10 set. 2015.

[347] FISS, Owen. *El derecho como razón pública*. Traducción de: Esteban Restrepo Saldarriaga. Madrid: Marcial Pons, 2007. p. 131. Aduz: "Al concebir el juicio como una disputa entre los vecinos, la narrativa de la resolución de conflictos que subyace a la RAC exige, de manera implícita, que se asuma que entre los contendientes existe una igualdad más o menos similar. De igual modo, concibe la conciliación como una anticipación del resultado del juicio y asume que SUS términos son simplemente el producto de las predicciones de las partes acerca de este resultado. Sin embargo, ló cierto es que la conciliación también está en función de los recursos de que dispone cada parte para financiar el proceso, los cuales, con frecuencia, están distribuídos de manera desigual. En muchos casos, los litígios no surgen de un conflicto de propriedad entre dos vecinos sino de una disputa entre un miembro de una monoría racial y un departamento municipal de polícia en torno a un incidente de brutalidad policial, o de la reclamación de un trabajador contra una gran compañía surgido con ocasión de un accidente de trabajo. En estos casos, la distribuición de los recursos financieros o la capacidad de cualquiera de las partes para ignorar los costos, infectarán, de manera invariable, el proceso de nogociación. En los casos, la conciliación entrará en contradicción con una concepción de la justicia empeñada en la irrelevancia de la capacidad econômica de las partes".

[348] Historicamente também conhecida como justiça privada.

[349] DIMOULIS, Dimitri. *Manual de introdução ao estudo do direito*. 4. ed. São Paulo: Revista dos Tribunais, 2011. p. 29. Direito como poder, como defendia Baruch Spinoza, assim referindo Dimoulis: "Para Spinoza, direito significa força, poder, potência (potentia). Cada pessoa possui um determinado poder e direito é aquilo que corresponde ao seu poder. Em outras palavras, direito é aquilo que a pessoa pode fazer e a força dos outros não consegue impedir. Os governantes podem criar leis conforme seus interesses porque possuem um poder maior que o poder dos demais, porque consegue dominá-los".

[350] JAUERNIG, Othmar. *Direito processual civil*. 25. ed. Tradução de: F. Silveira Ramos. Coimbra: Almedina, 2002. p. 35-36. "A solução originária em todos os povos primitivos era a justiça privada. O indivíduo tinha de fazer valer o seu próprio direito, e a família e o clã ajudavam-no, se necessário, com o emprego da força. No entanto, não havia garantia de sucesso do direito. Pelo contrário: quem tinha o poder, tinha o 'direito'. Nessa 'luta pelo direito' o direito ficou demasiadas vezes pelo caminho e a paz jurídica externa – pressuposto da existência de toda a comunidade humana – foi seriamente perturbada Isso não podia ser aceite pelo crescente poder do Estado. Por isso, proibiu toda a justiça privada (excluídos casos excepcionais) e tomou nas suas mãos a salvaguarda e a realização da ordem jurídica".

Véscovi,³⁵¹ ao afirmarem se tratar de um retrocesso social, por exatamente trazer ao embate a lei do mais forte ou mais esperto, embora ainda existam algumas exceções sobre ela, tendo sido muito utilizada na Antiguidade, e, nas palavras de César Fiuza,³⁵² teve na fase pré-justiniana seu apogeu, sendo que, como continua a demonstrar,³⁵³ já existiam mesmo antes de Justiniano leis como a *Lex Iulia de vi privata*, que proibiam execuções forçadas sem a intervenção de um juiz, salvo quando existisse o requisito do *periculum in mora*. A própria nomenclatura, por si só, já traz a resposta para o seu conceito, pois, literalmente, se trata de, por si mesmo, defender ou tutelar o seu direito.³⁵⁴

Essa forma de solução de controvérsia já foi muito utilizada, sendo trocada, historicamente, pelo monopólio da jurisdição, tendo, inclusive, pela pena de Rosemiro Pereira Leal,³⁵⁵ a noção de sua extinção, dando azo à criação da autodefesa, instituto diferente do que se entende por

---

³⁵¹ VÉSCOVI, Enrique. *Teoría general del proceso*. Segunda Edición. Santa Fé de Bogotá, Colômbia: Temis, 1999. p. 2. Refere: "En alguna etapa primitiva – o de desarollo muy retardado – se llega a la propia regulación de la fuerza como forma sancionadora: por ejemplo, cuando se establece la ley del talión (ojo por ojo, diente por diente, pero no dos ojos por un ojo...) o se regula el armamento que puede usarse en la guerra (proscripción de armas nucleares, etc.). Son sistemas reveladores del atraso de la humanidad, aunque existan".

³⁵² FIUZA, César. Algumas linhas de processo civil romano. In: ——. *Direito processual na história*. Belo Horizonte: Mandamentos, 2002. p. 15-58. p. 18. Refere: "Antes de mais nada, é preciso ressaltar que o Direito justinianeu é a última fase em que a defesa privada só se admite por exceção". E finaliza: "No antigo Direito pré-justinianeu, a defesa privada era admitida, muitas vezes, como passo antecedente à defesa judicial. Assim, no *interdictum quod vi*, o vizinho proibia ao outro obras em seu terreno. Se este lhes desse continuidade, poderia ser forçado a desfazê-las pelo *interdictum quod vi*, mesmo que, de fato, tivesse o direito de construir, ou seja, mesmo que as obras fossem regulares. O fato é que desrespeitara proibição do vizinho. Se quisesse continuar a edificação, apesar da proibição do vizinho, deveria acudir perante o magistrado, pela *operis novi nunciato*. Assim também com a *legis actio per manus iniectionem*. Nesta, o credor punha as mãos no devedor, levando-o, à força, perante o magistrado. Feito isso, decidir-se-ia se a execução pessoal ocorreria. O mesmo se dava na *legis actio per pignoris capionem*. O credor, por si mesmo, arrecadava uma coisa do devedor, confirmando o ato em juízo".

³⁵³ FIUZA, César. Algumas linhas de processo civil romano. In: ——. *Direito processual na história*. Belo Horizonte: Mandamentos, 2002. p. 15-58. p. 18-19. Aduz: "A Lex Iulia de vi privata já proibia, na época de Augusto (27 a.C./13 d.C.), ou seja, bem antes de Justiniano (527/565), a execução forçada das obrigações, sem a intervenção prévia do juiz".

³⁵⁴ RODRIGUES, Horácio Wanderley; LAMY, Eduardo de Avelar. *Teoria geral do processo*. 3. ed. Rio de Janeiro: Elsevier, 2012. p. 2. É o que aparenta defender os autores: "*Autodefesa* ou *autotutela* significa, resumidamente, a defesa por si mesmo; defesa pelo esforço próprio, ainda que à força".

³⁵⁵ LEAL, Rosemiro Pereira. *Teoria geral do processo*: primeiros estudos. 9. ed. Rio de Janeiro: Forense, 2010. p. 22-23. Em interessante apontamento, refere: "É de manifesto equívoco dizer que a *autotutela* (uso da violência privada) tenha abrigo atualmente na legislação brasileira, ainda mais quando se sabe que as Constituições Brasileiras, em sua maioria, nomeadamente a Constituição vigente de 1988, acolhem o princípio da reserva legal pela qual a lei há de preceder à violação, como reconhecimento ou garantia de direitos (art. 5º, II, XXII, XXXIX, da CR/88). Se a *autotutela*, em sua concepção originária, fosse permitida em lei, claro que as transformaria em instituto jurídico legal (atraso histórico injustificável) em face das suas conotações histórico-sociológicas de justiça privada ou uso arbitrário das próprias razões. No ordenamento jurídico brasileiro, não há recepção da figura histórica da *autotutela*, mas a criação do instituto legal da autodefesa na esfera de direitos da pessoa e do Estado (Comunidade)".

autotutela. A jurisdição representa um custo para os titulares de direitos, tendo em vista que, por meio do processo, se retira a instantaneidade de reação do titular do direito contra seu ofensor, segundo Ovídio A. Baptista da Silva.[356] Atualmente, a autotutela encontra muita resistência, sendo, inclusive, considerada crime, tipificada no art. 345 do Código Penal brasileiro como utilização do uso arbitrário de suas próprias razões, ao expor que "[...] fazer justiça pelas próprias mãos, para satisfazer pretensão, embora legítima, salvo quando a lei o permite", deve ser criminalizado o infrator com detenção, de quinze dias a um mês, podendo ser aumentada com a pena correspondente à violência realizada. Um dos questionamentos que surge numa sociedade como a nossa é, pelo curto prazo previsto na lei para a autotutela, se determinados direitos, que seriam entregues, e se entregues, pelo Poder Judiciário no transcorrer de anos, não poderiam ser imediatamente reconquistados pelo lesado?

A autodefesa tem por escopo duas grandes características para que seja configurada: (i) a não existência de um terceiro para dirimir o conflito, ou seja, deverá ser o mesmo refeito pelo próprio lesado; e (ii) a reconquista do direito deve ser concedida àquele que demonstrar ter mais força ou astúcia.

As exceções, ou formas residuais,[357] estão todas em leis, sendo algumas delas aquelas previstas nos artigos 1210, § 1º, do CC, ao dispor que "[...] o possuidor tem direito a ser mantido na posse em caso de turbação, restituído no de esbulho, e segurado de violência iminente, se tiver justo receio de ser molestado" e, em seu § 1º, ao referir que "[...] o possuidor turbado, ou esbulhado, poderá manter-se ou restituir-se por sua própria força, contanto que o faça logo; os atos de defesa, ou de desforço, não podem ir além do indispensável à manutenção, ou restituição da posse". O artigo 1.219 do CC traz a retenção por benfeitorias ao prever que "[...] o possuidor de boa-fé tem direito à indenização das benfeitorias necessárias e úteis, bem como, quanto às voluptuárias, se não lhe forem pagas, a levantá-las, quando o puder sem detrimento da coisa, e poderá exercer o direito de retenção pelo valor das benfeitorias necessárias e úteis". O artigo 1.283 confirma a possibilidade de cortar os ramos da árvore vizinha, ao dispor que "[...] as raízes e os ramos de árvore, que

---

[356] SILVA, Ovídio A. Baptista da. *Curso de processo civil*: processo de conhecimento. 8. ed. Rio de Janeiro: Forense, 2008. v. 1. t. 1. p. 1. Discorre: "A necessidade do processo judicial representa um custo para todos os titulares de direitos ou de outros interesses legalmente protegidos pela ordem jurídica, à medida que, estabelecido o monopólio da jurisdição, como uma decorrência natural da formação do Estado, afasta-se definitivamente a possibilidade das reações imediatas tomadas pelos titulares para a pronta observância e realização do próprio direito. A idéia de processo afasta e idéia de instantaneidade da reação que o titular do direito ofendido poderia ter, se não tivesse de submetê-lo, antes, ao crio de uma investigação sempre demorada, tendente a determinar sua própria legitimidade".

[357] ASSIS, Araken. *Processo civil brasileiro*: parte geral: fundamentos e distribuição de conflitos. São Paulo: Revista dos Tribunais, 2015. v. I. p. 57.

ultrapassarem a estrema do prédio, poderão ser cortados, até o plano vertical divisório, pelo proprietário do terreno invadido".

No Código Penal, tem-se o melhor dos exemplos no artigo 301, ao prever a possibilidade de qualquer um do povo efetuar a prisão em flagrante, ao dispor que "[...] qualquer do povo poderá e as autoridades policiais e seus agentes deverão prender quem quer que seja encontrado em flagrante delito". Além disso, no artigo 23 do diploma penal estão as excludentes de ilicitude que são definidas pelo estado de necessidade, pela legítima defesa ou por estar o agente em estrito cumprimento de um dever legal ou no exercício regular de um direito. Já os artigos 24 e 25 do mesmo diploma legal definem o que vem a ser essas excludentes de ilicitude.

No Direito laboral o trabalhador tem como seu aliado o direito de greve, por disposição constitucional, no seu artigo 9º, ao referir que "[...] é assegurado o direito de greve, competindo aos trabalhadores decidir sobre a oportunidade de exercê-lo e sobre os interesses que devam por meio dele defender", sendo que a lei é que definirá quais serviços e atividades são essenciais, dispondo sobre os atendimentos necessários da comunidade que não podem ser adiados, assim como definindo que os abusos cometidos serão devidamente punidos.

Diante desses poucos casos acima referidos que, aponta-se, são meramente exemplificativos, embora sejam escassas[358] as autorizações legais para a autotutela, concorda-se com o preconizado por Eduardo Arruda Alvim,[359] que o processo propicia a ter importância quando práticas, como a autotutela, não são mais toleradas pelo Estado para a resolução de conflitos, até mesmo porque, pela noção apresentada por

---

[358] Isso pode ser vislumbrado na leitura do julgamento do agravo de instrumento n. 70005660089, de relatoria da desembargadora Marilene Bonzanini Bernardi, que entendeu não ser possível a retenção de veículo guinchado para pagamento de dívida, assim ementado o julgado: "Ementa: SERVIÇO DE GUINCHO. RETENÇÃO DO VEÍCULO ANTE O NÃO-PAGAMENTO. DESCABIMENTO. A Constituição Federal, em seu art. 5º, inciso LIV, preceitua que ninguém será privado da liberdade ou de seus bens sem o devido processo legal. O prestador de serviços não pode pretender reter bens do devedor de forma a coagi-lo ao pagamento da dívida – salvo raras exceções previstas em lei, como aquelas do art. 776 do CC. A auto-tutela, desde que o Estado monopolizou a jurisdição, foi abolida, inclusive é tipificado como crime o exercício arbitrário das próprias razões. Por outro lado o Estado põe a disposição do credor meios judiciais para a cobrança de dívidas, de tal sorte que cabe a este propor a ação competente para cobrar o que lhe é devido em razão dos serviços prestados. Assim, descabido a retenção do veículo pela empresa permissionária que prestou o serviço de guincho e depósito, após o pagamento das despesas decorrentes da infração. AGRAVO DE INSTRUMENTO A QUE SE NEGA SEGUIMENTO (Agravo de Instrumento nº 70005660089, Segunda Câmara Especial Cível, Tribunal de Justiça do RS, Relator: Marilene Bonzanini Bernardi, Julgado em 23/12/2002)". Disponível em: <http://www.tjrs.jus.br/busca?q=autotutela+e+crime&tb=jurisnova&partialfields=tribunal%3q=>. Acesso em: 13 maio 2013.

[359] ALVIM, Eduardo Arruda. *Direito processual civil*. 2. ed. São Paulo: Revista dos Tribunais, 2008. p. 25. Aduz: "Historicamente, o direito processual veio a ganhar importância em razão do reconhecimento da necessidade de intervenção estatal para a solução de conflitos de interesses ocorridos no mundo fenomênico, na medida em que o direito atual tolera pouquíssimas hipóteses de autotutela (e, mesmo assim, com severas restrições, conforme se verá adiante)".

Reinhold Zippelius,[360] não há como, nessa modalidade, distinguir o verdadeiro detentor do direito pretensamente violado.

3.2.1.2. A autocomposição

Na segunda modalidade de resolução de conflitos, que é denominada de autocomposição, tem-se uma modalidade de solução dessas controvérsias instauradas pela obra dos próprios litigantes, por meio do diálogo, como ressalta Antonio Carlos Ozório Nunes,[361] pois resolvem dispor do interesse inicial que gerou a lide, ou parte dela, para acabar com o litígio. Direciona sua fala Antônio Pereira Gaio Júnior[362] para atribuir a esse meio de resolução de conflitos uma vertente altruísta, relacionada ao comportamento das partes, encontrando, nas palavras de Petrônio Calmon,[363] que se trata do meio mais autêntico e genuíno de resolução de controvérsias.

Não se trata de autotutela, pois há diferença significante entre ambas, podendo ser lembrada a principal delas, que nesta existe a imposição da força ou da astúcia sobre quem vem a ficar, ao final, com o direito, enquanto naquela existe a combinação, o acordo, a desistência das partes em conflito. Rosemiro Pereira Leal[364] relembra que se trata de uma forma antiga de resolução de controvérsias, tendo as partes, na ausência de um terceiro, como o Estado ou outro qualquer, se conciliado ao longo da história, quando havia uma renúncia, submissão, desistência ou transação.

A título de informação, José de Albuquerque Rocha[365] defende que a mediação, a qual será analisada mais adiante, se encaixa como meio de

---

[360] ZIPPELIUS, Reinhold. *Introdução ao estudo do direito*. Tradução de: Gercélia Batista de Oliveira Mendes. Belo Horizonte: Del Rey, 2006. p. 18-19. Refere: "Mas a concretização do Direito através da autodefesa sofre de deficiências consideráveis. Ela carece de uma instância que diferencie os legítimos possuidores do direito daquele que assim se consideram erroneamente ou, então, daquele que declara guerra ao outro sob o simples pretexto de ser detentor do melhor direito. O real possuidor do direito tampouco pode impô-lo a um infrator que lhe seja superior. Esse 'Direito' não garante, de forma alguma, a paz jurídica".

[361] NUNES, Antonio Carlos Ozório. *Manual de mediação*: guia prático da autocomposição. São Paulo: Revista dos Tribunais, 2016. p. 39. Refere: "O diálogo é o grande esteio de todo o sistema autocompositivo".

[362] GAIO JÚNIOR, Antônio Pereira. *Direito processual civil*: teoria geral do processo, processo de conhecimento e recursos. 2. ed. Belo Horizonte: Del Rey, 2008. v. I. p. 20-21.

[363] CALMON, Petrônio. *Fundamentos da mediação e da conciliação*. Rio de Janeiro: Forense, 2007. p. 6.

[364] LEAL, Rosemiro Pereira. *Teoria geral do processo*: primeiros estudos. 9. ed. Rio de Janeiro: Forense, 2010. p. 23. Aduz: "A autocomposição é também uma forma bem antiga de solução de conflitos humanos, pela qual os interessados na dissipação de suas controvérsias, e ausente o Estado jurisdicional, conciliavam-se pela renúncia, submissão, desistência e transação".

[365] ROCHA, José de Albuquerque. *Teoria geral do processo*. 10. ed. São Paulo: Atlas, 2009. p. 14. Aduz: "A autocomposição pode ser alcançada com a participação de terceiros através das figuras do me-

autocomposição de controvérsias, admitindo, assim, que um terceiro, ao mediar uma composição, não faz perder a natureza do próprio ato de as partes, por si só, comporem o litígio instaurado, o que também é o entendimento de Araken de Assis,[366] ao alocar a mediação como forma de autocomposição indireta. Em que pese interessantes os pensamentos, não se compactua com eles, defendendo-se ser a mediação forma de heterocomposição de conflitos.

3.2.1.2.1. Desistência ou renúncia

Sobre a desistência pouca inovação se pode tentar trazer. Como o próprio nome já anuncia, existe a solução de conflito quando um dos interessados desistir (abrir mão) de sua pretensão. Rosemiro Pereira Leal[367] consigna que a desistência era o próprio abandono daquela oposição oferecida, inicialmente, por uma das partes em conflito. A desistência, na ótica do processualista mineiro,[368] não se confunde com renúncia, ao expor que esta era uma aceitação resignada, enquanto aquela era o silêncio[369] por si só, mostrando que a ação ou a omissão pode dar ensejo a diferentes formas de resolução de conflitos, embora Ailton Cocurutto,[370] Fábio Alexandre Coelho,[371] Enrique Véscovi[372] e Antônio Carlos de

---

diador e do conciliador. Na mediação, o terceiro auxilia de forma intensa as partes conflitantes, oferecendo inclusive uma proposta de autocomposição. Na conciliação, o terceiro limita-se a receber as propostas das partes e tenta concilia-las buscando um denominador comum".

[366] ASSIS, Araken. *Processo civil brasileiro*: parte geral: fundamentos e distribuição de conflitos. São Paulo: Revista dos Tribunais, 2015. v. I. p. 58.

[367] LEAL, Rosemiro Pereira. *Teoria geral do processo*: primeiros estudos. 9. ed. Rio de Janeiro: Forense, 2010. p. 23. Sobre desistência afirma que "[...] era o abandono da oposição já oferecida à lesão de um direito ou o não exercício de um direito já iniciado".

[368] Ibidem. Sobre a renúncia afirmava que "[...] consistia em se tornar silente o prejudicado ante o fato agressor a si mesmo ou a seu patrimônio".

[369] Aliás, o silêncio é matéria que necessita maior estudo no Direito brasileiro. Para uma melhor compreensão, recomenda-se: TUTIKIAN, Priscila David Sansone. *O silêncio na formação dos contratos*: proposta, aceitação e elementos da declaração negocial. Porto Alegre: Livraria do Advogado, 2009.

[370] COCURUTTO, Ailton. *Fundamentos de direito processual civil*: teoria e prática. São Paulo: Malheiros, 2011, p. 33. Embora o autor aponte ser a mesma forma, ao conceituar o que entende por desistência: "Concretiza-se com a renúncia à pretensão – ou seja: um dos sujeitos envolvidos na situação conflitante renuncia a seu interesse".

[371] COELHO, Fábio Alexandre. *Teoria geral do processo*. São Paulo: Juarez de Oliveira, 2004. p. 9. O autor acaba por exemplificar o que entende pela forma alternativa, ao referir: "A propósito, imaginemos que Antônio pretende que Joaquim lhe pague determinada quantia por ter construído um muro em sua casa. Joaquim, por sua vez, sustenta que o valor combinado havia sido pago. Se Antônio desiste de receber o valor em disputa ocorre uma renúncia à pretensão, uma vez que deixou 'de lado' o que pretendia".

[372] VÉSCOVI, Enrique. *Teoría general del proceso*. Segunda Edición. Santa Fé de Bogotá, Colômbia: Temis, 1999. p. 3.

Araújo Cintra, Ada Pellegrini Grinover e Cândido Rangel Dinamarco[373] as tratem como se fossem a mesma forma de autocomposição.

3.2.1.2.2. Submissão

Rosemiro Pereira Leal[374] e Ailton Cocurutto[375] apontam para o mesmo norte ao exporem ser a falta de resistência de um à pretensão do outro, submetendo-se à vontade deste, sendo esta a noção também trazida por Fábio Alexandre Coelho,[376] ao falar que se dá a submissão quando uma das partes renuncia à resistência oferecida à pretensão. Eduardo J. Couture[377] aposta no conceito de que a submissão total seria a renúncia do Direito e a submissão parcial seria a transação, demonstrando que, sendo todas formas de autotutela, podem ser sistematizadas de forma diversa por diferentes autores.

3.2.1.2.3. Transação

Embora Rosemiro Pereira Leal[378] aborde a transação como uma troca equilibrada dos interesses para que aquele conflito seja solucionado de vez, Alton Cocurutto[379] relembra que, para que exista o instituto, deve-se estar diante de perdas para ambos os lados por meio de concessões mútuas e recíprocas, esclarecendo, ainda, que se isso ocorrer judicialmente, já não se pode mais falar em transação pela autocomposição, mas sim como outra forma conhecida de resolução de controvérsias que é a conciliação.

---

[373] CINTRA, Antonio Carlos de Araújo; GRINOVER, Ada Pellegrini; DINAMARCO, Cândido Rangel. *Teoria geral do processo.* 27. ed. São Paulo: Malheiros, 2011. p. 27.

[374] LEAL, Rosemiro Pereira. *Teoria geral do processo*: primeiros estudos. 9. ed. Rio de Janeiro: Forense, 2010. p. 23. Sobre submissão afirma que "[...] era a aceitação resignada das condições impostas nos conflitos ou pugnas individuais ou sociais".

[375] COCURUTTO, Ailton. *Fundamentos de direito processual civil*: teoria e prática. São Paulo: Malheiros, 2011. p. 33.

[376] COELHO, Fábio Alexandre. *Teoria geral do processo.* São Paulo: Juarez de Oliveira, 2004. p. 9. Embora o exemplo não seja dos melhores, o autor tenta elucidar a submissão assim: "Por falar isso, imaginemos que Juliana deixou de pagar um relógio adquirido de Paula. Ao ser cobrada por Paula, Juliana afirma que não pretende pagá-lo. Há, assim, o oferecimento de uma resistência à pretensão de Paula. Pode ser, no entanto, que Juliana, em seguida, decida pagar Paula. Neste caso, desaparece a resistência à pretensão de Paula, em face da renúncia de Juliana".

[377] COUTURE, Eduardo J. *Fundamentos del derecho procesal civil.* Cuarta edición. Buenos Aires: IBdeF, 2010. p. 8.

[378] LEAL, Rosemiro Pereira. *Teoria geral do processo*: primeiros estudos. 9. ed. Rio de Janeiro: Forense, 2010. p. 23. Sobre transação afirmava que "[...] distinguia-se pela troca equilibrada de interesses na solução de conflitos".

[379] COCURUTTO, Ailton. *Fundamentos de direito processual civil*: teoria e prática. São Paulo: Malheiros, 2011. p. 33.

3.2.1.3. A heterocomposição

Também denominada por alguns como heteronomia,[380] a heterocomposição é a presença de um terceiro, imparcial,[381] para que o conflito seja solucionado. Então, diferente da autocomposição, na qual as próprias partes envolvidas na controvérsia devem, por si só, chegar à determinada solução, na heterocomposição há, obrigatoriamente, com ou sem poder decisional, a presença de alguém alheio ao interesse dos conflitantes. As cinco de maior utilização pela doutrina, embora existam ressalvas,[382] e até quem acredite que na heterocomposição só haja a jurisdição e arbitragem,[383] que trabalha a matéria, são: (i) a mediação; (ii) a conciliação; (iii) a negociação; (iv) a arbitragem; e (v) a jurisdição.

Todos serão alvo de alguns comentários a seguir, sendo que o foco principal do objeto do estudo da Teoria Geral do Processo se fixará no terceiro, relembrando que todos os meios, embora se defenda que não necessariamente são alternativos no CPC/2015, mas integrativos, conforme lembram Leonardo Carneiro da Cunha e João Luiz Lessa Neto,[384] ganharam especial atenção no CPC/2015, tanto na abertura que o artigo 3º realiza, como na expressa institucionalização dos mediadores e conciliadores, o que é feita a partir do artigo 165 do CPC/2015.[385]

---

[380] ROCHA, José de Albuquerque. *Teoria geral do processo*. 10. ed. São Paulo: Atlas, 2009. p. 14. O autor não coloca a mediação como forma de heterocomposição, pois entende que, como chama, a heteronomia deve haver poder decisório. Assim defende seu ponto de vista: "A heteronomia é modo de tratamento dos conflitos em que a decisão é produto de um terceiro, que não auxilia nem representa as partes em conflito. Embora a heteronomia apresente inúmeras subespécies, interessam-nos, aqui, apenas duas: a arbitragem e a jurisdição dos juízes estatais".

[381] GORCZEVSKI, Clovis. *Formas alternativas para resolução de conflitos*: a arbitragem no Brasil. Porto Alegre: Livraria do Advogado, 1999. p. 15. Lembra o autor que nas primeiras formas de resolução, quando um terceiro participava, já estava previamente comprometido seu intento com alguma das partes. Refere: "A história nos indica que as primeiras formas assumidas para a resolução de conflitos entre os homens foram produto de suas próprias decisões, ou porque aplicavam a lei do mais forte, ou porque convencionavam uma forma que evitava aprofundar a crise. Em qualquer caso, partia-se do enfrentamento individual, não existiam terceiros envolvidos e, se, eventualmente, participava um terceiro, na realidade compartilhava o interesse de um outro litigante".

[382] LIMA, Fernando Antônio Negreiros. *Teoria geral do processo judicial*. São Paulo: Atlas, 2013. p. 13. Embora alguns pensadores, como o autor, apontem para ser a mediação como forma de autocomposição, assim explicando a razão: "Embora possa parecer contraditório falar-se em *autocomposição por mediação* – visto que o mediador é um terceiro –, não há paradoxo algum, porque o mediador, formal ou informal, não tem qualquer poder decisório, nada mais fazendo senão *intermediar* o acordo".

[383] NUNES, Antonio Carlos Ozório. *Manual de mediação*: guia prático da autocomposição. São Paulo: Revista dos Tribunais, 2016. p. 40. Afirma: "No sistema heterocompositivo temos a arbitragem e a jurisdição estatal".

[384] CUNHA, Leonardo Carneiro da; LESSA NETO, João Luiz. Mediação e conciliação no Poder Judiciário e o Novo Código de Processo Civil. In: DIDIER JR., Fredie (Coord.) *Novo CPC doutrina selecionada*: parte geral. Organização de Lucas Buril de Macêdo; Ravi Peixoto; Alexandre Freire. Salvador: Juspodivm, 2015. v. 1. p. 259-270. p. 259.

[385] Na Seção V. *Dos Conciliadores e Mediadores Judiciais*. "Art. 165. Os tribunais criarão centros judiciários de solução consensual de conflitos, responsáveis pela realização de sessões e audiências de conciliação e mediação e pelo desenvolvimento de programas destinados a auxiliar, orientar e

estimular a autocomposição. § 1º A composição e a organização dos centros serão definidas pelo respectivo tribunal, observadas as normas do Conselho Nacional de Justiça. § 2º O conciliador, que atuará preferencialmente nos casos em que não houver vínculo anterior entre as partes, poderá sugerir soluções para o litígio, sendo vedada a utilização de qualquer tipo de constrangimento ou intimidação para que as partes conciliem. § 3º O mediador, que atuará preferencialmente nos casos em que houver vínculo anterior entre as partes, auxiliará aos interessados a compreender as questões e os interesses em conflito, de modo que eles possam, pelo restabelecimento da comunicação, identificar, por si próprios, soluções consensuais que gerem benefícios mútuos. Art. 166. A conciliação e a mediação são informadas pelos princípios da independência, da imparcialidade, da autonomia da vontade, da confidencialidade, da oralidade, da informalidade e da decisão informada. § 1º A confidencialidade estende-se a todas as informações produzidas no curso do procedimento, cujo teor não poderá ser utilizado para fim diverso daquele previsto por expressa deliberação das partes. § 2º Em razão do dever de sigilo, inerente às suas funções, o conciliador e o mediador, assim como os membros de suas equipes, não poderão divulgar ou depor acerca de fatos ou elementos oriundos da conciliação ou da mediação. § 3º Admite-se a aplicação de técnicas negociais, com o objetivo de proporcionar ambiente favorável à autocomposição. § 4º A mediação e a conciliação serão regidas conforme a livre autonomia dos interessados, inclusive no que diz respeito à definição das regras procedimentais. Art. 167. Os conciliadores, os mediadores e as câmaras privadas de conciliação e mediação serão inscritos em cadastro nacional e em cadastro de tribunal de justiça ou de tribunal regional federal, que manterá registro de profissionais habilitados, com indicação de sua área profissional. § 1º Preenchendo o requisito da capacitação mínima, por meio de curso realizado por entidade credenciada, conforme parâmetro curricular definido pelo Conselho Nacional de Justiça em conjunto com o Ministério da Justiça, o conciliador ou o mediador, com o respectivo certificado, poderá requerer sua inscrição no cadastro nacional e no cadastro de tribunal de justiça ou de tribunal regional federal. § 2º Efetivado o registro, que poderá ser precedido de concurso público, o tribunal remeterá ao diretor do foro da comarca, seção ou subseção judiciária onde atuará o conciliador ou o mediador os dados necessários para que seu nome passe a constar da respectiva lista, a ser observada na distribuição alternada e aleatória, respeitado o princípio da igualdade dentro da mesma área de atuação profissional. § 3º Do credenciamento das câmaras e do cadastro de conciliadores e mediadores constarão todos os dados relevantes para a sua atuação, tais como o número de processos de que participou, o sucesso ou insucesso da atividade, a matéria sobre a qual versou a controvérsia, bem como outros dados que o tribunal julgar relevantes. § 4º Os dados colhidos na forma do § 3º serão classificados sistematicamente pelo tribunal, que os publicará, ao menos anualmente, para conhecimento da população e para fins estatísticos e de avaliação da conciliação, da mediação, das câmaras privadas de conciliação e de mediação, dos conciliadores e dos mediadores. § 5º Os conciliadores e mediadores judiciais cadastrados na forma do caput, se advogados, estarão impedidos de exercer a advocacia nos juízos em que desempenhem suas funções. § 6º O tribunal poderá optar pela criação de quadro próprio de conciliadores e mediadores, a ser preenchido por concurso público de provas e títulos, observadas as disposições deste Capítulo. Art. 168. As partes podem escolher, de comum acordo, o conciliador, o mediador ou a câmara privada de conciliação e de mediação. § 1º O conciliador ou mediador escolhido pelas partes poderá ou não estar cadastrado no tribunal. § 2º Inexistindo acordo quanto à escolha do mediador ou conciliador, haverá distribuição entre aqueles cadastrados no registro do tribunal, observada a respectiva formação. § 3º Sempre que recomendável, haverá a designação de mais de um mediador ou conciliador. Art. 169. Ressalvada a hipótese do art. 167, § 6º, o conciliador e o mediador receberão pelo seu trabalho remuneração prevista em tabela fixada pelo tribunal, conforme parâmetros estabelecidos pelo Conselho Nacional de Justiça. § 1º A mediação e a conciliação podem ser realizadas como trabalho voluntário, observada a legislação pertinente e a regulamentação do tribunal. § 2º Os tribunais determinarão o percentual de audiências não remuneradas que deverão ser suportadas pelas câmaras privadas de conciliação e mediação, com o fim de atender aos processos em que deferida gratuidade da justiça, como contrapartida de seu credenciamento. Art. 170. No caso de impedimento, o conciliador ou mediador o comunicará imediatamente, de preferência por meio eletrônico, e devolverá os autos ao juiz do processo ou ao coordenador do centro judiciário de solução de conflitos, devendo este realizar nova distribuição. Parágrafo único. Se a causa de impedimento for apurada quando já iniciado o procedimento, a atividade será interrompida, lavrando-se ata com relatório do ocorrido e solicitação de distribuição para novo conciliador ou mediador. Art. 171. No caso de impossibilidade temporária do exercício da função, o conciliador ou mediador informará o fato ao centro, preferencialmente por meio eletrônico, para que, durante o período em que perdurar a impossibilidade, não haja novas distribuições. Art. 172. O conciliador e o mediador ficam impedidos, pelo prazo de

3.2.1.3.1. A mediação

Trata-se da primeira das modalidades de heterocomposição previstas, pois há uma intervenção, mesmo que timidamente, de um terceiro imparcial para a resolução da controvérsia que trabalha numa terapia conflitiva.[386] Na modalidade de mediação, um terceiro tem o encargo de apenas fazer as tratativas, sem dizer qual das partes está com a razão, ou seja, sem qualquer poder de decisão. Por mediação entende Fábio Alexandre Coelho[387] que o mediador, pessoa que orienta na mediação, deve ter um dever de orientação para que as próprias partes envolvidas, sabedoras dos prós e dos contras da continuidade de um litígio, possam solucioná-lo desde já, alcançando essa modalidade de resolução inclusive pessoas físicas e jurídicas, conforme expõe Adolfo Braga Neto.[388]

Um dos fatores que mais auxilia na compreensão do que vem a ser mediação é no fato de que não há, por parte do mediador, interferên-

---

1 (um) ano, contado do término da última audiência em que atuaram, de assessorar, representar ou patrocinar qualquer das partes. Art. 173. Será excluído do cadastro de conciliadores e mediadores aquele que: I – agir com dolo ou culpa na condução da conciliação ou da mediação sob sua responsabilidade ou violar qualquer dos deveres decorrentes do art. 166, §§ 1º e 2º; II – atuar em procedimento de mediação ou conciliação, apesar de impedido ou suspeito. § 1º Os casos previstos neste artigo serão apurados em processo administrativo. § 2º O juiz do processo ou o juiz coordenador do centro de conciliação e mediação, se houver, verificando atuação inadequada do mediador ou conciliador, poderá afastá-lo de suas atividades por até 180 (cento e oitenta) dias, por decisão fundamentada, informando o fato imediatamente ao tribunal para instauração do respectivo processo administrativo. Art. 174. A União, os Estados, o Distrito Federal e os Municípios criarão câmaras de mediação e conciliação, com atribuições relacionadas à solução consensual de conflitos no âmbito administrativo, tais como: I – dirimir conflitos envolvendo órgãos e entidades da administração pública; II – avaliar a admissibilidade dos pedidos de resolução de conflitos, por meio de conciliação, no âmbito da administração pública; III – promover, quando couber, a celebração de termo de ajustamento de conduta. Art. 175. As disposições desta Seção não excluem outras formas de conciliação e mediação extrajudiciais vinculadas a órgãos institucionais ou realizadas por intermédio de profissionais independentes, que poderão ser regulamentadas por lei específica. Parágrafo único. Os dispositivos desta Seção aplicam-se, no que couber, às câmaras privadas de conciliação e mediação. Disponível em: <http://www.planalto.gov.br/ccivil_03/_ato2015-2018/2015/lei/l13105.htm>. Acesso em: 15 jan. 2015.

[386] CAHALI, Francisco José. *Curso de arbitragem*: resolução CNJ 125/2010: mediação e conciliação. 2. ed. São Paulo: Revista dos Tribunais, 2012. p. 41. Refere: "O mediador não julga, não intervém nas decisões, tampouco se intromete nas propostas, oferendo opções. O que faz é a 'terapia do vínculo conflitivo', sem apresentar propostas ou sugestões de resolução, pois estas deverão vir dos próprios mediados, com amadurecimento quanto à relação conflituosoa".

[387] COELHO, Fábio Alexandre. *Teoria geral do processo*. São Paulo: Juarez de Oliveira, 2004. p. 10. Refere: "Por meio da mediação procura-se fazer com que os próprios envolvidos solucionem o conflito. O mediador, portanto, não decide, mas apenas procura fazer com que as partes cheguem à solução ideal para o conflito. Aliás, também é possível identificar formas primitivas de mediação, quando um terceiro colocava-se entre as partes e tentava fazer com que chegassem a um acordo a respeito do conflito. A solução dos conflitos era, no entanto, o resultado da vontade das próprias partes".

[388] BRAGA NETO, Adolfo. Mediação de conflitos: conceitos e técnicas. In: SALLES, Carlos Alberto de; LORENCINI, Marco Antônio Garcia Lopes; SILVA, Paulo Eduardo Alves da (Coord.). *Negociação, mediação e arbitragem*: curso básico para programa de graduação em direito. Rio de Janeiro: Forense; São Paulo: Método, 2012. p. 103-125. p. 103.

cias diretas sobre o direito das partes envolvidas,[389] obrando apenas no negócio em si, tendo de esclarecer aos envolvidos os aspectos benéficos de comporem o litígio, sendo que, para Antônio Pereira Gaio Júnior,[390] o mediador sequer tem poderes para sugestionar sobre o direito posto em litígio, pois as partes devem se manter autoras de suas próprias soluções. Segundo Adolfo Braga Neto,[391] apontando os deveres do mediador, refere ter de ser ele imparcial, independente, competente, discreto e diligente. Deve ser lembrado que a mediação judicial é bastante incentivada, o que pode ser comprovada com a própria Resolução n. 125/2010[392] do Conselho Nacional de Justiça, que também contém regras sobre a conciliação, e não só a mediação.

Othmar Jauernig[393] aponta que a mediação pode ter consequências positivas e negativas: (i) na primeira, é que sua solução auxilia no desafogamento das vias judiciais; (ii) na segunda, a não conciliação implica complicação e encarecimento do acesso ao Poder Judiciário. Para Enrique Véscosi,[394] o próprio advogado se torna um mediador quando, antes do ingresso de um processo, tenta o acordo com outro colega, inclusive, encontrando nos Estados Unidos uma grande aceitação quando, nessa fase, pode existir a troca de informações e documentações para facilitar a composição.

3.2.1.3.2. A conciliação

A conciliação aparece quase que como uma forma de resolução de controvérsias híbrida, pois navega um pouco nas águas tanto da transação (forma de autocomposição) quanto da mediação (forma de heterocomposição), embora com elas não se confundindo.[395] Na conciliação,

---

[389] OLIVEIRA, Daniela Olímpio de. *Desjudicialização, acesso à justiça e teoria geral do processo*. 2. ed. Curitiba: Juruá, 2015. p. 54.

[390] GAIO JÚNIOR, Antônio Pereira. *Direito processual civil*: teoria geral do processo, processo de conhecimento e recursos. 2. ed. Belo Horizonte: Del Rey, 2008. v. I. p. 21.

[391] BRAGA NETO, Adolfo. Mediação de conflitos: conceitos e técnicas. In: SALLES, Carlos Alberto de; LORENCINI, Marco Antônio Garcia Lopes; SILVA, Paulo Eduardo Alves da (Coord.). *Negociação, mediação e arbitragem*: curso básico para programa de graduação em direito. Rio de Janeiro: Forense; São Paulo: Método, 2012. p. 103-125. p. 114.

[392] O texto pode ser encontrado em: <http://www.cnj.jus.br/busca-atos-adm?documento=2579>. Acesso em: 05 fev. 2016.

[393] JAUERNIG, Othmar. *Direito processual civil*. 25. ed. Tradução de: F. Silveira Ramos. Coimbra: Almedina, 2002. p. 39-40. Refere o jurista alemão, ao discorrer sobre o mediador: "Quando a conciliação resulte, alivia-se a justiça (é o objetivo da proposta); não resultando, complica-se e encarece o acesso ao tribunal".

[394] VÉSCOVI, Enrique. *Teoría general del proceso*. Segunda Edición. Santa Fé de Bogotá, Colômbia: Temis, 1999. p. 4.

[395] NUNES, Antonio Carlos Ozório. *Manual de mediação*: guia prático da autocomposição. São Paulo: Revista dos Tribunais, 2016. p. 52. Afirma o autor, ao explicar as diferenças entre mediação e conciliação: "Contudo, pelo menos dois motivos recomendam a diferenciação na terminologia entre

com ampla referência legislativa para sua operacionalização, em especial sendo um dos princípios basilares do direito processual do trabalho,[396] há que se vislumbrar um terceiro auxiliando as partes envolvidas no litígio para que cheguem ao consenso. Diante disso, poderá esse interveniente formular propostas, opinar, tudo no intuito de tentar finalizar aquele litígio que se apresenta, sendo que todas as partes envolvidas devem ter participação na construção dessa conciliação, o que está expresso nas palavras de Fernanda Tartuce,[397] em que pese o recomendado ser que neste tipo de forma alternativa seja melhor que as partes não tenham tido convivência ou vínculo pessoal anterior, sendo que Francisco José Cahali[398] aponta como exemplos de casos que melhor seriam resolvidos pela conciliação acidentes de trânsito e responsabilidade civil em geral, algumas divergências comerciais etc.

Tendo esta conotação, fácil ver a razão que não se enquadra na transação, pois a presença de um terceiro para esse auxílio deixa de lado a autocomposição. Caindo na heterocomposição, a primordial diferença para a mediação é que na conciliação há a previsão de que o conciliador atravesse uma linha que não é permitida na mediação, qual seja, a de formular propostas para a finalização do conflito. Tendo em vista o conceito de conciliação e estando ela dentro da heterocomposição, fica desde já consignado que pode ela ser realizado tanto na forma extrajudicial

---

mediação e conciliação: o CPC expressamente fez a distinção e, com certeza, teve razões práticas para fazê-lo, pois uma lei que demorou anos para ser discutida e elaborada, e porque a palavra conciliação faz parte da nossa cultura e serve até de nome para programas oficiais, como 'semana da Conciliação'". E continua: "O CPC sugere a conciliação para os conflitos que envolvam apenas relações ocasionais, nas quais o vínculo de controvérsia entre as pessoas inexiste ou se tornará apenas esporádico em razão de algum fato ou incidente. Para esses casos o CPC faz indicação de que possam ser resolvidos por conciliadores, que é um terceiro que conduz o procedimento e pode sugerir soluções para o litígio (CPC 162 §2º). E assim deve ser: a conciliação se dirige aos casos breves e menos complexos; conflitos que possam ser esolvidos em regra numa lógica binária 'ou/ou' (pagar/não pagar; fazer/não fazer), em processos consensuais simples, conforme veremos melhor no capítulo em que falaremos sobre conflito". E finaliza: "O CPC recomenda a mediação para os casos que envolvam relações continuadas, nas quais o relacionamento interpessoal possui continuidade no tempo como nas relações familiares, escolares, de vizinhança, entre outras (art. 165, §3º do CPC). São casos mais complexos e de difícil solução apenas pela lógica binária e que demandarão soluções mais discutidas e pensadas, conforme veremos no momento oportuno".

[396] Tanto o artigo 846 da Consolidação das Leis do Trabalho, cujo texto é "[...] aberta a audiência, o juiz ou presidente proporá a conciliação", quando o artigo 850, com a redação de "[...] terminada a instrução, poderão as partes aduzir razões finais, em prazo não excedente de 10 (dez) minutos para cada uma. Em seguida, o juiz ou presidente renovará a proposta de conciliação, e não se realizando esta, será proferida a decisão", demonstram o que se quer expor.

[397] TARTUCE, Fernanda. Conciliação em juízo: o que (não) é conciliar? In: SALLES, Carlos Alberto de; LORENCINI, Marco Antônio Garcia Lopes; SILVA, Paulo Eduardo Alves da (Coord.). *Negociação, mediação e arbitragem*: curso básico para programa de graduação em direito. Rio de Janeiro: Forense; São Paulo: Método, 2012. p. 149-178. p. 159.

[398] CAHALI, Francisco José. *Curso de arbitragem*: resolução CNJ 125/2010: mediação e conciliação. 2. ed. São Paulo: Revista dos Tribunais, 2012. p. 39.

como na judicial,[399] fazendo parte, em muitos casos, da própria atividade jurisdicional, o que pode ser confirmado com a leitura de Fernanda Tartuce,[400] que informa ainda existir setores de conciliação nos tribunais de justiça e câmaras extrajudiciais de autocomposição.

3.2.1.3.3. A negociação

Negociar faz parte da vida do ser humano, sendo uma das bases de qualquer contrato, no qual a autonomia da vontade aloca aos negociantes (partes) o que querem para si, podendo, dentre tantas situações,[401] criarem obrigações por meio do instrumento escolhido para tal fim. Mas a negociação também serve, em algumas oportunidades, para que as partes, diretamente, resolvam suas divergências, embora nada impeça que possa ser com o auxílio de terceira pessoa, que falará em nome de uma das partes e defenderá seus interesses, como expõe Francisco José Cahali.[402] O que se nota é que se está diante de uma prática quase que autocompositiva, como é a transação, a renúncia, a desistência, mas com elas não se pode confundir, pois a negociação é uma técnica da qual as outras se valem, e o motivo de elencá-la como forma heterocompositiva é em razão da possibilidade de terceiro intervir como negociador, sendo que a mera negociação, entre as partes, também pode ser vista como uma técnica autocompositiva para se chegar à solução da controvérsia instaurada.

---

[399] VÉSCOVI, Enrique. *Teoría general del proceso*. Segunda Edición. Santa Fé de Bogotá, Colômbia: Temis, 1999. p. 4. Nota-se que, para o autor, a conciliação após iniciado o processo não entra como solução da própria jurisdição, afirmando que: "Por lo general el conciliador es un órgano público, creado especialmente a fin de solucionar, en forma amistosa, los conflictos jurídicos, para evitar que deriven en un proceso judicial. O también, si se producen durante este, para suprimir o terminar el proceso ya iniciado".

[400] TARTUCE, Fernanda. Conciliação em juízo: o que (não) é conciliar? In: SALLES, Carlos Alberto de; LORENCINI, Marco Antônio Garcia Lopes; SILVA, Paulo Eduardo Alves da (Coord.). *Negociação, mediação e arbitragem*: curso básico para programa de graduação em direito. Rio de Janeiro: Forense; São Paulo: Método, 2012. p. 149-178. p. 156.

[401] CAHALI, Francisco José. *Curso de arbitragem*: resolução CNJ 125/2010: mediação e conciliação. 2. ed. São Paulo: Revista dos Tribunais, 2012. p. 38. O autor aponta algumas delas: "Pela negociação, as partes tentam resolver suas divergências diretamente. Negociam com trocas de vantagens, diminuição de perdas, aproveitam oportunidades e situações de conforto, exercitam a dialética, mas, em última análise, querem uma composição, e para tanto, o resultado deve propiciar ganhos recíprocos, em condições mutuamente aceitáveis e equitativas, caso contrário, será rejeitado por uma das partes".

[402] CAHALI, Francisco José. *Curso de arbitragem*: resolução CNJ 125/2010: mediação e conciliação. 2. ed. São Paulo: Revista dos Tribunais, 2012. p. 38. Aduz: "Embora se refira à negociação como método exercido pelos próprios interessados, nada impede que seja promovida por terceiros – os negociadores. Porém, neste caso, o terceiro não será um facilitador em benefício das partes, mas um representante de uma delas, e em nome desta defenderá os seus interesses. Ou seja, o terceiro comparece para negociar a melhor solução em favor daquele por quem atua. Aliás, no mundo dos negócios, principalmente em grandes corporações, a figura do negociador 'profissional' cada vez mais ganha destaque".

3.2.1.3.4. A arbitragem[403]

A quarta das modalidades de heterocomposição ou heteronomia[404] prevista é a arbitragem, também conhecida como uma forma privada de jurisdição. Foi por meio dela, nas palavras de Rosemiro Pereira Leal[405] e Petrônio Calmon,[406] que se chegou, passo a passo, ao que vem a ser jurisdição e hoje tem previsão legalmente atribuída na Lei n. 9.307/96[407] e suas modificações,[408] que veio para dar maior possibilidade àquelas partes que, dependendo da matéria-alvo da litigiosidade, podem se valer de uma via transversal, que não aquela monopolizada pelo Estado, mas com uma decisão cuja força é a mesma produzida por uma judicial.[409] Um juiz privado (particular) instruirá o processo arbitral e sentenciará qual parte tem razão naquele conflito instaurado, lembrando que a arbitragem pode ser nacional ou internacional, conforme relembra

---

[403] Em que pese, no início do capítulo, ficar vinculada a arbitragem às ADRS, para algum a mesma não está no rol de meios que as formas alternativas preconizam. Para tanto, ler: GARCEZ, José Maria Rossani. *ADRS*: métodos alternativos de solução de conflitos: análise estrutural dos tipos, fundamentos e exemplos na prática nacional/internacional. Rio de Janeiro: Lumen Juris, 2013. p. 11-12. Refere: "A arbitragem – definida como uma técnica que objetiva solucionar questões entre duas ou mais pessoas físicas ou jurídicas, sobre as quais as mesmas possam dispor livremente, inclusive em termos de transação ou renúncia, por decisão de uma ou mais pessoas (sempre em número ímpar), que são o árbitro ou os árbitros, os quais têm poderes para assim decidir pelas partes, por declaração expressa delas, sem estarem investidos dessas funções pelo Estado – escaparia, assim, a rigor, da classificação geral de ADRS (*Alternative Dispute Resolution System*) porque, conceitualmente, representa em última análise, um método adversarial, ao contrário dos ADRS que são autocompositivos e não adversariais. Nela se encontram miscigenadas não só as técnicas de negociação e do direito contratual, mas também, traços da jurisdição. Inobstante, é um dos métodos que mais tem atraído sobretudo a solução das questões contratuais internacionais, e muito tem crescido e recebido o suporte do Judiciário nacional. No Anteprojeto do novo CPC variadas referências são feitas ao tratamento da arbitragem, vindas da legislação em vigor ou da jurisprudência".

[404] Nomenclatura utilizada por: ROCHA, José de Albuquerque. *Teoria geral do processo*. 10. ed. São Paulo: Atlas, 2009. p. 14.

[405] LEAL, Rosemiro Pereira. *Teoria geral do processo*: primeiros estudos. 9. ed. Rio de Janeiro: Forense, 2010. p. 27. O estudo da arbitragem é de tamanha importância que o autor ressalta que a jurisdição é quem tem seu nascedouro na arbitragem, e não esta daquela, ao referir: "O pretor, como se afirmou, exercia a jurisdição sem processo. Por isso, não é acolhível afirmar-se, na atualidade histórica do Direito Processual, que o 'processo surgiu da arbitragem obrigatória' porque, conforme demonstrado, a jurisdição é que surgiu da arbitragem. O processo só surgiu recentemente com a conquista histórico-teórica das garantias e direitos fundamentais constitucionalizados, ainda que atualmente debilitados pelo perverso e desejado desequilíbrio jurídico-sócio-econômico das camadas sociais".

[406] CALMON, Petrônio. *Fundamentos da mediação e da conciliação*. Rio de Janeiro: Forense, 2007. p. 37-38.

[407] Para acessar a íntegra da lei: <http://www.planalto.gov.br/ccivil_03/leis/l9307.htm>. Acesso em: 04 jun. 2013.

[408] Dentre uma delas, a Lei n. 13.129/15, que veio alterar partes significativas do texto original.

[409] A redação do artigo 31 da Lei n. 9.307/96 é clara, ao expor que: "A sentença arbitral produz, entre as partes e seus sucessores, os mesmos efeitos da sentença proferida pelos órgãos do Poder Judiciário e, sendo condenatória, constitui título executivo". Da mesma forma, o artigo 475 – N, do Código de Processo Civil brasileiro, atribui à sentença arbitral a prerrogativa de ser considerado um título executivo judicial.

Enrique Véscosi.[410] O cumprimento da decisão, tendo em vista a cláusula do devido processo legal, assim como por previsão expressa da própria legislação arbitral, fica a encargo do Poder Judiciário, o que acaba por trazer uma certa incompletude à lei, tornando-se, algumas vezes, ineficaz, pois, na falta de cumprimento espontâneo da decisão, atribui-se ao Estado o dever de concretizá-lo.

Uma vez que já existe doutrina bem acentuada na matéria destinada a essa modalidade de resolução de conflitos, e não sendo o foco deste estudo a lei em si, cumpre meramente referir que Antônio Carlos de Araújo Cintra, Ada Pellegrini Grinover e Cândido Rangel Dinamarco[411] apontam alguns tópicos que merecem ser ressaltados como delineamentos do juízo arbitral para que o leitor se habitue com ele e possa, a partir deste conhecimento preliminar, aprofundar seus estudos na matéria, lembrando que a referida forma alternativa tem veia constitucional, como lembrou Lenio Luiz Streck,[412] tendo sido já alvo de julgamento tal questão pelo Supremo Tribunal Federal, quando se posicionou pela constitucionalidade[413] da Lei n. 9.307/96. A flexibilização e a construção

---

[410] VÉSCOVI, Enrique. *Teoría general del proceso*. Segunda Edición. Santa Fé de Bogotá, Colômbia: Temis, 1999. p. 4.

[411] CINTRA, Antonio Carlos de Araújo; GRINOVER, Ada Pellegrini; DINAMARCO, Cândido Rangel. *Teoria geral do processo*. 27. ed. São Paulo: Malheiros, 2011. p. 36-37. Referem: "O *juízo arbitral* é delineado no direito brasileiro da seguinte forma: a) convenção de arbitragem (compromisso entre as partes ou cláusula compromissória inserida em contrato: lei cit., art. 3º); b) *limitação aos litígios relativos a direitos patrimoniais disponíveis* (art. 1º); c) restrições à eficácia da cláusula compromissória inserida em contratos de adesão (art. 4º, §2º); d) capacidade das partes (art. 1º); e) possibilidade de escolherem as partes as regras de direito material a serem aplicadas na arbitragem, sendo ainda admitido convencionar que esta 'se realize com base nos princípios gerais de direito nos usos e costumes e nas regras internacionais de comércio' (art. 2º, §§ 2º e 3º); f) desnecessidade de homologação judicial da sentença arbitral (art. 31); g) atribuições a esta dos mesmos efeitos, entre partes, dos julgados proferidos pelo Poder Judiciário (valendo inclusive como título executivo, se for condenatória: art. 31); h) possibilidade de controle jurisdicional ulterior, a ser provocado pela parte interessada (art. 33, *caput* e §§); i) possibilidade de reconhecimento e execução de sentenças arbitrais produzidas no exterior (arts. 34 ss.). Mas os árbitros, não sendo investidos do poder jurisdicional estatal, não podem realizar a execução de suas próprias sentenças nem impor medidas coercitivas (art. 22, § 4º)".

[412] GORCZEVSKI, Clovis. *Formas alternativas para resolução de conflitos*: a arbitragem no Brasil. Porto Alegre: Livraria do Advogado, 1999. p. 16. No prefácio refere Lenio Luiz Streck: "A arbitragem já é uma realidade. Tribunais já a convalidam. E é necessário percebê-la sem pré-conceitos. A arbitragem e a mediação, por exemplo, não são mecanismos neoliberais. Isso seria uma avaliação simplista. Também não fere ela o princípio da autonomia da vontade, uma vez que, viciada na origem – por exemplo, quando tornada obrigatória por 'adesão' – a arbitragem torna-se inconstitucional. Isso porque não se pode olvidar que a arbitragem, por ser uma lei e ter procedimento próprio, não escapa ao controle da legalidade e da principiologia constitucional. Tal fato é claro e evidente, até porque não existe lei acima da Constituição".

[413] Quando julgou a Sentença Estrangeira 5.206 – Espanha. Eis o conteúdo da notícia: "Por maioria de votos, o Plenário do Supremo Tribunal Federal julgou hoje (12/12) um recurso em processo de homologação de Sentença Estrangeira (SE 5206), considerando constitucional a Lei de Arbitragem (Lei 9307/96). A lei permite que as partes possam escolher um árbitro para solucionar litígios sobre direitos patrimoniais, sendo que o laudo arbitral resultante do acordo não precisa ser mais homologado por uma autoridade judicial. Esse é o caso piloto (leading case) sobre a matéria. Trata-se de uma ação movida a partir de 1995. A empresa, de origem estrangeira, pretendia homologar um

do procedimento arbitral são técnicas a serem enaltecidas, pois vislumbram a possibilidade de as partes atribuírem ao Direito a ser declarado regras procedimentais negociadas, assim como deixa ao árbitro um maior poder inovatório, o que faz com que a arbitragem consiga ter, inclusive, princípios lidos de uma forma própria, como aponta Francisco José Cahali.[414] A obra de Eduardo de Albuquerque Parente[415] elucida alguns pontos em ambos os tópicos levantados, merecendo uma leitura mais atenta. É importante frisar que o poder de negociação das partes deverá ser, também, uma realidade no processo jurisdicional a partir da vigência da Lei n. 13.105/15.

3.3. Forma principal de resolução de controvérsias: a jurisdição

Na quinta modalidade, está a jurisdição, na qual o Estado-juiz a presta por meio do instrumento escolhido para tal fim – o processo[416] –, a tutela do direito material violado e em conformidade com os valores

---

laudo de sentença arbitral dada na Espanha, para que tivesse efeitos no Brasil. A princípio, o pedido havia sido indeferido. Entretanto, em 1996, foi promulgada a Lei 9307, que dispensaria a homologação desse laudo na justiça do país de origem. Durante o julgamento do recurso, o ministro Moreira Alves levantou a questão da constitucionalidade da nova lei. Apesar de todos os ministros terem votado pelo deferimento do recurso, no sentido de homologar o laudo arbitral espanhol no Brasil, houve discordância quanto ao incidente de inconstitucionalidade. Sepúlveda Pertence, o relator do recurso, bem como Sydney Sanches, Néri da Silveira e Moreira Alves entenderam que a lei de arbitragem, em alguns de seus dispositivos, dificulta o acesso ao Judiciário, direito fundamental previsto pelo artigo quinto, inciso XXXV, da Constituição Federal. A corrente vencedora, por outro lado, considera um grande avanço a lei e não vê nenhuma ofensa à Carta Magna. O ministro Carlos Velloso, em seu voto, salientou que se trata de direitos patrimoniais e, portanto, disponíveis. Segundo ele, as partes têm a faculdade de renunciar a seu direito de recorrer à Justiça. "O inciso XXXV representa um direito à ação, e não um dever.". O presidente do tribunal, ministro Marco Aurélio, após o término do julgamento, comentou a decisão dizendo esperar que seja dada confiança ao instituto da arbitragem e, a exemplo do que ocorreu em outros países, que essa prática "pegue no Brasil também.". Segundo ele, presume-se uma atuação de boa-fé por parte dos árbitros, que devem ser credenciados para tanto. A Lei de Arbitragem está em vigência desde a data de sua publicação". Disponível em: <http://www.stf.jus.br/portal/cms/verNoticiaDetalhe.asp?idConteudo=58198>. Acesso em: 03 set. 2015.

[414] CAHALI, Francisco José. *Curso de arbitragem*: resolução CNJ 125/2010: mediação e conciliação. 2. ed. São Paulo: Revista dos Tribunais, 2012. Entre as páginas 96 e 102, aponta o autor alguns deles e como são lidos, sendo alguns deles a autonomia da vontade, o Kompetenz-Kompetenz e o devido processo legal.

[415] PARENTE, Eduardo de Albuquerque. *Processo arbitral e sistema*. São Paulo: Atlas, 2012. Em especial entre as páginas 47 e 58.

[416] COELHO, Fábio Alexandre. *Teoria geral do processo*. São Paulo: Juarez de Oliveira, 2004. p. 1. Também de forma bem perfunctória, elenca-se um conceito preliminar do que vem a ser processo, pois fruto de análise detida em capítulo a parte mais adiante. Refere o autor: "[...] deve-se ficar consignado que o processo é uma forma de solução de conflitos por um terceiro, assim considerado por não estar envolvido na disputa. Esse terceiro é o Estado, que será representado pelo Poder Judiciário, a quem a CF, principal lei do País, conferiu esta atribuição. A denominação recebida – processo – ressalta o fato de que se trata de uma forma racional de solucionar o conflito, caracterizada por abranger uma série de atos coordenados entre si e direcionados para o alcance da finalidade almejada, a solução do conflito".

estabelecidos na Constituição Federal, conforme artigo 1º[417] do CPC/2015. Tendo em vista que o estudo não está com o intuito de esgotar ou até mesmo sequer ingressar na seara da jurisdição, uma vez que o que se está questionando no momento é se as matérias até então estudadas são pertinentes a vislumbrar a existência de uma Teoria Geral do Processo, basta uma análise superficial em seu conceito para que se possa ter a real noção da importância de seu estudo. Aliás, apenas para se ter uma ideia da extensão da matéria que o tema da jurisdição comportaria, analisa-se, exemplificativamente, a obra de Athos Gusmão Carneiro,[418] que assim divide o assunto: na parte I, capítulo I, trabalha com as noções gerais e conceito de jurisdição; no capítulo II aborda as características básicas da atividade jurisdicional; no capítulo III, a distinção entre ato jurisdicional e o ato legislativo; no capítulo IV, a distinção entre ato jurisdicional e o ato administrativo; no capítulo V, a classificação da jurisdição; no capítulo VI, o contencioso administrativo; no capítulo VII, a jurisdição voluntária; no capítulo VIII, os limites da jurisdição civil; e no capítulo IX, os substitutivos da jurisdição. Se pegarmos o capítulo V, apenas para se ter ideia, o autor o divide: (i) unidade da jurisdição; (ii) jurisdição penal e jurisdição civil; (iii) jurisdição comum e jurisdições especiais; (iv) jurisdição federal; (v) jurisdição trabalhista; (vi) jurisdição eleitoral; (vii) jurisdição militar; (viii) jurisdição comum ou ordinária; (ix) jurisdições de primeira e segunda instâncias; (x) Supremo Tribunal Federal e Tribunais superiores; (xi) organograma geral do Poder Judiciário; (xii) organograma do Poder Judiciário da União; (xiii) organograma do Poder Judiciário dos Estados-Membros; e (xiv) organograma do Superior Tribunal de Justiça.

José Adércio Leite Sampaio,[419] conceituando jurisdição, refere ser ela uma das manifestações de soberania estatal, ocorrendo a análise dos conflitos a ela trazidos, de forma imparcial, e declarando em seu nome o direito a ser aplicável àquele caso, podendo, inclusive, criar condições para satisfazê-lo. Na mesma linha pode ser referida a lição de Athos Gusmão Carneiro,[420] apostando na jurisdição como método de eliminação ou composição dos conflitos existentes entre as partes, com uma atividade de declaração e aplicação do direito ao caso exposto, que seria essa nova fase de conhecimento, e outra destinada à sua realização, que

---

[417] Art. 1º O processo civil será ordenado, disciplinado e interpretado conforme os valores e as normas fundamentais estabelecidos na Constituição da República Federativa do Brasil, observando-se as disposições deste Código. Disponível em: <http://www.planalto.gov.br/ccivil_03/_ato2015-2018/2015/lei/l13105.htm>. Acesso em: 15 jan. 2015.
[418] CARNEIRO, Athos Gusmão. *Jurisdição e competência*. 13. ed. São Paulo: Malheiros, 2004. Recomenda-se a leitura completa da obra.
[419] SAMPAIO, José Adércio Leita. *A Constituição reinventada pela jurisdição constitucional*. Belo Horizonte: Del Rey, 2002. p. 21.
[420] CARNEIRO, Athos Gusmão. *Jurisdição e competência*. 13. ed. São Paulo: Malheiros, 2004. p. 5.

seria essa fase de cumprimento de sentença ou do processo executivo de títulos extrajudiciais, para colocar na nomenclatura atual. Assim, a atividade jurisdicional será futuramente revisitada em profundidade, bastando, neste momento, saber que se trata de meio de resolução de conflito pela heterocomposição, assim como conhecendo um mínimo de conceitos elencados por parte da doutrina. Para Araken de Assis,[421] a jurisdição é a única modalidade socialmente eficiente de resolução de controvérsias, sendo, portanto, um relevante serviço público. Trabalhar, pois, com outras formas que não a jurisdição importa olhar o tratamento de conflitos de forma culturalmente diversa,[422] o que ainda está em fase de concretização no direito brasileiro.

3.4. Novas formas de composição apontadas na doutrina

Aqui, em especial, serão abordadas, em caráter meramente conceitual, algumas novas modalidades que se tem encontrado para trazer soluções aos conflitos existentes, sendo que, para tanto, será realizada uma análise dos estudos trazidos por Luiz Fernando Tomasi Keppen e Nadia Bevilaqua Martins,[423] pois o interessante neste momento é tocar naqueles meios ainda não desvelados pelos mais conhecidos já anteriormente expostos. Diante disso, ainda que um ou outro já tenha sido exposto, os autores abordam as seguintes formas: (i) negociação;[424] (ii) levantamento dos fatos (*fact-finding*);[425] (iii) avaliação técnica independente

---

[421] ASSIS, Araken. *Processo civil brasileiro*: parte geral: fundamentos e distribuição de conflitos. São Paulo: Revista dos Tribunais, 2015. v. I. p. 58. Refere: "Logo, a única modalidade socialmente eficiente para resolver o conflito reside na intervenção de um terceiro imparcial. O Estado assumiu essa tarefa essencial, autêntico monopólio estatal, prestando à sociedade relevante serviço público. A heterocomposição estatal enseja, em princípio, a desejável correspondência entre o desfecho do litígio e a pauta de conduta observada voluntariamente nas relações sadias, a universalização do mecanismo e, principalmente, a sua obrigatoriedade, através de veto quase absoluto à autotutela. Essa atividade fundamental do Estado chama-se jurisdição".

[422] Para um olhar diferente, recomenda-se a leitura: SPENGLER, Fabiana Marion. *Da jurisdição à mediação*: por uma cultura no tratamento de conflitos. Ijuí: Unijuí, 2010.

[423] KEPPEN, Luiz Fernando Tomasi; MARTINS, Nadia Bevilaqua. *Introdução à resolução alternativa de conflitos*: negociação, mediação, levantamento de fatos, avaliação técnica independente. Curitiba: JM Livraria Jurídica, 2009.

[424] KEPPEN, Luiz Fernando Tomasi; MARTINS, Nadia Bevilaqua. *Introdução à resolução alternativa de conflitos*: negociação, mediação, levantamento de fatos, avaliação técnica independente. Curitiba: JM Livraria Jurídica, 2009. p. 81. Ao conceituarem o meio, remetem ao que o dicionário Oxford Avanced refere, de que se trata de uma conferência entre pessoas com o propósito de dirimir um conflito, chegando ao entendimento mútuo.

[425] KEPPEN, Luiz Fernando Tomasi; MARTINS, Nadia Bevilaqua. *Introdução à resolução alternativa de conflitos*: negociação, mediação, levantamento de fatos, avaliação técnica independente. Curitiba: JM Livraria Jurídica, 2009. p. 85. Ensinam que: "Esse método consiste em uma forma geral de investigação acurada sobre os fatos geradores do conflito, efetuada por uma terceira pessoa imparcial, que poderá apresentar relatório e fazer um aconselhamento sobre os termos do acordo".

(*independent expert appraisal*);[426] (iv) minijúri ou processo estruturado de consenso;[427] (v) júri simulado (*summary jury trial* – SJT);[428] (vi) *ombudsman*;[429] (vii) aconselhamento;[430] (viii) conciliação;[431] (IX) facilitação;[432] e (x) *med-arb*.[433] Michele Pedrosa Paumgartten[434] elabora uma lista de formas alternativas de métodos de autocomposição de controvérsias, dentre elas: (i) *Summary Jury Trials*; (ii) *Early neutral evaluation*; (iii) *Neutral fact finding*; (iv) *Joint fact finding*; (v) *Confidential listenar*; (vi) *Colaborative Law*; (vii) *Non-binding arbitration*; (viii) *Mini Trial*; (ix) *Ombudsman*; (x) *Court-annexed mediation*; (xi) *Appellate mediation*; e (xii) organizações para a defesa de consumidores.

Agora uma pergunta muito interessante: seria da essência de uma disciplina de Teoria Geral do Processo o que foi abordado no presente capítulo? Parece que a melhor resposta seria parte do que foi visto sim,

---

[426] KEPPEN, Luiz Fernando Tomasi; MARTINS, Nadia Bevilaqua. *Introdução à resolução alternativa de conflitos*: negociação, mediação, levantamento de fatos, avaliação técnica independente. Curitiba: JM Livraria Jurídica, 2009. p. 86. Referem: "Também conhecido como avaliação preliminar imparcial (*early neutral evaluation* ou simplesmente *neutral evaluation, case appraisal*, e/ou *determination*), é um processo que tem por objetivo uma decisão independente e imparcial dos fatos e questões em conflito, realizado por um perito nomeado pelas partes. No Brasil essa técnica é praticada sob a forma de encomenda de parecer a um especialista no assunto em disputa. Há aqui sempre um cunho científico. A figura do *expert* presume esta qualidade até onde os fatos permitem tal precisão. No Direito Anglo-saxônico as partes decidem se desejam que a decisão seja final e vinculante, caso contrário pode ser usada como base para negociações. O perito tem um papel investigatório e inquisitório no levantamento de informações e deve tomar a decisão como perito e não como árbitro".

[427] Idem, p. 87. Aduzem que: "É um processo estruturado para o alcance de um acordo, especialmente interessante para a família do direito da *common Law*, que em inúmeros casos judiciais depende do julgamento pelo júri, no qual altos executivos das companhias envolvidas em disputas se reúnem na presença de um terceiro (conselheiro mediador) e, após ouvirem apresentações dos méritos de cada parte, tentam formular um acordo voluntário".

[428] Idem, p. 87-88. Sobre esta prática escrevem: "Consiste em apresentações sumárias de causas complexas a um júri simulado com finalidade de pesquisa e levantamento de dados. Esses dados, ao final, tornam-se eixos de aconselhamento, patamares conciliatórios no caso de haver acordo entre as partes".

[429] Idem, p. 88. Relatam que: "É uma instituição que se materializa na figura de um indivíduo preparado, credenciado e educado para ouvir reclamações, as mais diversas. Participa de levantamento de dados e em geral promove a resolução de conflitos através de métodos informais tais como a mediação e o aconselhamento".

[430] Idem, p. 89. Auferem que: "É um processo prático elaborado para lidar com os problemas emocionais, comportamentais e psicológicos de um cliente".

[431] Idem, p. 90. Sobre o meio, dizem: "É a forma de transação assistida entre duas ou mais partes na qual uma terceira pessoa, o conciliador, intervém de vários modos com o objetivo de ajudar as partes a chegar a um acordo. É um termo frequentemente usado alternadamente com mediação".

[432] Idem, p. 91. Escrevem que: "É um processo no qual a presença de um mediador é solicitada e cujo papel é introduzir algum grau de pensamento lateral dentro dos conflitos multipartidários. Tem como objetivo ajudar as partes a encontrar um espeço comum de ação para resolver o problema".

[433] Idem, p. 92. Sobre o tema discorrem: "Utiliza uma terceira pessoa selecionada para atuar como juiz e medidor de um conflito. Esta abordagem faz uma combinação de técnicas voluntárias de persuasão e discussão, como na mediação, com a autoridade de um árbitro para emitir uma decisão final e vinculante, quando necessário".

[434] PAUMGARTTEN, Michele Pedrosa. *Novo processo civil brasileiro*: métodos adequados de resolução de conflitos. Curitiba: Juruá, 2015. p. 576-582.

e explica-se a razão. As formas alternativas, quer sejam as mais conhecidas, como a arbitragem, ou aquelas que não há ainda nenhum costume em utilizá-las, devem ser estudadas em uma disciplina à parte, pois totalmente justificável, hoje, num currículo de graduação, uma cadeira que aborde as formas alternativas de resolução de conflitos. Diante disso, poderia ser defendido que na parte introdutória de uma disciplina de Teoria Geral do Processo poderia conter os conceitos básicos de sociedade e tutela de direitos, mas, de igual forma, poderia ser defendido que essas matérias poderiam ser, tranquilamente, abordadas numa disciplina de Ciência Política ou Social, ou de Teoria do Estado, ou, ainda, dentro das disciplinas específicas de processo, pois a cada um dos ramos podem os exemplos ser diversos para a estruturação e melhor compreensão daquilo que se quer explicar numa sala de aula.

4. Apontamentos da história do processo

O processo conteve, ao longo de sua história, diversos modos de ser sistematizado, estudado, ensinado, interpretado e aplicado, o que faz pensar que ele se mantém atrelado a determinado momento cultural de uma sociedade que o aprisiona no tempo, até que seja, novamente, modificado pelo rompimento de algum paradigma cultural ocorrido,[435] o que aparentemente denota ser uma possível resposta ao fato de o processo, conforme expõe Marcelo José Magalhães Bonicio,[436] não ter tido em sua história uma coerência de pensamento. Ao longo das próximas linhas, serão expostos alguns desses momentos de estudo do processo em determinadas sociedades, até por uma questão de resgate à memória do processo, como pondera Rodrigo Mazzei,[437] avançando o pensamento ao longo da evolução da própria história civilizatória para que, conforme palavras de José Rogério Cruz e Tucci e Luiz Carlos de Azevedo,[438] haja uma compreensão retrospectiva para que seus significados e conteúdos sejam, efetivamente, desvelados.

4.1. O processo no Direito Romano

Seria forçoso trazer um estudo do Direito Processual oriundo das primeiras legislações conhecidas pela humanidade, como aquelas datadas da Antiguidade, como o Código de Hamurabi,[439] as leis de Manu,

---

[435] Para entender um pouco mais essa constatação: JOBIM, Marco Félix. *Medidas estruturantes*: da Suprema Corte estadunidense ao Supremo Tribunal Federal. Porto Alegre: Livraria do Advogado, 2013.

[436] BONÍCIO, Marcelo José Magalhães. *Introdução ao processo civil moderno*. São Paulo: Lex, 2010. p. 15.

[437] MAZZEI, Rodrigo. Breve história (ou 'estória') do direito processual civil brasileiro: das ordenações até a derrocada do Código de Processo Civil de 1973. In: DIDIER JR., Fredie (Coord.). *Novo CPC doutrina selecionada*: parte geral. Organização de Lucas Buril de Macêdo; Ravi Peixoto; Alexandre Freire. Salvador: Juspodivm, 2015. v. 1. p. 35-63. p. 35.

[438] TUCCI, José Rogério Cruz e; AZEVEDO, Luiz Carlos. *Lições de história do processo civil romano*. São Paulo: Revista dos Tribunais, 2001. p. 23.

[439] PAULA, Jônatas Luiz Moreira de. *Teoria geral do processo*. 3. ed. Barueri: Manole, 2002. p. 20. Em que pese já estarem, desde aqueles tempos, germes que apontam para alguns aspectos processuais,

entre outras,[440] devendo, pois, o estudo do Direito Processual sofrer um corte epistemológico[441] para que possa ser sistematizado seu estudo, pelo menos a partir das ideias elaboradas no Direito Romano,[442] até pelo fato de que o Brasil vem de uma tradição jurídica do *Civil Law*,[443] que traz, daquela realidade, suas origens, mas que deve ser analisada em toda sua extensão para que equívocos com a defesa da teoria trinária das ações sejam, definitivamente, substituídos pela teoria quinária, que somente poderá ser assim feita se entendidas as funções que eram exercidas pelo *praetor* romano, quais sejam, a de expedir tutelas executivas e mandamentais, conforme apontou Ovídio Araújo Baptista da Silva,[444] sendo, pois, imprescindível o estudo do processo no Direito Romano,[445] para trazer algumas informações vitais ao leitor para a compreensão do fenômeno processual pelo menos em seus três grande períodos:[446] o das ações da lei do *legis actiones*, o formulário, ou *per formulas*, e o da cognição extraordinária, ou *cognitio extra ordinem*, como ensina o mesmo processualista[447] gaúcho, assim como José Rogério Cruz e Tucci e Luiz

---

como refere o autor ao expor que em Hamurabi já se via a figura do juiz e a da previsibilidade de realização de provas, dentre outras mais.

[440] Recomenda-se para a reflexão, em especial a totalidade do capítulo 1.1: GONÇALVES, William Couto. *Filosofia do direito processual*: estudos sobre a jurisdição e o processo fundamentando uma compreensão histórica, ontológica e teleológica. Rio de Janeiro: Lumen Juris, 2005.

[441] Embora não se possa negar a importância do Direito Grego para a formação da constituição do processo. LANES, Julio Cesar Goulart. *Audiências*: conciliação, saneamento, prova e julgamento. Rio de Janeiro: Forense, 2009. p. 8.

[442] CARVALHO, Milton Paulo de. Esforço histórico do direito processual civil brasileiro. In: ——— (Coord.). *Teoria geral do processo civil*. Rio de Janeiro: Elsevier, 2010. p. 41-60. p. 41. Refere o autor: "A HISTORIOGRAFIA atribui o nome de códigos a alguns corpos legislativos de sociedades rudimentares, nos primórdios da civilização, apenas por analogia com os códigos modernos, eis que na verdade constituíam, a um tempo, regras ora de cunho religioso, ora definições de programa social. Assim os Códigos de Hammurabi e de Manu". E finaliza: "A história do processo civil brasileiro tem início, para o quanto interessa aos fins deste compêndio, no direito romano".

[443] GOMES, Camila de Magalhães. História do processo – perspectiva histórico-cultural do direito processual. In: ZAGANELLI, Margareth Vetis (Coord.). *Estudos de história do processo*. Rio de Janeiro: Lumen Juris, 2009. p. 37-65. p. 46-47.

[444] SILVA, Ovídio A. Baptista da. *Jurisdição e execução na tradição romano-canônica*. 3. ed. Rio de Janeiro: Forense, 2007. p. 1.

[445] Para compreender a evolução do conceito de jurisdição, reomenda-se: MACEDO, Elaine Harzheim. *Jurisdição e processo*: crítica histórica e perspectivas para o terceiro milênio. Porto Alegre: Livraria do Advogado, 2005.

[446] LIMA, Fernando Antônio Negreiros. *Teoria geral do processo judicial*. São Paulo: Atlas, 2013. p. 25. Segundo refere, nos dois primeiros períodos restou configurada a fase da ordem dos juízos privados ou *ordo iudiciorum privatorum*.

[447] SILVA, Ovídio A. Baptista da; GOMES, Fábio Luiz. *Teoria geral do processo civil*. 5. ed. São Paulo: Revista dos Tribunais, 2010. p. 14-15. Referem: "Voltando, porém, à nossa exposição, deve-se dizer que a história do processo civil romano pode ser dividida em três grandes períodos, assim demarcados, por suas peculiaridades: o período primitivo, conhecido como o das *legis actiones*, que vai de suas origens até o século II a.C.; o período formulário, que se estende desta época até o século III de nossa era, mas precisamente ao ano 294 d.C., data de uma lei do Imperador Diocleciano, a quem se atribui a reforma do processo civil romano, com a qual se inaugura o terceiro período, conhecido como o da *cognitio extra ordinem*". Está certa a referência? Aquela outra não existia.

Carlos de Azevedo,[448] em que pese para Jônatas Luiz Moreira de Paula[449] não poder-se falar somente neles, pois se podiam encontrar fases distintas dentro de cada um dos períodos.[450] Importante alertar, desde já, que o procedimento[451] encontra no processo romano grande influência.

4.1.1. Primeiro período: "legis actiones"

Juan Iglesias[452] sintetiza o período conhecido como da *legis actiones*, que é aquele no qual imperava a forma, por meio de ritos e solenidades, rigorosamente fixados pelos costumes ou lei,[453] chegando a serem criadas fórmulas[454] que deveriam ser observadas, sob pena de perda do

---

[448] TUCCI, José Rogério Cruz e; AZEVEDO, Luiz Carlos de. *Lições de história do processo civil romano*. São Paulo: Revista dos Tribunais, 2001, p. 39. Escrevem: "Costuma-se, como é curial, delimitar três grandes períodos do processo civil romano: o das legis actiones, o per formulas e o da extraordinária cognitio". E finalizam: "O primeiro, em vigor desde os tempos da fundação de Roma (754 a. C.) até os fins da república; o segundo, constituindo com o anterior, o ordo iudiciorum privatorum, teria sido introduzido pela *Lex Aebutia* (149-126 a. C.) e oficializado definitivamente pela *Lex Julia* privatorum, do ano 17 a. C., aplicado, já de modo esporádico, até a época do imperador Diocleciano (285-305 d. C.); e o derradeiro, da cognitio extra ordinem, instituído com o advento do principado (27 a. C.) e vigente, com profundas modificações, até os últimos dias do império romano do Ocidente".

[449] PAULA, Jônatas Luiz Moreira de. *Teoria geral do processo*. 3. ed. Barueri: Manole, 2002. p. 21.

[450] Embora a obra não tenha o intuito de ser uma história do Direito Processual por períodos, mas sim algo bem mais profundo, faz-se necessário a indicação da leitura de: SILVA, Ovídio A. Baptista da. *Jurisdição e execução na tradição romano-canônica*. 3. ed. Rio de Janeiro: Forense, 2007.

[451] DUCOS, Michèle. *Roma e o direito*. Tradução de: Silvia Sarzana; Mário Pugliese Netto. São Paulo: Madras, 2007. p. 113. Refere: "O procedimento ocupava um lugar importante na vida jurídica de Roma. Esse caráter tinha, por um lado, as realidades sociais do exercício da justiça: todo cidadão, possuidor de condições de idade e fortuna, podia ser inscrito na lista dos juízes".

[452] IGLESIAS, Juan. *Direito romano*. Atualização de Juan Iglesias Redondo. Tradução de: Claudia de Miranda Avena. São Paulo: Revista dos Tribunais, 2011. p. 268-269. Refere: "O procedimento das *legis actiones* ou ações da lei constitui a forma mais antiga de ajuizar. Em consonância com os caracteres que informam o direito primitivo, a *legis actio* representa o império da forma, uma forma estreita e embaraçosa, imbuída de rito e solenidade. As partes, presentes *in iure*, isto é, perante o magistrado, hão de fazer suas petições e declarações de acordo com fórmulas rigorosamente estabelecidas pelo costume ou pela lei. A precisa observância das fórmulas chegava a tal ponto, que o erro mais leve acarretava a perda do pleito. As ações eram imutáveis, devendo cumprir-se com a mesma precisão com a qual se cumpriam as leis que lhes cobravam existência. Assim, por exemplo, as XII Tábuas conferiam uma ação por cepas cortadas, mas não se fala no texto *decemviral* de *vitibus succisis*, mas de *arboribus succisis*, e de maneira alguma se permitia substituir a palavra *arbores* (árvores) por *vites* (vinhas), sob pena de perder o processo. De tal exigência surge a necessidade de que os litigantes, alheios ao segredo das fórmulas, acudissem aos sacerdotes, primeiros juristas da Roma antiga, únicos conhecedores e guardiões das mesmas, para receber assessoramento na hora de iniciar um pleito".

[453] TUCCI, José Rogério Cruz e; AZEVEDO, Luiz Carlos. *Lições de história do processo civil romano*. São Paulo: Revista dos Tribunais, 2001. p. 52. Referem, ao falar sobre o período: "Malgrado as imprecisões atinentes às origens das ações da lei, parece certo que resultaram da paulatina legalização de antigos hábitos, simbolicamente retratados nos diversificados procedimentos das respectivas ações".

[454] BRASILEIRO, Ricardo Adriano Massara. *O objeto do processo civil romano*. Belo Horizonte: Lidre, 2007. p. 102-103. Explica o autor um pouco sobre como eram as fórmulas: "A fórmula eventualmente concedida pelo magistrado fixava em definitivo o objeto do processo e tinha a estrutura básica de um juízo hipotético alternativo, com determinação ao juiz de resolução do caso segundo um raciocínio pré-moldado do seguinte tipo: acaso comprovada (si paret) a concretude fática de deter-

pleito, o que era levado tão a sério que, conforme o histórico exemplo de Gaio, lembrado por José Carlos Moreira Alves,[455] a pessoa poderia perder a demanda caso utilizasse a palavra *uitis* (videira) ao invés de *arbor* (árvore). Cinco eram as ações[456] da lei que reinavam nesse período, sendo elas: (i) *per sacramentum*;[457] (ii) *per iudicis postulationem*[458]; (iii) *per condictionem*[459]; (iv) *per manus iniectionem*;[460] e (v) *per pignoris capionem*.[461] James Goldschmidt[462] exemplifica como era o procedimento adotado no procedimento *per sacramentum*, e Gastão Grossê Saraiva[463] o faz com a *manus iniectionem*.

---

minadas premissas enunciadas no corpo formular, o juiz deveria estabelecer consequências jurídicas desfavoráveis ao réu e beféficas ao autor, consequências estas também enunciadas no texto da fórmula. No caso contrário, acaso não verificadas (si non paret) as premissas deduzidas, competia ao juiz absolver o réu".

[455] ALVES, José Carlos Moreira. *Direito romano*. 14. ed. Rio de Janeiro: Forense, 2007. p. 203-204. Relata: "O processo das ações da lei é todo oral, quer diante do magistrado (in iure), quer do juiz popular (apud iudicem). Caracteriza-se, principalmente, pela rigidez do formalismo a ser observado pelos litigantes a ponto de alguém – o exemplo é de Gaio – perder a demanda pelo fato de haver empregado em juízo a palavra uitis (videira), em vez do termo arbor (árvore), como preceituava a Lei das XII Tábuas com relação à actio de arboribus succitis (ação relativa a árvores cortadas), e isso apesar de, no caso concreto, as árvores abatidas terem sido justamente videiras".

[456] LIMA, Fernando Antônio Negreiros. *Teoria geral do processo judicial*. São Paulo: Atlas, 2013. p. 26. Relembra o autor que, "[...] para o cidadão romano, basicamente, ter ação seria o equivalente hoje a possuir uma pretensão juridicamente reconhecida".

[457] FIUZA, César. Algumas linhas de processo civil romano. In: ——. *Direito processual na história*. Belo Horizonte: Mandamentos, 2002. p. 15-58. p. 28. Expõe o autor que "[...] a ação de sacramento era genérica, servindo sempre que a lei a designasse e para os casos em que não houvesse indicação na lei".

[458] Idem, p. 15-58. p. 29. Sobre o tema, refere: "[...] a *actio per iudicius postulationem* era o meio usado, quando a lei assim indicasse, como era o caso da Lei das XII Tábuas, em relação às demandas fundadas na *stipulatio*".

[459] Idem, p. 15-58. p. 30. Aduz que era uma ação "[...] pessoal e ocorria sempre que se demandasse sobre soma certa de dinheiro ou sobre coisa certa".

[460] Idem, p. 15-58. p. 30. Segundo o autor, se tratava de "[...] ação por apreensão corporal, empregada nos casos indicados em lei".

[461] Idem, p. 15-58. p. 31. Lembra que a ação "[...] pode bem se traduzir por ação de penhora. Era também um meio de execução. Introduziu-se pelos costumes militares. Estes podiam penhorar coisas de quem lhes devia soldo e não pagasse".

[462] GOLDSHIMIDT, James. *Direito processual civil*. Tradução de: Lisa Pary Scarpa. Campinas: Bookseller, 2003. t. I. p. 24-25. Refere: "Assim, por exemplo, as partes comparecem diante do pretor com um escravo, ao qual o demandante impõe a mão e o reivindica com as seguintes palavras: *Hunc ego hominem ex iure Quiritium meum esse aio secundum suam causam. Sicut dixi, ecce tibi vindictam imposui.* Ao mesmo tempo, o demandante golpeia o escravo com a festuca. Depois disso, o demandando diz e faz o mesmo (*contravindicatio*). Então tem lugar o mandato de paz do pretor: *Mittite ambo hominem.* A isso contesta o demandante: *Postulo Anne dicas qua ex causa vindicaveris*; e o demandado: *Jus feci sicut vindictam* imposui, e o demandante: *Quando tu iniuria vindicavisti, quingentorum aeris sacramento te provoco*, e o demandado: *Similiter et ego te*. Então, o pretor outorga a possessão interina da coisa litigiosa. O possuidor deve pretsar caução (*praedes*) que assegure há de devolver a coisa em caso de ser vencido. Igualmente o pretor exige fiança a ambas as partes para o pagamento da quantia apostada que não teria sido depositada. Logo, ocorre a nomeação do juiz, originariamente ao momento, mais tarde, depois de um prazo de trinta dias, a cuja observância se obrigam e asseguram as partes por *vadimonium*".

[463] SARAIVA, Gastão Grossê. História do processo, até o atual Código de Processo Civil. In: WAMBIER, Luiz Rodrigues; WAMBIER, Teresa Arruda Alvim (Org.). *Doutrinas essenciais*: processo civil.

Segundo aponta Jônatas Luiz Moreira de Paula,[464] algumas características do período das *legis actiones* merecem ser salientadas, entre elas: (i) ausência de órgãos auxiliares à atividade judicial; (ii) impossibilidade de defesa pelo réu, podendo ele confessar ou negar o direito do autor; (iii) o réu deveria prestar uma promessa de garantia do pagamento de determinada quantia ao autor; (iv) a regra era de postulação pessoal, salvo na etapa do indício; (v) ausência de prova documental; e (vi) a sentença era soberana, não podendo ser impugnada.

Por certo que as características acima apontadas são meramente exemplificativas e não exaustivas. Havia dois grandes momentos no procedimento, sendo o primeiro quando as partes compareciam perante o pretor e narravam o conflito e, de comum acordo, indicavam o *iudex* – o árbitro – ou deixavam a escolha ao pretor e, segundo o próprio julgamento, que se dividia em duas partes, as quais se chamavam *in iure* e *apud iudicem*.[465] Já se podiam notar as tendências do processo romano daquela fase, que acabam por, mais adiante, culminar em sua modificação, para que se chegasse ao segundo momento do processo romano, com o período formulário ou *per formulas*.

4.1.2. Segundo período: procedimento formulário, ou "per formulas"

O período formulário, ou *per formulas*, é aquele que inicia em 149 a.C., com a edição da *Lex Aebutia*, e se encerra no período do Imperador Diocleciano, em 305 d.C., sendo uma fase caracterizada por atenuar os rigorismos[466] do período das *legis actiones*, e distribuída em três momentos históricos, sendo o primeiro desde a *Lex Aebutia* até sua oficialização pela *Lex Julia*; a segunda, com o surgimento da *Lex Julia* até a época dos severos; e a terceira desde o século III d.C. até 342 d.C., tudo isso segundo nos informa Jônatas Luiz Moreira de Paula.[467] Já a caneta de Rosemiro Pereira Leal[468] aponta para dois grandes momentos do período formulário – o do direito romano arcaico e o do direito romano clássico –, confundindo-se os períodos, conforme defende, com a substituição da

---

São Paulo: Revista dos Tribunais, 2011. v. 1. p. 471-479. p. 476. Aduz: "A 'manus injectio', uma das formas de ação das 'legis actiones', execução sobre o vencido, que podia ser vendido além do rio Tibre, ou ser conservado como escravo, era um procedimento da coletividade contra o indivíduo, ao qual este sempre se opôs".

[464] PAULA, Jônatas Luiz Moreira de. *Teoria geral do processo*. 3. ed. Barueri: Manole, 2002. p. 24.
[465] LIMA, Fernando Antônio Negreiros. *Teoria geral do processo judicial*. São Paulo: Atlas, 2013. p. 27.
[466] ALVES, José Carlos Moreira. *Direito romano*. 14. ed. Rio de Janeiro: Forense, 2007. p. 217.
[467] PAULA, Jônatas Luiz Moreira de. *Teoria geral do processo*. 3. ed. Barueri: Manole, 2002. p. 25.
[468] LEAL, Rosemiro Pereira. *Teoria geral do processo*: primeiros estudos. 9. ed. Rio de Janeiro: Forense, 2010. p. 25.

arbitragem integralmente privada para a de caráter público e cogente, com impositividade governamental.

Segundo o próprio nome remonta, nesse período deu-se um processo por meio de fórmulas estabelecidas,[469] quase como um prévio procedimento ou rito já estabelecido em lei na atualidade.[470] Naquele período, a fórmula se dava com os seguintes passos:[471] (i) *nominato iudex*; (ii) *intentatio*; (iii) *demonstratio*; (iv) *a adjudicatio*; e (v) *condemnatio*. Contudo, com o progresso e a expansão romana, as fórmulas já não conseguiam explicar ou serem acopladas a determinados direitos que eram agora vistos pela primeira, vez como explica Camilla de Magalhães Gomes,[472] necessitando, pois, um novo modo de se pensar sobre o assunto.

4.1.3. Terceiro período: a "cognitio extra ordinem"

A unificação das fontes do Direito precisava ser realizada. Para tanto, ingressa-se no período da *cognitio extra ordinem*, o qual se caracteriza por essa unificação e centralização da atividade do príncipe, abandonando-se a atividade legislativa dos comícios e do senado, desenrolando-se o procedimento perante um magistrado-funcionário, cuja decisão acaba por ser um comendo vinculante, como retrata Camilla de Magalhães Gomes.[473] O período da *cognitio extra ordinem* perdurou até os últimos

---

[469] VILLEY, Michel. *Direito romano*. Tradução de: Fernando Couto. Porto: Rés, s.d. É de ser referida que as fórmulas, um dia orais, foram substituídas pelas fórmulas escritas, conforme anota o autor: "Outrora, as pretensões dos litigantes deviam obrigatoriamente exprimir-se numa das fórmulas orais reconhecidas pelo uso judiciário. E a lista de fórmulas tinha uma grande iomportância, correspondendo a cada fórmula, em suma, um direito reconhecido pelo Estado. Sabemos que é sob esta forma rudimentar que nasceu o direito romano". E finaliza: "Ulteriormente, por uma certa modernização, as fórmulas orais vão sendo substituídas por fórmulas escritas. Supôs-se que a mudança teria sido provocada desta maneira: 'os peregrinos', isto é, os estranhos à cidade romana, não podiam utilizar as velhas fórmulas orais. A antiga cidade não estava preocupada em lhes reconhecere direitos. mas em seguida às grandes conquistas, as circunstâncias mudaram".

[470] Do qual o réu podia se opor à concessão da fórmula. Ver: LACERDA, Galeno. *Despacho saneador*. 3. ed. Porto Alegre: Fabris, 1985. p. 23.

[471] CARVALHO, Milton Paulo de. Esforço histórico do direito processual civil brasileiro. In: ——— (Coord.). *Teoria geral do processo civil*. Rio de Janeiro: Elsevier, 2010. p. 41-60. p. 43. Para o autor a fórmula vinha em quatro e não em cinco partes, explicando cada uma delas, assim referindo: "A fórmula continha quatro partes essenciais: a *demonstratio*, colocada no princípio, expunha a *causa* da ação; a *intentio* é a parte da fórmula contendo a *pretensão* do autor; a *adiudicatio* é a parte que permite ao juiz adjudicar a coisa a um dos litigantes; e a *condemnatio* é a em que se dá ao juiz o poder para condenar ou absolver".

[472] GOMES, Camila de Magalhães. História do processo – perspectiva histórico-cultural do direito processual. In: ZAGANELLI, Margareth Vetis (Coord.). *Estudos de história do processo*. Rio de Janeiro: Lumen Juris, 2009. p. 37-65. p. 49.

[473] GOMES, Camila de Magalhães. História do processo – perspectiva histórico-cultural do direito processual. In: ZAGANELLI, Margareth Vetis (Coord.). *Estudos de história do processo*. Rio de Janeiro: Lumen Juris, 2009. p. 37-65. p. 50-51. Refere: "Passa-se ao período da *cognitio extraordinem*, já na época imperial, em que se observou a preocupação de unificação das fontes de direito e a substituição da atividade legislativa dos comícios e do senado pela atividade do príncipe. Nele (nesse

dias de Roma e acabou de servir como base para as instituições processuais medievais, como lembram José Carlos Cruz e Tucci e Luiz Carlos de Azevedo,[474] embora com importância minimizada,[475] tendo em vista que, com as invasões bárbaras, ocorreu uma mesclagem dos direitos germânico,[476] romano e canônico[477]. É de ser referido, conforme pontua José Carlos Moreira Alves,[478] que o período formulário (que era o procedimento comum ou ordinário) conviveu, então, com algo que era fora do comum ou *extra ordinem* (extraordinário), sendo que, ao longo do tempo, este foi se sobrepujando sobre aquele, até seu desaparecimento.

Podem-se exemplificar como alguns pontos fortes do período da *cognitio extra ordinem* para o processo: (i) o fortalecimento do magistrado, que passa a ter o poder-dever de examinar as provas e proferir sentença; (ii) o poder de atribuir funções a um juiz delegado; (iii) o abandono dos resquícios do formalismo; (iv) a oralidade se sobrepunha à escrita; (v) a possibilidade de a parte insatisfeita impugnar a decisão, o que era veda-

---

período) as instâncias são unificadas e o procedimento se desenrola todo perante uma única autoridade estatal, um magistrado-funcionário. Sua decisão, no novo sistema processual, é um comando vinculante de um órgão estatal e não mais mero parecer, sua atividade consubstancia-se na atuação da autoridade do Estado: *ex auctoritate principis*".

[474] TUCCI, José Rogério Cruz e; AZEVEDO, Luiz Carlos. *Lições de história do processo civil romano*. São Paulo: Revista dos Tribunais, 2001, p. 138. Aduzem: "Acerca da gênese desse processo de cognição extraordinária, que perduraria até os últimos dias de Roma e que serviria de modelo para as instituições processuais medievais e, de certo modo, de época moderna, não há concordância entre os romanistas, constituindo um problema particularmente debatido, mercê da multiplicidade de indícios a ele pertinentes".

[475] GOMES, Camila de Magalhães. História do processo – perspectiva histórico-cultural do direito processual. In: ZAGANELLI, Margareth Vetis (Coord.). *Estudos de história do processo*. Rio de Janeiro: Lumen Juris, 2009. p. 37-65. p. 50.

[476] SANTOS, Moacyr Amaral. *Primeiras linhas de direito processual civil*. 25. ed. Atualizado por Maria Beatriz Amaral Santos Köhnen. São Paulo: Saraiva, 2007. v. 1. p. 45. Sobre o assunto tratou assim o autor: "O processo germânico era manifestamente rudimentar. Titular da jurisdição era o povo, ou, melhor dizendo, as assembléias populares dos homens livres (Ding), reunidas sob a presidência do conde feudal, ou, ainda, para causas de menor importância, Ding menores, presididas por um delegado daquele. O procedimento, inteiramente oral, se instaurava perante a assembléia, comprometendo-se as partes a respeitar a decisão que esta proferisse. O juiz, ou juízes, tinha por função dirigir os debates e as provas, orientar a assembléia quanto à matéria de direito e sugerir a decisão à mesma assembléia".

[477] Sobre o tema, recomenda-se: TUCCI, José Rogério Cruz; AZEVEDO, Luiz Carlos de. *Lições de processo civil canônico* (história e direito vigente). São Paulo: Revista dos Tribunais, 2001.

[478] ALVES, José Carlos Moreira. *Direito romano*. 14. ed. Rio de Janeiro: Forense, 2007. p. 254. Alude o autor: "Assim, a partir do início da era cristã, havia no Império Romano, duas espécies de processo: o formulário e o extraordinário. A princípio, aquele teve predominância sobre este: o primeiro era comum (ordinário); o segundo, o não-comum (extraordinário). Paulatinbamente, no entanto, mas sem que a denominação extraordinário deixasse de ser usada, o processo extra ordinem foi sobrepujando o formulário, não só pelos motivos já indicados, como também pela preferência que a ele, em geral, davam os litigantes, por causa de sua celeridade (não havia as duas instâncias – a *in iure* e a *apud iudicem*; o processo se desenrolava todo diante do magistrado) e pela possibilidade de recurso contra a sentença (ao contrário do que ocorria no processo formulário, no *extra ordinem*, estando os magistrador colocados em escala hierárquica, da decisão do inferior cabia recurso ao superior). No século III d.C., essa evolução está concluída, com a substituição do processo formulário – que deixa de existir – pelo extraordinário".

do quando era pronunciada pelo *iudex privatus*; (vi) com isso inicia-se a dar contornos de uma verdadeira estrutura hierárquica na organização judiciária do império, sendo que outros exemplos ainda são lembrados por José Rogério Cruz e Tucci e Luiz Carlos de Azevedo.[479]

4.2. Notas sobre o Direito Processual medieval

Segundo expõe Daniel Mitidiero,[480] do modo como os juristas tratavam o Direito medieval é que se pode ter noção de como funcionava um modelo isonômico de processo, uma vez que a estrutura do processo civil deveria estar atada a maneira como se pensava propriamente o Direito, o que propicia na compreensão da significativa importância que o estudo do processo medieval deve ter na formação acadêmica do graduando em Direito. Note-se que a escrita de Nicola Picardi[481] aponta para afirmar o estudo histórico do processo medieval revelou o continuísmo do processo comum e o processo de *Common Law*.

Significativo estudo sobre o direito processual da idade média fez Clóvis Juares Kemmerich,[482] sendo importante frisar a extensão do tema que, para o autor, importa em revelar como matéria importante para uma melhor sistematização do tema, os antecedentes históricos do direito

---

[479] TUCCI, José Rogério Cruz e; AZEVEDO, Luiz Carlos de. *Lições de história do processo civil romano*. São Paulo: Revista dos Tribunais, 2001. Recomenda-se a leitura das páginas 139 a 143.

[480] MITIDIERO, Daniel. *Colaboração no processo civil*: pressupostos sociais, lógicos e éticos. 3. ed. São Paulo: Revista dos Tribunais, 2015. p. 74-75. Importante passagem merece referência: "E aqui temos um ponto importante. Ao contrário do que sucedeu no direito moderno, cujos padrões de racionalidade convocados para auxiliarem os juristas mais se afeiçoavam à lógica teórica, a racionalidade do medievo identificava-se com uma racionalidade prática, buscando conceber o direito como um problema concreto que o jurista tem de resolver visando ao consenso, ao fim e ao cabo, critério de verdade e justiça no ambiente medieval. Nessa perspectiva, assume fundamental relevância o diálogo entre as pessoas que participavam do processo, justamente aqueles que se dedicavam à resolução do problema em que se consubstanciava o próprio ius. A solução do caso concreto não se oferecia como a obra de uma razão individual, sendo antes o resultado do diálogo judiciário. Não é atoa, pois, que o juízo era entendido como um ato de três pessoas, como referiam incessantemente os glosadores (*iudicium est actus ad minus trium personarum*: *actoris, rei, iudicis*)", e complementa mais adiante: "É evidente, pois, que a estrutura do processo civil deveria reagir à maneira como os juristas medievais pensavam motodologicamente o próprio direito. A uma concepção jurídica dessa ordem a processualística medieval respondeu com o *ordo iudiciarius*, cujo mote era justamente a construção de um modelo isonômico de participação na descoberta do direito".

[481] PICARDI, Nicola. *Jurisdição e processo*. Organizador e revisor da tradução Carlos Alberto Alvaro de Oliveira. Rio de Janeiro: Forense, 2008. p. 34. Aduz: "Na cultura jurídica do período pós-bélico, a contraposição entre processo romano e processo germânico resultou, porém, abalada. De um lado, existiram perspicazes solicitações de parte do modelo processual anglo-americano; de outro, algumas escavações históricas do processo medieval revelaram surpreendente continuidade entre processo comum e processo de Common Law, que deixa prefigurar a reconstrução de um processo comum europeu".

[482] KEMMERICH, Clóvis Juarez. *O direito processual da Idade Média*. Porto Alegre: Sergio Antonio Fabris, 2006. As matérias estão devidamente enumeradas no sumário à obra.

germânico, como era seu poder jurisdicional, as suas regras procedimentais e suas funções, as fontes do renascimento jurídico e do direito romano, a fundamentação do *ordo iudiciarius* e suas regras, o processo e poder e, finalmente, as limitações processuais ao poder do príncipe. Como podemos deixar o aluno *a latere* de temas como os Ordálios[483] no processo medieval, tema relacionado a quando o demandando se submetia ao "julgamento de Deus", sendo que, é por meio de seu estudo que deve haver um início de assimilação de eventual desenvolvimento histórico para se chegar ao que hoje conhecemos como sistema probatório?

4.3. O processo no Brasil: esforço histórico

O Brasil foi descoberto para o restante do mundo pelos portugueses, em 1500, na frota comandada por Pedro Álvares Cabral, no dia 22 de abril, segundo seu diário de bordo.[484] Como se verá a seguir, essa descoberta portuguesa[485] teve uma repercussão incrível na história do país, sendo que a história do direito não ficou à parte do viés português na sua construção ao longo dos anos e, em especial, o Direito Processual, o que torna eterno o pensamento de Pontes de Miranda,[486] ao ter afirmado que não se pode estudar o Direito no Brasil desde as sementes, pois nasceu já em galho de planta trazido pelo colonizador português.

---

[483] KEMMERICH, Clóvis Juarez. *O direito processual da Idade Média*. Porto Alegre: Sergio Antonio Fabris, 2006. Refere ao falar em capítulo próprio sobre os Ordálios: "Quando nem a prova por juramento nem a por testemunhas fossem possíveis, ou quando o demandando deixasse, injustificadamnente, de comparecer ao tribunal, ele deveria aceitar a condenação e pagar a multa ou submeter-se diretamente a um 'julgamento de Deus', ou seja, a um ordálio. Ao contrário do que às vezes se afirma, não eram os ordálios o meio de prova mais comum do processo germânico, mas sim o juramento da parte, com ou sem compurgadores", e acaba exemplificando alguns deles quando fala: "No direito germânico em geral, prevaleciam os ordálios unilaterais, como águna fervente ou ferro incandescente. A exceção era o direito lombardo, onde eram mais comuns os ordálios bilaterais, como por exemplo o duelo".

[484] BUENO, Eduardo. *Brasil*: uma história: cinco séculos de um país em construção. Rio de Janeiro: Leya, 2012. p. 31. Segundo refere o historiador, assim constava no diário de bordo: "Itinerário de ida: Lisboa – Ilhas Canárias (14.3.1500) – Cabo Verde (22.3) – Porto Seguro (22.4) – Cabo das Tormentas (24.5) – Sofala, em Moçambique (16.6) – Melinde, no Quênia (6.7) – Goa, na Índia (22.8) – Calicute, na Índia (13.9)".

[485] Até mesmo a independência do Brasil não foi suficiente para romper com a cultura jurídica portuguesa, conforme: RODRIGUES, Horácio Wanderley; LAMY, Eduardo de Avelar. *Teoria geral do processo*. 3. ed. Rio de Janeiro: Elsevier, 2012. p. 31. Referem: "A título de introdução ao tema é necessário destacar que a independência do Brasil, proclamada em 1822, não significou, de pronto, seu rompimento com a cultura e com o Direito português. Pelo contrário, a legislação lusitana foi adotada pelo País em tudo que ferisse sua soberania. Isso significou a adoção das Ordenações Filipinas e de outras leis extravagantes portuguesas".

[486] MIRANDA, Pontes de. *Fontes e evolução do direito civil brasileiro*. 2. ed. São Paulo: Forense, 1981. p. 27.

4.3.1. As ordenações: Afonsinas, Manuelinas e Filipinas

Três grandes ordenações foram pelo Brasil aceitas para ditar as regras que existiram pós-descobrimento, ainda como um Brasil colônia,[487] todas advindas da legislação portuguesa, sendo elas: (i) as ordenações Afonsinas; (ii) as ordenações Manuelinas; e (iii) as ordenações Filipinas, cada qual em sua época e com seus nortes legais, mantendo-se, entre elas, uma estruturação parecida em livros, assim como normas de aplicação subsidiária, caso não encontradas nas ordenações as respostas, como explica Camilla de Magalhães Gomes.[488] A origem das ordenações está no fato das múltiplas fontes do direito português, conforme aponta Jônatas Luiz Moreira de Paula,[489] tendo como bases, além do direito romano, do germânico e do canônico, o próprio resquício do sistema feudal existente na Europa, sendo, pois, a necessidade de um ordenamento jurídico consistente a primeira das razões que determinaram o surgimento das ordenações.

Na primeira delas, as ordenações Afonsinas, embora datadas de 1446, ou seja, tratar-se de uma legislação anterior ao próprio descobrimento do Brasil, o que traz a dúvida de que seria ela apropriada a uma realidade ainda não desvelada, foi a que inicialmente deu conta dos primeiros anos de colonização portuguesa em solo brasileiro, tendo vigência por quase 70 anos desde sua criação, conforme refere Marcelo José Magalhães Bonicio,[490] sendo, pois, aquela que de caráter inegável teve

---

[487] AMIGO, Bianca Neves. A evolução histórica da jurisdição. In: ZAGANELLI, Margareth Vetis (Coord.). *Estudos de história do processo*. Rio de Janeiro: Lumen Juris, 2009. p. 23-35. p. 26. Refere: "Durante o tempo em que o Brasil era colônia de Portugal, o direito processual civil em vigor era o disposto nas leis portuguesas. Mesmo após a Proclamação da República, o direito português ainda disciplinava o Brasil enquanto não se elaborava uma codificação para o direito brasileiro".

[488] GOMES, Camila de Magalhães. História do processo – perspectiva histórico-cultural do direito processual. In: ZAGANELLI, Margareth Vetis (Coord.). *Estudos de história do processo*. Rio de Janeiro: Lumen Juris, 2009. p. 37-65. p. 55. Aponta: "Aos poucos o rei monopolizou a criação do direito e, depois de várias leis esparsas publicadas, foram em seqüência publicadas as Ordenações Afonsinas, Manuelinas e Filipinas. As ordenações Afonsinas, o primeiro código completo da Europa, são compilações atualizadas e sistematizadas das diversas fontes de direito até então aplicadas em Portugal. Dividiva em cinco Livros, divisão que permanecia nas demais ordenações, tratava do direito processual em seu Livro III. As demais ordenações seguem tanto esse plano sistemático quanto o seu conteúdo". E continuando: "Previa, assim como as demais fizeram, a aplicação do direito subsidiário, na ausência de regulação da matéria pelo direito reinol: o romano em questões temporais se sua incidência não fizesse incorrer em pecado e o canônico em questões espirituais, ou em questões temporais quando a observância do direito romano trouxesse pecado. Aliás, essa é uma construção própria do direito comum e dos seus comentadores, em especial Bártolo". E conclui: "E, mais uma vez, se nenhuma dessas mencionasse a matéria, seria procurada a opinião dos doutores: a glosa de Acúrsio e a opinião de Bártolo, nessa ordem. Na falta de todos, o rei resolveria a questão. Esta estrutura das fontes repetiu-se nas demais Ordenações, sem que diferenças consideráveis fossem observadas".

[489] PAULA, Jônatas Luiz Moreira de. *História do direito processual brasileiro*: das origens à escola crítica do processo. Barueri: Manole, 2002. p. 139.

[490] BONÍCIO, Marcelo José Magalhães. *Introdução ao processo civil moderno*. São Paulo: Lex, 2010, p. 17.

repercussões jurídicas em solo brasileiro, como afirma Jônatas Moreira de Paula.[491]

Depois de 21 anos de descoberta do Brasil, embora já houvesse uma versão provisória desde 1514,[492] em Portugal floresce uma nova Ordenação, conhecida como Manuelinas, sucessora das Afonsinas, que dedicou seu Livro 3º ao processo civil, distribuindo em 90 títulos, e que sofreu forte influência do Direito canônico, conforme refere Gilberto Caldas.[493] A matéria disciplinada na parte processual, no entanto, pelo estilo rebuscado que repetia imperfeições, trouxe maiores dilações à marcha processual, sendo que a simplicidade e a brevidade não se consolidaram na nova ordenação, muito em razão do excesso de formalismo, que foi utilizado como base legal para o recém-descoberto país, conforme referem José Rogério Cruz e Tucci e Luiz Carlos de Azevedo.[494]

Em 1600,[495] lembra Gilberto Caldas,[496] quando Felipe II ocupava o trono de Portugal, ocorreu outra reforma na legislação, batizada como Ordenações Filipinas que, também, em seu livro 3º, agora com 98 títulos, tratava do tema do Direito Processual Civil, sendo que, conforme disposto no texto das Ordenações, já se instaurava uma tendência que perdura até os dias de hoje, quando se dividiu o processo por fases, embora tenha sido criticada em razão da falta de originalidade, como explicam José Rogério Cruz e Tucci e Luiz Carlos de Azevedo.[497]

4.3.2. O Regulamento n. 737, de 1850

No mesmo ano em que o Código Comercial foi promulgado no Brasil, durante o Governo Imperial, por meio da Lei n. 556, de 25 de

---

[491] PAULA, Jônatas Luiz Moreira de. *História do direito processual brasileiro*: das origens à escola crítica do processo. Barueri: Manole, 2002. p. 196.

[492] TUCCI, José Rogério Cruz e; AZEVEDO, Luiz Carlos de. *Lições de história do processo civil lusitano*. São Paulo: Revista dos Tribunais, 2009. p. 89.

[493] CALDAS, Gilberto. *Novo tratado das ações*: ações declaratória, constitutivas, condenatórias, executiuvas e cautelares: face à sistemática do processo civil brasileiro. São Paulo: Ediprax, 1990. p. 22. Refere: "Em seguida veio a segunda legislação, denominada Ordenações Manuelinas, no ano de 1521. Também, sofre forte matizes do Direito Canônico, dedecou o seu terceiro livro ao processo civil".

[494] TUCCI, José Rogério Cruz e; AZEVEDO, Luiz Carlos de. *Lições de história do processo civil lusitano*. São Paulo: Revista dos Tribunais, 2009. p. 94.

[495] TUCCI, José Rogério Cruz e; AZEVEDO, Luiz Carlos de. *Lições de história do processo civil lusitano*. São Paulo: Revista dos Tribunais, 2009. p. 94. Os autores apontam que as Ordenações Filipinas estavam prontas em 1595, mas só entraram em vigor em 1603.

[496] CALDAS, Gilberto. *Novo tratado das ações*: ações declaratória, constitutivas, condenatórias, executiuvas e cautelares: face à sistemática do processo civil brasileiro. São Paulo: Ediprax, 1990. p. 22.

[497] TUCCI, José Rogério Cruz e; AZEVEDO, Luiz Carlos de. *Lições de história do processo civil lusitano*. São Paulo: Revista dos Tribunais, 2009. São Paulo: Revista dos Tribunais, 2009. p. 116.

junho de 1850,[498] hoje parcialmente revogado pela teoria da empresa, que assenta suas bases com a unificação das obrigações do Direito Privado prevista no Código Civil em vigor, também entra em regência o Regulamento n. 737, que regulamentou o processo das causas comerciais,[499] sendo, conforme expõe Antônio Pereira Gaio Júnior,[500] a primeira manifestação de autonomia legislativa no campo do Processo Civil brasileiro, o que é confirmado por Gilberto Caldas,[501] quando afirma ser Lopes da Costa aquele que encontrou, por primeiro, no Regulamento n. 737, fontes para muitas instituições de processo válidas até hoje, sendo que referido documento regeu o Direito Processual, enquanto legislação federal, em questão até 1939, quando entra no ordenamento jurídico nacional do Código de Processo Civil. Posteriormente, em 1890, conforme lembra Rodrigo Mazzei,[502] o âmbito do Regulamento n. 737 foi alargado com o Regulamento n. 763 em relação às causas cíveis em geral.

4.3.3. A consolidação do Conselheiro Ribas

Antônio Joaquim Ribas, advogado, jurista e professor catedrático da Universidade do Largo de São Francisco, foi nomeado, ainda sob a égide do Governo Imperial,[503] embora fosse um civilista nato, para compilar todas a legislação processual existente no Brasil até então em vigor, no ano de 1871, tendo, por meio de Resolução datada de 28 de dezembro

---

[498] Código Comercial Brasileiro. Lei n. 556, de 25 de junho de 1850. Disponível em: <http://www.planalto.gov.br/ccivil_03/leis/l0556-1850.htm>. Acesso em: 15 abr. 2013.
[499] ARAÚJO, Justino Magno. *A renovação do processo civil e outros estudos processuais*. São Paulo: Método, 2004. p. 76. Aponta o autor como se dividia o Regulamento 737: "O Regulamento 737 compreendia três partes, a saber: a primeira destinada ao Processo Comercial; a segunda, no tocante à execução, e a terceira, versando sobre os recursos e nulidades".
[500] GAIO JÚNIOR, Antônio Pereira. *Direito processual civil*: teoria geral do processo, processo de conhecimento e recursos. 2. ed. Belo Horizonte: Del Rey, 2008. v. I. p. 9.
[501] CALDAS, Gilberto. *Novo tratado das ações*: ações declaratória, constitutivas, condenatórias, executiuvas e cautelares: face à sistemática do processo civil brasileiro. São Paulo: Ediprax, 1990. p. 23. Expõe: "Este regulamento mereceu os maiores encômios do processualista mineiro, Lopes da Costa, que encontrou nele a fonte de muitas instituições de processo válidas até os dias de hoje".
[502] MAZZEI, Rodrigo. Breve história (ou 'estória') do direito processual civil brasileiro: das ordenações até a derrocada do Código de Processo Civil de 1973. In: DIDIER JR., Fredie (Coord.). *Novo CPC doutrina selecionada*: parte geral. Organização de Lucas Buril de Macêdo; Ravi Peixoto; Alexandre Freire. Salvador: Juspodivm, 2015. v. 1. p. 35-63. p. 40. Aponta: "O Regulamento Comercial 737 de 1850 (tratado de um modo geral apenas como Regulamento 737) foi editado no mesmo ano do Código Comercial, no intuito de dar aplicabilidade à lei material. Nada obstante, diante da ausência de um Código Processual Civil, acabaram, adiante e por um determinado período, aplicado às relações cíveis gerais, por força do Decreto 763 de 1890, sendo por tal passo, chamado como o primeiro corpo de leis completo na parte processual civil".
[503] CALDAS, Gilberto. *Novo tratado das ações*: ações declaratória, constitutivas, condenatórias, executiuvas e cautelares: face à sistemática do processo civil brasileiro. São Paulo: Ediprax, 1990. p. 23. Como expõe o autor, ainda não estávamos libertos das ordenações.

de 1876, esta compilação[504] força de lei, que ficou reconhecida como a Consolidação das Leis do Processo Civil do Conselheiro Ribas,[505] sendo que, nas palavras de Antonio Carlos de Araújo Cintra, Ada Pellegrini Grinover e Cândido Rangel Dinamarco,[506] o Conselheiro não se limitou a meramente compilar as leis existentes, mas, foi além, quando as interpretava sob sua ótica, reescrevendo parcela das leis processuais existentes até então, sendo que a aplicação da Consolidação durou pouco, uma vez que o Regulamento n. 763, de 16 de setembro de 1890, alargou o campo de aplicação do Regulamento n. 737 para as causas cíveis.[507] Ainda há de se fazer refrência ao Decreto n. 3.084, de 5 de novembro de 1898, também conhecido como a Consolidação de José Higino Duarte Pereira, que, como lembra Rodrigo Mazzei,[508] foi específica para que a justiça federal tivesse regulação processual própria, diversa do Regulamento n. 737.

4.3.4. Os Códigos de Processo Civil estaduais

Conforme já visto, o Regulamento n. 737 teve seu âmbito de incidência aumentado pelo Regulamento n. 763 também para as causas cíveis, após a Proclamação da República, sendo que aqueles processos que não estavam disciplinados no Regulamento ainda deveriam ser regidos pela Ordenação em vigor. Em 1891, com a Constituição Republicana, foi instaurado um tipo de dualidade da justiça entre a União e os Estados, pois havia o Direito Processual daquela concorrendo do o Direito Processual destes, que poderiam elaborar seus Códigos Estaduais de Processo Civil, sendo que, para algumas vozes, o primeiro Código Processual foi o da Bahia, em 1915, seguido do Código mineiro, confor-

---

[504] ARAÚJO, Justino Magno. *A renovação do processo civil e outros estudos processuais*. São Paulo: Método, 2004. p. 82. Relembra o autor algumas das leis que precisam ser compiladas: "Inúmeras foram as leis sobre Processo Civil promulgadas no tempo da Monarquia. Além da 'Disposição Provisória', de 29.11.1832, e a Lei de 03.12.1841, vieram em seguida o Regulamento 737, de 1850, e várias outras leis esparsas, como por exemplo: Lei 1.337, de 26.09.1864, e respectivo regulamento de 26.04.1865 (processo hipotecário); Lei 2.033, de 1871 (reforma judiciária); Decreto 4.824, de 1871 (idem); Decreto 5.467, de 1873 (regulando agravos e apelações); Decreto 5.618, de 1874 (novo regulamento das Relações); Decreto 5.737, de 1874 (custas judiciais); Decreto 6.064, de 1875 (julgamento de agravos e cartas testemunháveis); Lei 3.272, de 1885 (Lei de Execuções); Decreto 9.549, de 1886 (iem)".

[505] HIRATA, Alessandro. *Conselheiro Ribas*: o sistematizador do Direito Civil brasileiro. Disponível em:<http://www.cartaforense.com.br/conteudo/colunas/conselheiro-ribas-o-sistematizador-do-direito-civil-brasileiro/7568>. Acesso em: 10 jul. 2013.

[506] CINTRA, Antonio Carlos de Araújo; GRINOVER, Ada Pellegrini; DINAMARCO, Cândido Rangel. *Teoria geral do processo*. 27. ed. São Paulo: Malheiros, 2011. p. 113.

[507] MAZZEI, Rodrigo. Breve história (ou 'estória') do direito processual civil brasileiro: das ordenações até a derrocada do Código de Processo Civil de 1973. In: DIDIER JR., Fredie (Coord.). *Novo CPC doutrina selecionada*: parte geral. Organização de Lucas Buril de Macêdo; Ravi Peixoto; Alexandre Freire. Salvador: Juspodivm, 2015. v. 1. p. 42.

[508] Ibidem.

me expõe Moacyr Amaral dos Santos,[509] fazendo referência que São Paulo foi um dos últimos a apresentar sua codificação própria, sendo que muitas das legislações apenas remodelaram o Regulamento n. 737, salvo os Códigos baiano, paulista e do Distrito Federal, nos quais se notavam traços de inovação. Já para Alcides de Mendonça Lima,[510] o primeiro Código estadual foi o do Rio Grande do Sul, em 1908, sendo que o Pará já havia elaborado um diploma em 1905, embora não tivesse as características de um verdadeiro Código. Ainda, para o autor, após o Rio Grande do Sul, ainda os Estados do Maranhão e Espírito Santo realizaram os seus e, somente após, a Bahia fez o seu próprio. Importante lembrar que, mesmo com a possibilidade de edição de Códigos estaduais, Goiás, Alagoas, Mato Grosso e Amazonas não os fizeram, sendo, por isso, regido o processo em seus Estados pelo Regulamento n. 737.[511]

4.3.5. O Código de Processo Penal

Sem esquecer-se de fazer referência à existência de um processo penal no período das Ordenações, que continham regras extremamente desumanas,[512] em 1832, foi editado o Código de Processo Criminal do Império que, tendo em vista o sistema misto (inglês – acusatório e francês – inquisitório) fez com que a legislação tivesse um tratamento mais liberal com, inclusive, previsões relativas ao Processo Civil em seu bojo,

---

[509] SANTOS, Moacyr Amaral. *Primeiras linhas de direito processual civil*. 25. ed. Atualizado por Maria Beatriz Amaral Santos Köhnen. São Paulo: Saraiva, 2007. v. 1. p. 54.

[510] Disponível em: <http://livepublish.iob.com.br/ntzajuris/lpext.dll/Infobase/72715/7273a/72b6c?f=templates&fn=document-frame.htm&2.0>. Acesso em: 24 jan. 2016.

[511] MAZZEI, Rodrigo. Breve história (ou 'estória') do direito processual civil brasileiro: das ordenações até a derrocada do Código de Processo Civil de 1973. In: DIDIER JR., Fredie (Coord.). *Novo CPC doutrina selecionada*: parte geral. Organização de Lucas Buril de Macêdo; Ravi Peixoto; Alexandre Freire. Salvador: Juspodivm, 2015. v. 1. p. 44.

[512] MACIEL, José Fabio Rodrigues; AGUIAR, Renan. *História do direito*. 6. ed. São Paulo: Saraiva, 2013. p. 237-238. Referem os autores sobre o direito aplicado à época com o caso "o julgamento da fera de Macabu": "Na história da sociedade brasileira há casos evidentes da ausência de efetividade do direito penal, tanto pela prática do perdão como pela falta de vontade política dos governantes. Em todo o período colonial e em parte do Império, as normas que vigoravam (até 1830) eram as Ordenações do Reino (Afonsinas, Manuelinas e Filipinas), famosas pela severidade extrema de seu texto, que previa inclusive mutilações. Nem por isso a violência deixou de existir, pois a impunidade é que imperava, com a prática do perdão ligada à família real portuguesa, funcionando como legitimação ideológica do poder real. Ao lançar mão do terror e da clemência, o rei se tornava, ao mesmo tempo, senhor da Justiça e mediador da graça. Além disso, era da tradição portuguesa que o instituto do perdão fosse utilizado para fins de povoamento, como de fato aconteceu na ocupação de nossas terras". E continuam: "Durante o reinado de D. Pedro II, tentou-se mudar o quadro já institucionalizado de impunidade, principalmente em relação aos mais abastados, já que os destituídos de posses, presentes nesse grupo os escravos, eram os únicos a sentir o peso da mão da (in) Justiça. Era o momento de grandes avanços, como o fim do tráfico negreiro, a aprovação do Código Comercial e a promulgação da Lei de Terras, que extingiu o sistema de sesmarias. Foi nesse contexto que ocorreu o julgamento de Manoel da Motta Coqueiro, homem abastado da cidade de Macaé, no Rio de Janeiro, que exercia grande influência política na região".

como recorda Justino Magno Araújo.[513] Já em 3 de outubro de 1941, era promulgado o Código de Processo Penal brasileiro, já amplamente reformado ao longo dos anos, contando com 811 artigos distribuídos em Livros, Títulos de Capítulos, tendo como base o projeto realizado por Vieira Braga, Nélson Hungria, Narcélio de Queirós, Roberto Lyra e Cândido Mendes.[514]

4.3.6. O conteúdo processual da Consolidação das Leis do Trabalho

Em 1º de maio de 1943, dia emblemático para o trabalhador, foi promulgada a Consolidação das Leis do Trabalho, Decreto-lei n. 5.452/43,[515] com entrada em vigor no dia 10 de novembro do mesmo ano, conforme anota o artigo 911, também um texto já bem reformado, que, a partir do artigo 643, inicia a trabalhar com os temas da organização judiciária para, após, no artigo 770, os do processo do trabalho propriamente dito. É de ser ressaltado que o artigo 769[516] da legislação trabalhista prevê a aplicação subsidiária do Processo Civil brasileiro nos casos em que a legislação trabalhista é omissa e não sendo incompatíveis com suas normas, não havendo, pois, uma autonomia[517] total do Processo do Trabalho em relação do Processo Civil, o que fica bem evidenciado no artigo 15[518] da nova legislação processual. Cumpre reforçar que a CLT foi, na verdade, uma compilação de toda a legislação trabalhista vigente à época, razão

---

[513] ARAÚJO, Justino Magno. *A renovação do processo civil e outros estudos processuais*. São Paulo: Método, 2004. p. 73.

[514] RODRIGUES, Horácio Wanderley; LAMY, Eduardo de Avelar. *Teoria geral do processo*. 3. ed. Rio de Janeiro: Elsevier, 2012. p. 31-33.

[515] Disponível em: <http://www.planalto.gov.br/ccivil_03/decreto-lei/Del5452.htm>. Acesso em: 16 fev. 2016.

[516] Refere o dispositivo: "Art. 769. Nos casos omissos, o direito processual comum será fonte subsidiária do direito processual do trabalho, exceto naquilo em que for incompatível com as normas deste Título".

[517] Há doutrina controvertida assumindo independência e outras não. Edilson Meireles é daqueles que entende ter falta de autonomia, com as ações trabalhistas sendo procedimentos especiais do próprio processo civil. Ver: PAMPLONA FILHO, Rodolfo; SOUZA, Tercio. *Curso de direito processual do trabalho*. São Paulo: Marcial Pons, 2013. p. 36. Referem os autores: "No caso do direito processual do trabalho, há quem entenda a sua autonomia em relação aos demais ramos do processo, podendo-se registrar que essa é a opinião da maior parte da doutrina que lida com o tema. Tal conclusão a que se chega decorre do preenchimento dos critérios acima referidos. É a opinião de José Augusto Rodrigues Pinto, Carlos Henrique Bezerra Leite, Amauri Mascaro Nascimento, Carlos Coqueijo Costa e outros tantos mestres". Posição contra: MEIRELES, Edilton. O novo CPC e sua aplicação supletiva e subsidiária no processo do trabalho. In: MIESA, Elison (Org.). *O novo Código de Processo Civil e seus reflexos no processo do trabalho*. Salvador: Juspodivm, 2015. p. 31-54. p. 52-53.

[518] Está assim disposto: "Art. 15. Na ausência de normas que regulem processos eleitorais, trabalhistas ou administrativos, as disposições deste Código lhes serão aplicadas supletiva e subsidiariamente".

pela qual contém dispositivos de direito material e processual ao mesmo tempo, como aduzem Rodolfo Pamplona Filho e Tercio Souza.[519]

4.3.7. Leis esparsas e conteúdos processuais

Inegável que o processo não se esgota com o Código de Processo Civil, o Código de Processo Penal e a Consolidação das Leis do Trabalho. Há, no Brasil, incontáveis leis com um amplo conteúdo processual e material,[520] ao mesmo tempo em que, como já referido antes, formam novos nichos ou microssistemas processuais. Aqui não se pode fazer referência a todas essas leis que compõem e complementam, muitas vezes, o processo brasileiro, mas a menção a algumas delas é importante para a visualização e comprovação da existência desses demais ramos do processo. Quando se fala em processo eleitoral é em razão de que a Lei n. 4.737, de 15 de julho de 1965,[521] tem um forte conteúdo processual, em especial no que concerne aos recursos. A Lei n. 5.172, de 25 de outubro de 1966,[522] que institui o Código Tributário Nacional, contém alguns enunciados relativos ao Direito Processual que, em conjunto com outras legislações esparsas que complementam o Código, implementam um processo tributário. A Lei n. 8.078, de 11 de setembro de 1990,[523] que dispõe sobre a defesa do consumidor, ao alocar para dentro da legislação normas processuais, como a da inversão do ônus da prova, propicia crer que há regras próprias que configuram a existência de um processo do consumidor. A Lei n. 9.784, de 29 de janeiro de 1999,[524] dispõe sobre o processo administrativo no âmbito da administração pública federal. E assim se poderia continuar a navegar por muitas outras leis com conteúdo processual, encerrando-se aqui, tendo em vista que o que se queria restou cabalmente comprovado.

---

[519] PAMPLONA FILHO, Rodolfo; SOUZA, Tercio. *Curso de direito processual do trabalho*. São Paulo: Marcial Pons, 2013. p. 35.

[520] CARVALHO, Milton Paulo de. Direito material e direito processual. In: —— (Coord.). *Teoria geral do processo civil*. Rio de Janeiro: Elsevier, 2010. p. 25-30. p. 26. Explica um pouco o autor como isso se dá: "Há diplomas legais que, por disciplinarem relações jurídicas específicas, trazem no seu contexto as normas de direito material e as de direito processual destinadas às espécies que regulam, separadas em títulos ou capítulos, como, por exemplo, o Decreto-lei nº 3.365, de 21 de junho de 1941 (Lei das desapropriações), a Lei nº 6.515, de 26 de dezembro de 1977 (Lei do Divórcio), a Lei nº 8.078, de 11 de setembro de 1990 (Código de Defesa do Consumidor), a Lei nº 8.245, de 18 de outubro de 1991, que dispõe sobre a locação de imóveis urbanos, entre outros".

[521] Disponível em: <http://www.planalto.gov.br/ccivil_03/Leis/L4737.htm>. Acesso em: 24 jan. 2016.

[522] Idem.

[523] Idem.

[524] Idem.

4.3.8. Códigos de Processo Civil brasileiros: 1939, 1973 e 2015

Em 18 de setembro de 1939, era decretado o Código de Processo Civil brasileiro,[525] conforme autoriza o artigo 180 da Constituição dos Estados Unidos do Brasil,[526] de 1937, com entrada em vigor em 1º de fevereiro de 1940, tendo sido prorrogada para 1º de março do mesmo ano, pelo então Presidente Getúlio Vargas, praticamente finalizando, juntamente com a edição do Código de Processo Penal de 1941, com o sistema processual herdado da colonização portuguesa, conforme lembram Horácio Wanderlei Rodrigues e Eduardo Lamy.[527] Historiando a elaboração do anteprojeto, Moacyr Amaral dos Santos[528] relembra que o Ministro Francisco Campos nomeou comissão de desembargadores e juristas formada por Edgard Costa, Goulart de Oliveira, Álvaro Mendes Pimental, Pedro Batista Martins e Múcio Continentino, tendo a mesma se desentendido, sobrando o resultado final do trabalho de Pedro Batista Martins, que entregou o projeto oficial para sugestões em 4 de fevereiro de 1939, as quais foram reexaminadas pelo próprio autor, pelo Ministro Francisco Campos e por Guilherme Estelita, tendo sido, ato contínuo, publicada a lei processual que sofreu influência dos ordenamentos alemão e austríaco e, para sua estruturação, dos diplomas processuais de Portugal e Itália, lembrando, ainda, Rodrigo Mazzei,[529] que do direito nacional, os Códigos Estaduais de São Paulo, Minhas Gerais, Bahia, Rio Grande do Sul, Rio de Janeiro e Distrito Federal foram os utilizados para embasamento da legislação processual federal.

Pode-se pensar no Direito Processual no Brasil no século passado de duas maneiras, para se dizer o mínimo: antes da chegada de Liebman no Brasil e depois de sua chegada, por volta da década de 40, durante o segundo conflito mundial. Como refere Daniel Mitidiero,[530] quando

---

[525] Texto completo disponível em: <http://www.planalto.gov.br/ccivil_03/decreto-lei/1937-1946/Del1608.htm>. Acesso em: 24 jan. 2016.

[526] Texto completo disponível em: <http://www.planalto.gov.br/ccivil_03/Constituicao/Constituicao37.htm>. Acesso em: 24 jan. 2016.

[527] RODRIGUES, Horácio Wanderley; LAMY, Eduardo de Avelar. *Teoria geral do processo*. 3. ed. Rio de Janeiro: Elsevier, 2012. p. 33. Escrevem: "Com a edição desses cógigos o Brasil abandona, embora não ainda totalmente, o sistema processual herdado da colonização e das arcaicas formas procedimentais do processo comum. Consolidaram eles também a unificação federativa dos direitos processuais, pondo fim ao pluralismo legislativo implantado pela Primeira República".

[528] SANTOS, Moacyr Amaral. *Primeiras linhas de direito processual civil*. 25. ed. Atualizado por Maria Beatriz Amaral Santos Köhnen. São Paulo: Saraiva, 2007. v. 1. p. 56.

[529] MAZZEI, Rodrigo. Breve história (ou 'estória') do direito processual civil brasileiro: das ordenações até a derrocada do Código de Processo Civil de 1973. In: DIDIER JR., Fredie (Coord.). *Novo CPC doutrina selecionada*: parte geral. Organização de Lucas Buril de Macêdo; Ravi Peixoto; Alexandre Freire. Salvador: Juspodivm, 2015. v. 1. p. 35-63. p. 45-46.

[530] MITIDIERO, Daniel. O processualismo e a formação do Código Buzaid. In: JOBIM, Geraldo Cordeiro; JOBIM, Marco Félix; TELLINI, Denise Estrela (Org.). *Tempestividade e efetividade processual*: novos rumos do processo civil brasileiro. Caxias do Sul: Plenum, 2010. p. 109-130. p. 116.

chega a nosso país, Liebman traz toda uma cultura processualística europeia na bagagem, fazendo com que alguns dos grandes nomes do processo civil brasileiro bebessem desta fonte, dentre eles Alfredo Buzaid que, em 1964, atendendo ao pedido do então Ministro da Justiça Oscar Pedroso Horta, entrega o Anteprojeto de Código de Processo Civil brasileiro, o qual, durante os próximos anos, seria discutido numa comissão de juristas da qual faziam parte José Carlos Moreira Alves, Luis Antônio de Andrade, José Frederico Marques e Cândido Rangel Dinamarco, sendo constante a presença de José Carlos Barbosa Moreira. Segue o projeto para o Congresso Nacional no ano de 1972, tendo, em 1973, sua sanção decretada por Emílio Médici. Luiz Fux[531] relembra que um dos motivos mais significantes da derrocada do CPC/39 foi a quantidade de leis extravagantes regulando procedimentos especiais, assim como a morosa prestação jurisdicional.

O Código de Processo Civil, ou Código Buzaid, ou Lei n. 5.869, de 11 de janeiro de 1973, com início de vigência em 1º de janeiro de 1974, conforme artigo 1.220, foi sendo, num primeiro momento, a passos lentos, ultrapassado, até que, em razão da evolução social, política e jurídica, em especial conquistadas pela Constituição Federal de 1988, restou atropelado em termos de uma lei contemporânea, sendo que diversas reformas foram sendo implementadas ao longo das últimas décadas, lembrando José Carlos Teixeira Giorgis[532] algumas daquelas ocorridas na década de 90 e foram cada vez mais modificando o texto processual, passando por diversas outras reformas já no início do novo milênio, até iniciarem as tratativas de se repensar um novo e contemporâneo Direito Processual Civil, com a elaboração de um novo Código.

Em 2009, com o Ato n. 379, do então Presidente do Senado Federal José Sarney, foi instituída a comissão de juristas que se encarregaria da elaboração de um Anteprojeto de Lei que tratasse da nova legislação processual civil brasileira, a qual deveria ser, nas palavras de Dias Toffoli,[533] uma lei contemporânea permeada de valores constitucionais e com-

---

[531] FUX, Luiz. *Teoria geral do processo civil*. Rio de Janeiro: Forense, 2014. p. 29.

[532] GIORGIS, José Carlos Teixeira (Org.). *Inovações do Código de Processo Civil*. Porto Alegre: Livraria do Advogado, 1997. Na apresentação, refere o organizador: "E aí vieram as Leis nºs 8.455/92 (norma sobre a prova pericial), 8.637/93 (normas sobre a vinculação do juiz ao processo), 8.710/93 (normas sobre citação e intimação), 8.718/93 (normas sobre a estabilização do processo), 8.998/94 (normas sobre liquidação de sentença), 8.950/94 (normas sobre recursos), 8.951(normas sobre consignação em pagamento), 8.952/94 (normas sobre a antecipação de tutela), 8.953/94 (normas sobre o processo de execução), 9.079/95 (normas sobre a ação monitória), 9.139/95 (normas sobre o agravo e ordem dos recursos no tribunal) e 9.245/95 (normas sobre procedimento sumário), tramitando ainda outras propostas em comissões ou plenários".

[533] GUEDES, Carús; DALL'ALBA, Felipe Camilo; AZEM, Guilherme Beux Nassif; BATISTA, Liliane Maria (Org.). *Novo Código de Processo Civil*: comparativo entre o projeto do novo CPC e o CPC de 1973. Belo Horizonte: Fórum, 2010. p. 9. Dias Toffoli assim escreve no prefácio: "O processo civil contemporâneo, permeado por valores constitucionais e comprometido com uma efetiva e justa

prometida com uma efetiva e justa pacificação social. A comissão era Presidida por Luiz Fux, à época Ministro do Superior Tribunal de Justiça e hoje à frente do Supremo Tribunal Federal, acompanhado de Teresa Arruda Alvim Wambier, Adroaldo Furtado Fabrício, Benedito Pereira Filho, Bruno Dantas, Elpídio Nunes, Humberto Theodoro Júnior, Jansen Almeida, José Miguel Medina, José Roberto Bedaque, Marcus Vinícius Coelho e Paulo Cezar Carneiro.

Em 8 de junho de 2010 foi, finalmente, apresentado no Congresso Nacional o Anteprojeto de novo Código de Processo Civil brasileiro, convertido no Projeto de Lei do Senado n. 166/2010, tendo seu relatório final sido aprovado em 1º de dezembro, e o Projeto de Lei, dia 15 do mesmo mês e ano, sendo, então, remetido para a Câmara de Deputados, onde foi recebido como Projeto de Lei n. 8.046/10. Durante a tramitação no Congresso Nacional, houve troca de relator,[534] sendo tal fator importante para os rumos que o projeto tomaria até sua sanção presidencial, em março de 2015, com vigência para março de 2016, sendo que, não basta a mudança da legislação para que o Direito Processual estampe as cores de um modelo democrático de Direito, nas palavras de Rodrigo Mazzei,[535] mas precisa, ainda, de muito trabalho, o que, esperançosamente, se espera.

4.4. Uma breve referência às fases metodológicas do processo

A questão relacionada às fases metodológicas do processo tem trazido alguns estudos que abordam como o processo foi realmente estudado em determinado momento cultural da sociedade.[536] O tema enseja

---

pacificação social, exige dos operadores do direito constante estudo e acompanhamento das alterações legislativas e jurisprudenciais. Estar atualizado é verdadeira obrigação para magistrados, membros do Ministério Público, advogados públicos e privados, defensores públicos e estudantes de direito".

[534] ROQUE, Andre Vasconcelos; PINHO, Humberto Dalla Bernadina de (Coord.). *O projeto do novo Código de Processo Civil*: uma análise crítica. Brasília: Gazeta Jurídica, 2013. p. vi. Relatam os coordenadores o retorno e saída do Deputado Sérgio Barradas Carneiro e a entrada do Deputado Paulo Teixeira na relatoria.

[535] MAZZEI, Rodrigo. Breve história (ou 'estória') do direito processual civil brasileiro: das ordenações até a derrocada do Código de Processo Civil de 1973. In: DIDIER JR., Fredie (Coord.). *Novo CPC doutrina selecionada*: parte geral. Organização de Lucas Buril de Macêdo; Ravi Peixoto; Alexandre Freire. Salvador: Juspodivm, 2015. v. 1. p. 35-63. p. 63.

[536] GOLDSHIMIDT, James. *Teoria geral do processo*. Tradução de: Leandro Farina. Leme, SP: Forum, 2006. "Em um conhecido e famoso livro de debate Sieyès, iniciador da Revolução francesa, perguntava ao autor: *"Q'est-ce que c'est que lê Tiers État?"*; Que é o Terceiro Estado? Ao interrogado contestava: "Nada". E logo, respondia: "Que deveria ser? Tudo. Que aspira ser? Algo". Igualmente poderia perguntar-se com respeito ao tratamento científico do processo: Que é, ou, pelo menos, que era até tempos recentes? Nada. A causa há de busca-la no Direito romano, onde o processo não era senão uma emanação do Direito civil. Agora bem, como o Direito romano há legado a ser base da jurisprudência inteira, esse enfoque há influído em nossa ciência. Ainda depois de que o processo

discussões que iniciam na Alemanha, passam pela Itália,[537] e que hoje estão em plena efervescência no Brasil, tendo em vista a possibilidade da existência do que se convencionou chamar de uma quarta fase metodológica do processo. Como o autor[538] tem um livro específico sobre o tema, aqui somente será referida a existência das fases metodológicas ou culturais do processo, sem ingresso em questões que envolvem determinada controvérsia.

Na primeira das fases, também conhecida como praxista, não havia diferenciação entre Direito Material e Direito Processual, sendo este um mero subproduto daquele, podendo ser encontrada em alguns estudos com nomenclatura diferente da já exposta, dentre elas: praxista;[539] sincretista;[540] imanentista[541] ou procedimentalista.[542]

---

logo emancipar-se do Direito privado, a Ciência do processo se contentou em descrever os fenômenos processuais ou, como veremos, se inspirou em construções que só são adequadas ao Direito privado". E contuna: "Com efeito, a Ciência do processo haveria de ser: tudo. Na prática, apenas se aplica o Direito fora do processo. Ainda nos casos de aplicação extra processual, por exemplo, da redação de um contrato, só lê falar-se de jurisprudência cautelar para indicar que a missão desta é prevenir-se contra um possível pleito futuro. Com isso não quero decidir que todo direito que se aplica em um pleito seja Direito processual. Mas todo direito que surge em um processo a de levar-se a um denominador processual para que seja aplicável; por exemplo, quando o objeto do pleito é um comprovante, as obrigações do comprador e do vendedor se apresentam ao juiz, desde o princípio, revestindo a forma de ação e de exceção, e o juiz há de averiguar quais são os fatos respectivos dos quais, o autor ou o demandado tem a carga (ônus) da afirmação e da prova. E decidir, que o Direito privado se transforma em um Direito de justiça, ficando a missão da ciência no futuro de levar a cabo tal transformação em todas as relações jurídicas do Direito privado". Para finalizar: "A bem da realidade, a Ciência do Direito processual se contenta com ser 'algo', a saber: pretende que se estabeleçam as categorias que lhe são adequadas. É um antigo erro da construção jurídica, ao crer que os conceitos do Direito privado se convertem em públicos ou processuais, por agregar--se ao epíteto 'público' ou 'processual'. Cabe admitir que as categorias do Direito privado, o direito subjetivo, a exigência, a obrigação, etc., são os pontos de apoio em cuja ajuda todas as disciplinas jurídicas hão de aprender a arte da construção. Mas depois de haver superado a época infantil, toda nova disciplina jurídica há de abandoná-los e buscar as categorias que lhes são adequadas. Me proponho no presente trabalho expor as teorias que são ideais com respeito ao Direito processual desde o tempo em que se iniciou a sentir a preocupação de construções jurídicas processuais. De seu estudo resultará que as teorias correntes se terão formado mecanicamente, segundo o modelo do Direito privado, e por ele estimo que é preciso buscar as categorias que são adequadas ao Direito processual".

[537] DANTAS, Francisco Wildo Lacerda. *Teoria geral do processo* (jurisdição, ação (defesa), processo). 2. ed. São Paulo: Método, 2007. p. 9. Aduz o autor: "Desde a definitiva contribuição de Liebman, o Brasil tem sido pródigo em autores que versam o processo. Após romper-se a fase imantista, em que o processo era visto como mero apodo do direito material, cujo resídio ainda se vê naqueles que instam em tratá-lo como *direito adjetivo*, passando pela fase autonomista, cujo início se deve à insuperável contribuição de Oskar Von Bülow, em que o processo atingiu paroxismos tais que se consagrou o equívoco de considerá-lo um fim em si mesmo, naquilo que passou a ser conhecido como *processualismo*, o processo tem despertado a atenção de nossos estudiosos".

[538] JOBIM, Marco Félix. *Cultura, escolas fases metodológicas do processo*. 3. ed. Porto Alegre: Livraria do Advogado, 2016.

[539] LAMY, Eduardo de Avelar; RODRIGUES, Horácio Wanderlei. *Curso de processo civil*: teoria geral do processo. Florianópolis: Conceito, 2010. v. 1. p. 54. Sobre a razão de ser chamada a fase de praxismo, os autores relatam: "A denominação praxismo vem de praxe, que significa rotina, uso, aquilo que se pratica habitualmente. Nesse período, o direito processual era considerado pelos juristas como um conjunto de regras práticas sobre a forma de proceder em juízo. A preocupação central

Toda ciência evolui quando seus conceitos são superados por outros, ou seja, quando paradigmas[543] são quebrados. E foi assim que evoluiu a fase cultural do processo, transformando aquilo que ainda não era ciência, na primeira fase praxista, para o que iniciou a ser estudado como ciência.[544] Esse rito de passagem é o que deu força para que, então, se instaurasse uma segunda fase metodológica do processo, na qual

---

era com a forma de realizar o processo. Não havia preocupação com seu estudo teórico. Os estudos desse período estavam repletos de marcante preocupação forense".

[540] BOTELHO, Guilherme. *Direito ao processo qualificado*: o processo civil na perspectiva do Estado Constitucional. Porto Alegre: Livraria do Advogado, 2010. p. 21. Relata o autor sobre as nomenclaturas da fase: "O primeiro destes estágios pode ser denominado de praxismo. Também, por vezes, nominado como fase sincrética ou procedimentalista e que pode ser examinado como a fase pré-processual. É momento marcado pela ausência de autonomia do direito processual".

[541] CÂMARA, Alexandre Freitas. *Lições de direito processual civil*. 24. ed. São Paulo: Atlas, 2013. v. 1. p. 8-9. Refere o processualista sobre a fase: "A primeira fase, chamada de imanentista, é a anterior à afirmação da autonomia científica do Direito Processual. Durante essa fase do desenvolvimento do Direito Processual (na verdade, nesta fase não se pode falar propriamente em Direito Processual, o que se faz por mera comodidade), o processo era verdadeiro direito substantivo, enquanto o processo, mero conjunto de formalidades para a atuação prática daquele, era um direito adjetivo. Essas denominações, hoje inteiramente ultrapassadas, e equivocadas do ponto de vista científica, devendo ser repudiadas diante do grau de desenvolvimento alcançado pelos estudos processuais, continuam – infelizmente – a ser empregados por alguns autores e, principalmente, por muitos operadores do Direito, como advogados e magistrados. Tal linguagem, porém, deve ser banida, por ser absolutamente divorciada da precisão cinetífica já alcançada".

[542] OLIVEIRA, Carlos Alberto Alvaro de. *Do formalismo no processo civil*: proposta de um formalismo-valorativo. 4. ed. São Paulo: Saraiva, 2010. p. 18-19. Embora esta última possa também ser conhecida como fase autônoma, como adverte o autor: "Entre 1250 e 1667, aproximadamente, a aplicação judicial do direito baseava-se na lógica da argumentação cunhada por Aristóteles e reclamava a igualdade entre o juiz e as partes (ordem simétrica ou isonômica). O que interessava era o iudicium e não o processo. O direito processual civil era tratado como algo eminentemente prático, sem qualquer teorização maior. Constituía assunto e interesse da praxe judiciária, não havia ainda regulamentação estatal". E depois finaliza: "A segunda fase era ainda sincrética, de modo a caracterizar o direito processual como direito adjetivo, sem existência autônoma. Começa aí a intervenção do Príncipe (Code Louis de 1667) na esfera processual e uma mudança de perspectiva quanto à lógica mais formalizada (Petrus Ramus ou Pierre de La Ramée) e a ter, em certo momento, um papel completamente passivo (processo liberal do século XIX), em que predomina o positivismo como método de pensamento. O processo é, então, considerado mera sucessão de formalidades, simples forma de resolução de conflitos, mera sequência ordenada de atos. Confundia-se processo com procedimento. A jurisdição tinha por função a realização de direitos subjetivos, com nítida matriz privatista. A ação era confundida com a actio, compreendida como inflamação do próprio direito subjetivo quando violado. O procedimentalismo dominava o horizonte do processo civil, visto como simples apêndice do direito material. Em semelhante ambiente, não estranha que a doutrina tenha lhe dedicado atenção não raro ao final de exposições sobre o direito material".

[543] KUHN, Thomas S. *A estrutura das revoluções científicas*. Tradução de: Beatriz Vianna Boeira e Nelson Boeira. São Paulo: Perspectiva, 2005. Sobre o que se entende por paradigma, a lição de Kuhn é soberana ao referir: "Considero 'paradigmas' as realizações científicas universalmente reconhecidas que, durante algum tempo, fornecem problemas e soluções modelares para uma comunidade de praticantes de uma ciência".

[544] GRECO FILHO, Vicente. *Direito processual civil brasileiro*: teoria geral do processo e auxiliares da justiça. 21. ed. São Paulo: Saraiva, 2009. v. 1. p. 8. Para o autor o processo só se torna autêntico quando o Estado, "[...] proibindo a justiça privada, avocou para si a aplicação do direito como algo de interesse público em si mesmo e, alem disso, estruturando o sistema de direitos e garantias individuais, interpôs os órgãos jurisdicionais entre a Administração e os direitos dos cidadãos, tornando-se, então, o Poder Judiciário um poder político, indispensável ao equilíbrio social e democrático, e o processo um instrumento dotado de garantias para assegurá-lo [...]".

conceitos iniciaram a ser desvelados, denominando-se essa fase de processualista, explicada por algumas canetas, como a de Carlos Alberto Alvaro de Oliveira[545] ou a de Daniel Mitidiero.[546]

A frase inicial da citação de Daniel Mitidiero, de que o processualismo nasce na Alemanha[547] a partir da conceituação do que vem a ser a relação jurídica processual, ganhou vida na obra de Oskar Von Bülow,[548] denominada de **Teoria das Exceções e dos Pressupostos Processuais**, quando o jurista alemão conseguiu sistematizar referidos pressupostos, diferenciando o Direito Material do Processual,[549] dando-lhes

---

[545] OLIVEIRA, Carlos Alberto Alvaro de. *Do formalismo no processo civil*: proposta de um formalismo-valorativo. 4. ed. São Paulo: Saraiva, 2010. p. 19. Esse quadro só começa a mudar com a obra de Oskar Bülow (1868), jurista que, por primeiro, estabeleceu de forma sistemática os fundamentos da autonomia do direito processual, embora algumas observações de passagens anteriores da doutrina alemã. Para ele, a relação jurídico-processual não se confundiria com o direito material afirmado em juízo, com a relação jurídica de direito material posta no processo, uma vez que poderia existir esta sem aquela, e vice-versa, tudo dependendo do atendimento aos pressupostos inerentes a cada uma dessas específicas situações jurídicas (atendimento aos chamados pressupostos processuais, no que diz respeito ao processo). Com a obra de Bülow e a autonomia do direito processual, inicia-se outra fase metodológica, o conceitualismo ou processualismo, em que predomina a técnica e a construção dogmática das bases científicas dos institutos processuais. Lança-se a processualística à construção da nova ciência (Wach, na Alemanha; Chiovenda e Carnelutti, na Itália, para só citar alguns dos mais expressivos juristas daqueles países). A nova empresa volta-se para a acentuação da separação entre direito material e processo e para construção e aperfeiçoamento conceitual do processo. O processo definitivamente se separa do direito material.

[546] MITIDIERO, Daniel Francisco. *Elementos para uma teoria contemporânea do processo civil brasileiro*. Porto Alegre: Livraria do Advogado, 2005. p. 32-33. "O processualismo, deveras, nasce com o conceito de relação jurídica processual, sendo esse o objeto da ciência processual. A partir daí, a tarefa da doutrina cifra-se à racional construção do arcabouço dos conceitos do direito processual civil. Não por acaso, pois aponta-se como marco inicial do processo civil o direito racional, presidido pelas altas e abstratas ideias inerentes ao clima científico da modernidade, nem pode surpreender que já se tenha identificado na produção intelectual de Chiovenda um mentalismo conceitual exacerbado, já que o "doutrinarismo" dominou mesmo os primeiros tempos da história do direito processual civil (o que se deu, vale frisar, por absoluta necessidade, porque se tratava de fundar uma nova ciência, surgindo então a necessidade de se forjarem todos os instrumentos conceituais necessários a tal intento)".

[547] MITIDIERO, Daniel. O processualismo e a formação do Código Buzaid. In: JOBIM, Geraldo Cordeiro; JOBIM, Marco Félix; TELLINI, Denise Estrela (Org.). *Tempestividade e efetividade processual*: novos rumos do processo civil brasileiro. Caxias do Sul: Plenum, 2010. p. 109-130. p. 109. Aduz: "Como ninguém ignora, o Direito processual civil nasceu como ciência, como um ramo autônomo do Direito, na Alemanha, no final do século XIX, com a publicação da clássica obra de Oskar Bülow sobre exceções e pressupostos processuais (*Die lehre von den processeinreden und die processvoraussetzungen*, 1968)".

[548] BÜLOW, Oskar Von. *Teoria das exceções e dos pressupostos processuais*. Tradução de: Ricardo Rodrigues Gama. Campinas: LZN, 2005.

[549] MITIDIERO, Daniel. O processualismo e a formação do Código Buzaid. In: JOBIM, Geraldo Cordeiro; JOBIM, Marco Félix; TELLINI, Denise Estrela (Org.). *Tempestividade e efetividade processual*: novos rumos do processo civil brasileiro. Caxias do Sul: Plenum, 2010. p. 109-130. p. 109-110. Defende: "Embora tenha se tornado célebre pela caracterização do processo como relação jurídica processual, tema que ocupa pouco mais de três páginas ao longo de toda a obra, o trabalho de Bülow busca fundamentar a separação entre Direito material e processo a partir da existência de requisitos próprios de formação e desenvolvimento válido do processo (os chamados pressupostos processuais). Daí retira a máxima: pode existir o processo ainda que não exista o Direito material posto em juízo; pode existir o Direito material posto em juízo ainda que não exista o processo.

autonomia, o que poderia não ter acontecido sem a importante polêmica criada anteriormente por dois juristas também de nacionalidade alemã (Windscheid e Muther)[550] acerca da *actio* romana.[551]

A fase também pode ser conhecida do público por outras nomenclaturas, sendo as mais conhecidas a própria do processualismo, a de cientificismo, ou ainda de fase conceitualista ou autonomista, o que é alertado por Guilherme Botelho.[552] Assim, essa fase se destinou, praticamente, a conceituar os institutos processuais,[553] tendo sido sistematizada por inúmeros pensadores, conforme expõe Antônio Pereira

---

Finca-se aí a independência do Direito processual com relação ao Direito material, que deixa de ser considerado seu simples apêndice".

[550] Recomenda-se a leitura da obra: WINDSCHEID, Bernhard; MUTHER, Theodor. *Polemica sobre la '"actio".* Tradução de: Tomás A. Banzhaf. Buenos Aires: Ediciones Jurídicas Europa-América, 1976. p. XXXIX. Um pouco da importância da obra pode ser vista na intrução de G. Pugliese, ao dizer: "En sustancia, solo donde discuten en torno al concepto de actio ya sea Windscheid, ya sea su crítico Muther, hablan todavia al espíritu del jurista moderno, en cuanto agitan problemas vivos y proponen tesis todavia discutidas. Las demás investigaciones, si bien en si mismas muy meritorias, interesan sobre todo por La contrabución que aportan al entendimiento preciso de las ideas relativas a aquel tema central. No carece de significado al respecto que ya Muther haya cambiado La perspectiva originaria de Windscheid, consagrando al concepto de actio sus buenas cincuenta y siete páginas de las en total ciento noventa y ocho, y profundizando, entro los temas particulares, solo el de la transferencia de las acciones (ciento seis páginas), el cual revestia entonces un específico interes intrínseco; y que Windscheid mismo lo haya seguido en su réplica, an la cual no menos de treinta y una páginas de las ochenta y ocho conciernen al concepto de actio, mientras solo veintidós de las actiones. En lo curso de la polémica también nuestros autores han advertido que el tema al cual convenia dedicarse por razón de un interes teórico no contingente, era el de la posición de la actio en el sistema jurídico".

[551] CINTRA, Antonio Carlos de Araújo; GRINOVER, Ada Pellegrini; DINAMARCO, Cândido Rangel. *Teoria geral do processo.* 27. ed. São Paulo: Malheiros, 2011. p. 139. Relatam os processualistas: "Ali, entre 1856 e 1858, travara-se histórica polêmica entre dois romanistas alemães, Windscheid e Muther, acerca da actio romana e do sentido que devia ser emprestado modernamente à ação. Ali, e sempre na Alemanha, escrevera-se uma obra verdadeiramente revolucionária, que haveria de tornar clara aos olhos de todos os juristas a existência de uma relação jurídico processual distinta da relação de direito material que as partes trazem para ser apreciada pelo juiz (trata-se de famoso livro de Oskar von Bulow, do ano de 1868). Ali, a partir desses trabalhos pioneiros, houvera uma efervescência de idéias e de doutrinas, especialmente sobre a natureza da ação, que veio a colocar o direito processual definitivamente como verdadeira ciência, com objeto e método próprios, libertando-a da condição de mero apêndice do direito privado".

[552] BOTELHO, Guilherme. *Direito ao processo qualificado*: o processo civil na perspectiva do Estado Constitucional. Porto Alegre: Livraria do Advogado, 2010. p. 22-23. "A autonomia do direito processual como ciência tem o marco em conformidade com a doutrina remansosa, na obra de Oskar Büllow em 1868. Inicia-se o cientificismo, ou processualismo ou, como também, por vezes é lembrada, a fase conceitualista ou autonomista do direito processual. É justamente nesse estágio que o direito processual passa, pouco a pouco, a ser reconhecido como remo do direito, deixando de ser mera técnica para se constituir em ciência".

[553] GAIO JÚNIOR, Antônio Pereira. *Direito processual civil*: teoria geral do processo, processo de conhecimento e recursos. 2. ed. Belo Horizonte: Del Rey, 2008. p. 7-8. Enumera de forma exemplificativa o autor os juristas que participaram desta fase de conceituação do processo: na Itália: Chiovenda, Carnelutti, Calamandrei, Redenti e Alfredo Rocco; em Portugal: José Alberto dos Reis; na Espanha: Prieto Castro e Jaime Guasp; na Alemanha: Köhler, Wach, Bülow, Degenkolb, Stein e Hellwig; na Hungria: Plósz; na Áustria: Franz Klein e Wolf; na Argentina: Hugo Alsina e Davi Lascano; no Uruguai: Eduardo Couture; na França: René Morel, Henri Solus e Roger Perrot; na Venezuela: Luiz Loreto; na Colômbia: Hernando Devis Echandia e os europeus exilados em terras americanas: Liebman, Alcalá-Zamora, Rafael de Pina e Sentis Melendo.

Gaio Júnior,[554] aliado ao fato de que não existia uma preocupação maior do que o processo pode trazer de benesses ao jurisdicionado ou à sociedade.

Criados os conceitos, ou seja, as bases teóricas para a aplicação do processo civil brasileiro, não poderia mais ele se conformar em ser mera técnica, baseado unicamente em formas, uma seguida da outra. Outras preocupações vieram com a sistematização do Direito Processual, o que começou a ser respondido pela criação de uma terceira fase metodológica denominada de instrumentalismo, a qual foi alavancadora das propostas para a realização do Código de Processo Civil de 1973,[555] assim como, ainda hoje, tem sido a mais difundida em solo brasileiro.[556]

---

[554] GAIO JÚNIOR, Antônio Pereira. *Direito processual civil*: teoria geral do processo, processo de conhecimento e recursos. 2. ed. Belo Horizonte: Del Rey, 2008. v. I. p. 7. Refere: "Na elaboração doutrinária do Direito Processual Civil científico, alguns nomes se destacam no período científico". E finaliza: "Na Itália: Chiovenda, Carnelutti, Calamandrei, Redenti e Alfredo Rocco; em Portugal: José Alberto dos Reis; na Espanha: Prieto Castro e Jaime Guasp; na Alemanha: Köhler, Wach, Bülow, Degenkolb, Stein e Hellwig; na Hungria: Plósz; na Áustria: Franz Klein e Wolf; na Argentina: Hugo Alsina e Davi Lascano; no Uriguai: Eduardo Courture; na França: René Morel, Henri Solus e Roger Perrot; na Venezuela: Luiz Loreto; na Colômbia: Hernando Devis Echandia e os europeus exilados em terras americanas: Liebman, Alcalá-Zamora, Rafael de Pina e Sentis Melendo".

[555] BUZAID, Alfredo. *Estudos e pareceres de direito processual civil*. São Paulo: Revista dos Tribunais, 2002. p. 32-33. No trecho a seguir ressalta o processualista as linhas que adotou para a elaboração do anteprojeto que se tornou o Código de Processo Civil atual, nas quais estava o pensamento de que o processo é instrumento que o Estado dispõe aos litigantes, ao afirmar: "Antes de determinarmos as linhas fundamentais do sistema do Código de Processo Civil brasileiro, parece-nos de toda conveniência definir a orientação da política legislativa que presidiu a elaboração do anteprojeto, os princípios que o inspiraram e a metodologia que foi adotada. Desde os meados do século XIX vem passando o direito processual civil por intensa revisão dos seus conceitos fundamentais, podendo assinalar-se desde logo seus idéias que nele repercutiram profundamente. Uma delas foi a noção do *Estado moderno*, que monopolizou a administração da justiça e elevou o Poder Judiciário à eminência de órgão da soberania nacional. Foram suprimidas as antigas justiças municipais, eclesiásticas, universitárias e feudais; em seu lugar se implantou a justiça do Estado como atividade exercida por órgãos próprios de um Poder. Outra idéia foi a de *relação jurídica* que, aplicada ao processo civil, permitiu entendê-lo como o instrumento que o Estado põe à disposição dos litigantes para dirimir conflitos de interesses. Nasceu daí o conceito de relação jurídica processual, que se forma entre os contendores e o Estado, ora representada por um *ângulo*, ora por um *triângulo*, ora por suas *paralelas*. O processo civil que, por largo tempo, foi havido como um apêndice do direito civil, liberta-se desse vínculo e adquire plena autonomia, elevando-se à categoria de ciência no quadro geral do direito".

[556] MACEDO, Elaine Harzheim; MACEDO, Fernanda dos Santos. *O direito processual civil e a pós-modernidade*. No prelo. Em artigo recente, ainda não publicado, mas selecionado para disputar o prêmio do Conpedi, as autoras ilustram a afirmativa, ao afirmarem: "Diante da evolução metodológica do processo civil, torna-se também indispensável abordar a ideia central do chamado instrumentalismo, pois não só corresponde à majoritária aceitação na doutrina pátria, vigorando no cenário jurídico brasileiro, mas, cediço, vem exercendo forte influência sobre a hemorrágica produção legislativa que os últimos anos o processo civil recebeu. Em apertada síntese, pode-se afirmar que o instrumentalismo consiste na fase em que o processualista investe esforços para desenvolver meios de aperfeiçoar o exercício da prestação jurisdicional, tornando tal prestação mais segura e, na medida do possível, mais célere, já que objetiva aproximar a tutela jurisdicional do valor justiça. O processo é instrumento que serve ao fim – essencialmente estatal – de alcançar os escopos sociais, jurídicos e políticos, na distribuição dos bens da vida e na composição dos conflitos".

A terceira fase é sistematizada no Brasil pela Escola Paulista de Processo Civil, conforme anuncia Jônatas Luiz Moreira de Paula,[557] e é melhor que seja conceituada pela pena de seu maior sistematizador, Cândido Rangel Dinamarco,[558] que a define como um sistema que se apoia em escopos sociais, políticos e jurídicos, cada qual com uma função específica. Também é de ser referida a lição de Kazuo Watanabe[559] para confirmação do conceito da fase instrumentalista de processo.

O processo deixa de se preocupar somente com seus pressupostos internos e ganha contornos sociais, políticos e jurídicos na fase instrumentalista, o que se denomina de escopos que devem ser alcançados pelo processo. Para cada escopo, Cândido Rangel Dinamarco atribui fins que o processo deve perseguir, como a paz social e a educação do povo naquele que chama de social; a afirmação da autoridade do Estado naquele que chama de político e, finalmente, na busca da vontade concreta do Direito naquilo que denomina de escopo jurídico, o que pode ser lido, inclusive, por autores da Escola Gaúcha, como Carlos Alberto Alvaro de Oliveira.[560]

---

[557] *História do direito processual brasileiro*: das origens lusas à escola crítica do processo. Barueri: Manole, 2002. p. 356. "Modernamente, percebe-se que a Escola Paulista apresenta uma nova tendência, a instrumental, que se apresenta ao lado da tendência técnica, ainda vinculada com as origens da escola. A tendência instrumental, que especula as reformulações do processo por escopos políticos, sociais e jurídicos, tem entre seus integrantes nomes de escol, como Cândido Rangel Dinamarco e Ada Pellegrini Grinover, ambos vinculados à Universidade de São Paulo".

[558] DINAMARCO, Cândido Rangel. *A instrumentalidade do processo*. 13. ed. São Paulo: Malheiros, 2008. "A perspectiva instrumentalista do processo assume o processo civil como um sistema que tem escopos sociais, políticos e jurídicos a alcançar, rompendo com a idéia de que o processo deve ser encarado apenas pelo seu ângulo interno. Em termos sociais, o processo serve para persecução da paz social e para a educação do povo; no campo político, o processo afirma-se como um espaço para a afirmação da autoridade do Estado, da liberdade dos cidadãos e para a participação dos atores sociais; no âmbito jurídico, finalmente, ao processo confia-se a missão de concretizar a "vontade concreta do direito"'.

[559] WATANABE, Kazuo. *Da cognição no processo civil*. Campinas: Bookseller, 2000. p. 20-21. O conceito do processualista de instrumentalismo também é de ser conferida, tendo em vista que vai um pouco além daquele instrumentalismo meramente formal, ao expor: "Do conceptualismo e das abstrações dogmáticas que caracterizam a ciência processual e que lhe deram foros de ciência autônoma, partem hoje os processualistas para a busca de um instrumentalismo mais efetivo do processo, dentro de uma ótica mais abrangente e mais penetrante de toda a problemática sócio-jurídica. Não se trata de negar os resultados alcançados pela ciência processual até esta data. O que se pretende é fazer dessas conquistas doutrinárias e de seus melhores resultados um sólido patamar para, com uma visão crítica e mais ampla da utilidade do processo, proceder ao melhor estudo dos institutos processuais – prestigiando ou adaptando ou reformulando os institutos tradicionais, ou concebendo institutos novos –, sempre com a preocupação de fazer com que o processo tenha plena e total aderência à realidade sócio-jurídica a que se destina, cumprindo sua primordial vocação que é a de servir de instrumento à efetiva realização dos direitos. É a tendência ao instrumentalismo que se denominaria substancial em contraposição ao instrumentalismo meramente nominal ou formal".

[560] OLIVEIRA, Carlos Alberto Alvaro de. *Do formalismo no processo civil*: proposta de um formalismo-valorativo. 4. ed. São Paulo: Saraiva, 2010. p. 20-21. "O próximo passo deu-se com o surgimento da ideia de que o processo deve ser sempre encarado em conjunto com a sua finalidade primacial de realização do direito material. Chega-se, assim, ao instrumentalismo: o processo passa a ser visto como instrumento de realização do direito material, cabendo à jurisdição o papel de declarar a vontade concreta do direito. Ainda se verifica o predomínio do positivismo, embora outras concepções

Entretanto, em que pese o prestígio dos estudos da Escola Paulista de Processo, outras Escolas e autores estão se preocupando com a estagnação do processo sendo visto numa visão meramente instrumentalista, razão pela qual se têm dedicado alguns estudos para alocar o processo civil numa nova fase metodológica ou cultural.

Formalismo-valorativo é uma dessas tentativas. Tal tese tem como escopo inicial o trabalho de doutorado desenvolvido pelo saudoso Professor Titular aposentado da Universidade Federal do Rio Grande do Sul, Carlos Alberto Alvaro de Oliveira, defendido na Universidade de São Paulo, premiado com a medalha Pontes de Miranda, hoje já em obra editada em sua quarta edição. Sobre o que vem a ser essa nova fase, nada mais justo que as palavras de seu próprio criador,[561] que a define como sendo aquela que aloca o processo para o centro da teoria geral, equacionando de maneira adequada Direito e processo e processo e Constituição.

A transição é referida por Daniel Mitidiero,[562] fazendo alusão de que se trata de uma fase que supera o olhar instrumentalista, tendo em

---

do mundo jurídico comecem a surgir aqui e ali. O juiz passa a ser ativo. A jurisdição vem a ocupar o papel central na teoria do processo, sendo ressaltada como verdadeiro polo metodológico. Prepondera o enfoque técnico e o único valor destacado pelos processualistas, mesmo assim apenas a partir dos anos 1970 do século XX, é o da efetividade. O direito constitucional, embora já objeto de alguma elaboração doutrinária, não é colocado em lugar de destaque e geralmente é compreendido tão somente na ótica das garantias, vale dizer, como noção fechada, de pouco mobilidade, visualizada mais como salvaguarda do cidadão contra o arbítrio estatal".

[561] OLIVEIRA, Carlos Alberto Alvaro de. *Do formalismo no processo civil*: proposta de um formalismo-valorativo. 4. ed. São Paulo: Saraiva, 2010. p. 22-23. "Muito mais consentâneo ao nosso ambiente cultural revela-se colocar o processo no centro da teoria do processo. Valoriza-se aí, em maior escala, o papel de todos que nele tomam parte, o modelo cooperativo de processo civil e o valor participação inerente à nossa democracia constitucional. [...] Tudo conflui, pois, à compreensão do processo civil a partir de uma nova fase metodológica – o formalismo-valorativo. Além de equacionar de maneira adequada as relações entre direito e processo, entre processo e Constituição e colocar o processo no centro da teoria do processo, o formalismo-valorativo mostra que o formalismo do processo é formado a partir de valores – justiça, igualdade, participação, efetividade, segurança –, base axiológica a partir da qual ressaem princípios, regras e postulados para sua elaboração dogmática, organização, interpretação e aplicação. [...] Nessa perspectiva, o processo é visto, para além da técnica, como fenômeno cultural, produto do homem e não da natureza. Nele os valores constitucionais, principalmente o da efetividade e o da segurança, dão lugar a direitos fundamentais, com características de normas principais. A técnica passa a segundo plano, consistindo em mero meio de atingir o valor. O fim último do processo já não é mais apenas a realização do direito material, mas a concretização da justiça material, segundo as peculiaridades do caso. A lógica é argumentativa, problemática, da racionalidade prática. O juiz, mais do que ativo, deve ser cooperativo, como exigido por um modelo de democracia participativa e a nova lógica que informa a discussão judicial, ideias essas inseridas em um novo conceito, o de cidadania processual".

[562] MITIDIERO, Daniel Francisco. *Elementos para uma teoria contemporânea do processo civil brasileiro*. Porto Alegre: Livraria do Advogado, 2005. p. 47. "Como o novo se perfaz afirmando-se contrariamente ao estabelecido, confrontando-o, parece-nos, haja vista o exposto, que o processo civil brasileiro já está a passar por uma quarta fase metodológica, superada a fase instrumentalista. Com efeito, da instrumentalidade passa-se ao formalismo-valorativo, que ora se assume como um verdadeiro método de pensamento e programa de reforma de nosso processo. Trata-se de uma nova visão metodológica, uma nova maneira de pensar o direito processual civil, fruto de nossa evolução cultural. [...] O processo vai hoje informado pelo formalismo-valorativo porque, antes de tudo, encerra um formalismo cuja

vista que é chegado o momento da evolução cultural para pensar o processo sob determinados valores constitucionalmente assegurados. Assim, nota-se que, no âmbito acadêmico, em especial no Rio Grande do Sul,[563] já existem autores que defendem que o formalismo-valorativo[564] é consagrado como uma nova fase metodológica do processo civil brasileiro, fase agarrada em um processo que não destoe de seu compromisso com os direitos fundamentais e com o estado constitucional de Direito.

Contudo, o que dificulta o ingresso dessa quarta fase na doutrina nacional é, nas palavras de Guilherme Botelho,[565] a sua falta de publicização, o que já ocorre em demasia na Escola Paulista, sendo que elenca algumas sugestões para o surgimento de uma escola, que são: existência de mestres, de estudantes interessados e uma linha de pensamento que norteie a escola.[566] Assim, não se sabe se a fase do formalismo-valorativo

---

estruturação responde a valores, notadamente aos valores encartados em nossa Constituição. Com efeito, o processo vai dominado pelos valores justiça, participação leal, segurança e efetividade, base axiológica da qual ressaem princípios, regras, postulados para sua elaboração dogmática, organização, interpretação e aplicação. Vale dizer: do plano axiológico ao plano deontológico".

[563] GÓES, Gisele Santos Fernandes. Quais as bases científicas para um renovado direito processual. In: CARNEIRO, Athos Gusmão; CALMON, Petrônio. *Bases científicas para um renovado direito processual*. 2. ed. Salvador: Juspodivm, 2009. p. 863. Em que pese já existir autores de outros Estados defendendo a nova fase, como a professora da Universidade do Pará, que assim expõe: "Se a ideologia, aqui não como falsa consciência, como defendida por Marilena Chauí, for a do novo ou renovado Direito Processual, instaurando-se o que se poderia chamar de nova fase, sem sombra de dúvida, ela PE a da tutela constitucional focada no formalismo valorativo (Picardi; Alvaro de Oliveira; Daniel Mitidiero)".

[564] MITIDIERO, Daniel. *Colaboração no processo civil*: pressupostos sociais, lógicos e éticos. 3. ed. São Paulo: Revista dos Tribuanis, 2015. p. 49-50. O autor em um de seus últimos escritos, não negando uma nova visão cultural do processo, encontra razões para criticar a expressão, assim escrevendo: "A expressão formalismo-valorativo padece de dois problemas. O primeiro deles é que a expressão 'formalismo' carrega um sentido negativo, normalmente relacionado no plano do processo àquilo qe foi bem identificado pela doutrina como 'formalismo pernicioso'. Aliás, a ressignificância do termo 'formalismo' operada pela doutrina não foi capaz de realçar o seu conteúdo positivo – que, de seu turno, continuava bem associado ao conceito de procedimento, aí entendido como conjunto de posições processuais que visa disciplinar a intereação entre os participantes do processo e promover o adequado desenvolvimento do processo. O segundo deles é ainda mais profundo: no campo da teoria do direito, existe um amplo debate a respeito do formalismo jurídico e do formalismo interpretativo – que em nada se confunde com o conceito de formalismo processual e de formalismo-valorativo. A identidade terminológica, no entanto, contribui para identificações e assimilações teóricas idevidas. Essa é a razão pela qual também sob o ponto de vista da teoria do direito a palavra formalismo mais turva do que esclarece – o que acaba recomendando a sua substituição".

[565] BOTELHO, Guilherme. *Direito ao processo qualificado*: o processo civil na perspectiva do Estado Constitucional. Porto Alegre: Livraria do Advogado, 2010. p. 32. Aparentemente, apenas não são notadas as referências doutrinárias quanto a uma Escola gaúcha de processo, como se vê em São Paulo, pela ausência de um interesse comum ou de um método comum de pensamento.

[566] BOTELHO, Guilherme. *Direito ao processo qualificado*: o processo civil na perspectiva do Estado Constitucional. Porto Alegre: Livraria do Advogado, 2010. p. 32 (nota de rodapé 89). "Uma escola precisa de três fatores para formação: Exige grandes mestres capazes de articular seus alunos em torno de um interesse comum. Exige, obviamente, alunos; mas não apenas alunos e sim estudantes interessados e abdicados, isto é, dispostos a receber esse método de pensamento, incorporando-o em sua formação. E, por fim, um método de pensamento, um interesse comum que dê vazão à formação da Escola, tornando possível enxergá-la pelos que de fora analisam os textos de seus integrantes. Em suma, uma bandeira. Acredita-se que apenas lhes faltou este último fator".

será aquela na qual todos os anseios da doutrina processual serão respondidos.

Há também a visão neoprocessualista do Direito Processual. A expressão *neoprocessualismo* é uma fase metodológica pensada por Fredie Didier Jr., na qual se defende um processo civil voltado para o processo constitucional descrito na Constituição Federal de 1988. Antes de adentrar na conceituação da fase, cumpre esclarecer o entendimento de Fredie Didier Jr.[567] acerca das fases metodológicas do processo, o qual não foge do que já é, praticamente, consenso, ao afirmar a existência do praxismo, do processualismo e do instrumentalismo. Contudo, avança nelas para denominar outra fase que se está vivenciando nos dias atuais, afirmando que o neoprocessualismo abarca esse novo modelo teórico que trabalha sob a ótica da Constituição Federal.[568]

Após discorrer sobre essa que seria uma nova fase metodológica com um olhar voltado à Constituição Federal, aponta que ela e a fase metodológica denominada de formalismo-valorativo são as mesmas, embora de nomenclaturas diferenciadas.[569] A fase do formalismo-valo-

---

[567] DIDIER JR., Fredie. Teoria do processo e teoria do direito. In: JOBIM, Geraldo Cordeiro; JOBIM, Marco Félix; TELLINI, Denise Estrella. *Tempestividade e efetividade processual*: novos rumos do processo civil brasileiro. Caxias do Sul: Plenum, 2010. p. 199. "A evolução histórica do direito processual costuma ser dividida em três fases: a) praxismo ou sincretismo, em que não havia a distinção entre o processo e o direito material: o processo era estudado apenas em seus aspectos práticos, sem preocupações científicas; b) processualismo, em que se demarcam as fronteiras entre o direito processual e o direito material, com o desenvolvimento científico das categorias processuais; c) instrumentalismo, em que, não obstante se reconheçam as diferenças funcionais entre o direito processual e o direito material, se estabelece entre eles uma relação circular de interdependência: o direito processual concretiza e efetiva o direito material, que confere ao primeiro o seu sentido".

[568] DIDIER JR., Fredie. Teoria do processo e teoria do direito. In: JOBIM, Geraldo Cordeiro; JOBIM, Marco Félix; TELLINI, Denise Estrella. *Tempestividade e efetividade processual*: novos rumos do processo civil brasileiro. Caxias do Sul: Plenum, 2010. p. 200. "Parece mais adequado, porém, considerar a fase atual como uma quarta fase da evolução do direito processual. Não obstante mantidas as conquistas do processualismo e do instrumentalismo, a ciência teve de avançar, e avançou. [...] Fala-se, então, de um Neoprocessualismo: o estudo e a aplicação do Direito Processual de acordo com esse novo modelo de repertório teórico. Já há significativa bibliografia nacional que adota essa linha. [...] O termo Neoprocessualismo tem uma interessante função didática, pois remete rapidamente ao Neoconstitucionalismo, que, não obstante a sua polissemia, traz a reboque todas as premissas metodológicas apontadas, além de toda a produção doutrinária a respeito do tema, já bastante difundida. [...] Demais disso, o termo Neoprocessualismo também pode ser útil por bem caracterizar um dos principais aspectos deste estágio metodológico dos estudos sobre o direito processual: a revisão das categorias processuais (cuja definição é a marca do processualismo do final do século XIX e meados do século XX), a partir de novas premissas teóricas, o que justifica o prefixo 'neo'".

[569] DIDIER JR., Fredie. Teoria do processo e teoria do direito. In: JOBIM, Geraldo Cordeiro; JOBIM, Marco Félix; TELLINI, Denise Estrella. *Tempestividade e efetividade processual*: novos rumos do processo civil brasileiro. Caxias do Sul: Plenum, 2010. p. 200-201. "Na Universidade Federal do Rio Grande do Sul (Brasil), sob a liderança de Carlos Alberto Alvaro de Oliveira, costuma-se denominar esta fase do desenvolvimento do direito processual de formalismo-valorativo, exatamente para destacar a importância que se deve dar aos valores constitucionalmente protegidos na pauta de direitos fundamentais na construção e aplicação do formalismo processual. As premissas deste pensamento são exatamente as mesmas do chamado Neoprocessualismo, que, aliás, já foi considerado um formalismo ético, na feliz expressão de Rodrigo Uribes. Embora seja correto afirmar que

rativo claramente elenca dois paradigmas de interpretação que deverão balizar o processo civil brasileiro, quais sejam, o da efetividade e o da segurança jurídica. Salvo melhor juízo, a fase neoprocessualista não escolhe princípios que darão releitura aos demais, sendo todos iguais na busca de um processo mais justo.

A Escola Mineira de Processo, que tem como um de seus pontos estruturais de apoio às teses lá desenvolvidas o marco teórico habermasiano,[570] também acredita estar o processo civil brasileiro vivenciando uma nova fase metodológica que denomina de neoinstitucionalista. Refere Rosemiro Pereira Leal[571] que o neoinstitucionalismo é uma conquista da pós-modernidade, na qual o processo ganha contornos discursivos constitucionalizados, sendo, pois, uma conquista da própria cidadania.

Note-se que, conforme leitura do texto, foi o próprio Rosemiro Pereira Leal que criou a fase denominada de neoinstitucionalista.[572] Claramente existe uma preocupação nessa fase com a consonância do

---

se trate de uma construção teórica que nasce no contexto histórico do Neoconstitucionalismo, o formalismo-valorativo pauta-se, também, no reforço dos aspectos éticos do processo, com especial destaque para a afirmação do princípio da cooperação [...], que é decorrência dos princípios do devido processo legal e da boa-fé processual. Agrega-se, aqui, o aspecto da moralidade, tão caro a boa parte dos pensadores 'neconstitucionalistas'".

[570] LEAL, André Cordeiro. *Instrumentalidade do processo em crise*. Belo Horizonte: Mandamentos, 2008. p. 146. Sobre o marco teórico de Habbermas refere o autor: "A forma de tornar possível a legitimidade permanente do direito se dará mediante a institucionalização jurídica das condições para a ação comunicativa (ou, como quer Habermas, as condições pragmáticas do discurso), ou seja, através do estabelecimento de normas jurídicas por via das quais se permita uma constante participação dos destinatários das normas na produção normativa, afastando, assim, a contingência de decisões arbitrárias ou que determinem o retorno continuado à *autopoiesis*".

[571] LEAL, Rosemiro Pereira. *Teoria geral do processo*: primeiros estudos. 9. ed. Rio de Janeiro: Forense, 2010. p.35-36. "Na presente etapa histórica, que é a do pós-modernismo, isto é: um pós-mundo posto pelo homem sem pressupostos históricos condicionadores, falar em processo como instituição jurídica que ao lado do Estado, do povo, da cidadania, da soberania popular, contém princípios próprios definidos nas garantias do contraditório, da ampla defesa, da isonomia, reunidos pelo instituto do devido processo, não é mais uma nomenclatura de incontornável imprecisão como acreditara Couture, ao se desfiliar da teoria institucional do Processo pela visão do processualista espanhol Jaime Guasp. Diga-se o mesmo das ligeiras anotações do Prof. Aroldo Plínio Gonçalves, que põe a teoria do processo como instituição, no bloco das "construções frágeis" e no mesmo perfil anacrônico das teorias do processo como contrato, quase contrato e serviço público. Na pós-modernidade, o conceito de Processo, como instituição, não se infere pelas lições de Maurice Hauriou ou dos administrativistas franceses do século XIX ou dos processualistas e juristas dos primeiros quatéis do século XX, sequer pelas posições sociológicas de Guasp e Morel, mas pelo grau de autonomia jurídica constitucionalizada a exemplo do que se desponta no discurso do nosso texto constitucional, como conquista teórica da cidadania juridicamente fundamentalizada em princípios e institutos de proposição discursiva e ampliativa em réplica ao colonialismo dos padrões repressores de "centração psicológica e política" dos chamados Estados-nações hegemônicos. Essas seriam as diretrizes da teoria neo-institucionalista do processo que elaborei".

[572] LEAL, André Cordeiro. *Instrumentalidade do processo em crise*. Belo Horizonte: Mandamentos, 2008, p. 148. Refere o processualista mineiro: "No plano do Direito Processual, em sua matriz neo-institucionalista, encontra-se uma proposta teórica consistente que explica como a principiologia constitucional do processo (contraditório, ampla defesa e isonomia) pode ser entendida como assecuratória dessas condições de legitimidade decisória, explicando como o princípio do discurso pode ser institucionalizado (princípio de democracia)".

processo com o texto constitucional, o que também é abarcado pelas duas fases anteriores apontadas (formalismo-valorativo e neoprocessualismo). Aliado a isso, a fase neoinstitucionalista aponta ser o processo uma conquista da cidadania que a fundamenta por meio dos princípios e institutos, com o marco da teoria discursiva[573] em seu bojo, mostrando-se ser uma teoria interessante e complexa.[574]

---

[573] DUTRA, Delamar José Volpato. Teoria discursiva do direito. In: TRAVESSONI, Alexandre (Org.). *Dicionário de teoria e filosofia do direito*. São Paulo: LTr, 2011. p. 400. Sobre o verbete teoria discursiva do direito entende o autor: "O que caracteriza a mencionada relação é a interdependência entre os conceitos referidos, de tal forma que o direito tornará plausível sob o ponto de vista da eficácia uma sociedade pautada na ação comunicativa, uma sociedade democrática, assim como a racionalidade comunicativa poderá suprir o déficit de legitimidade ou de justiça do direito. Nascem, assim, os termos propriamente ditos da teoria discursiva do direito, a qual, portanto, será exposta em três momentos: (1) o conceito de racionalidade comunicativa e ação comunicativa; (2) o papel do direito em uma sociedade que se determina comunicativamente; (3) o papel da racionalidade comunicativa na justificação do direito, sendo esta última parte, certamente, a contribuição mais importante de Habermas".

[574] LEAL, Rosemiro Pereira. *Teoria geral do processo*: primeiros estudos. 9. ed. Rio de Janeiro: Forense, 2010. Em sua nota à 9ª edição, traz o processualista mineiro o que entende que deva ser o estudo do processo, que passa, inevitavelmente, por um forte controle argumentativo, assim discorrendo: "Entretanto, o Processo não adquire em nosso trabalho a finalidade mítica ou metajurídica de salvação dos valores culturais ou veículo de uma 'jurisdição' inatamente talentosa que pudesse resgatar a humanidade de suas aflições. Estudamos aqui o processo, não como um mero instrumento da jurisdição judicacional, mas como paradigma jurídico e eixo sistêmico da atividade jurisdicional do Direito que, por sua vez, só se legitima juridicamente pelo controle argumentativo, amplo, irrestrito e participativo do advogado na estruturação dos procedimentos".

5. Teoria do Processo Constitucional ou Teoria Geral do Processo Constitucional?[575]

A Constituição da República Federativa do Brasil é o marco referencial legislativo mais importante da sociedade,[576] sendo que a irradiação normativa que dali exsurge abarca todos os ramos do Direito tradicional, em especial a ciência do processo.[577] Para Salvador Franco de Lima Laurino,[578] é a partir dos princípios elencados na Constituição Federal que os demais ramos do processo são governados. Mas o que a Constituição Federal aborda no bojo de suas regras e princípios processuais que elenca como fundamentais?[579] Há no texto constitucional regras e princípios[580] que vão mais além do que os direitos e garantias processuais fundamentais? Se sim, qual o alcance do conteúdo processual da

---

[575] LUNARDI, Soraia. *Teoria do processo constitucional*: análise de sua autonomia, natureza e elementos. São Paulo: Atlas, 2013. Na página xix, Gilmar Ferreira Mendes refere um dos nortes que a autora pesquisou e trouxe para reflexão. Diz ele: "Soraya Lunardi, ao concluir seu trabalho, ressalta que uma proposta de teoria processual do direito constitucional, independente, constituiria importante passo para o necessário delineamento dos contornos impressionistas do processo objetivo, e propõe o fim da hibridez sistemática existente em nosso ordenamento, entre o processo comum e o processo constitucional, que estariam a impedir o desenvolvimento de importantes questões, tais como a estrutura e os reflexos das decisões de inconstitucionalidade, possibilitando respostas adequadas e legítimas por parte da justiça constitucional".

[576] PORTO, Sérgio Gilberto; USTÁRROZ, Daniel. *Lições de direitos fundamentais no processo civil*: o conteúdo processual da Constituição Federal. Porto Alegre: Livraria do Advogado, 2009. p. 11. Aduzem: "Na Carta Magna, encontram-se os direitos mais valorizados pela sociedade e pelo próprio sistema. É a Constituição Federal que, através dos princípios, valores e direitos nela incorporados, fornece o ponto de partida para a interpretação e a argumentação jurídica. Hoje, sua força normativa permeia toda a ordem jurídica, circunstância que motiva análise de sua relação com todos os tradicionais ramos do direito, dentre os quais a ciência processual".

[577] NERY JUNIOR, Nelson. *Princípios do processo na Constituição Federal*: processo civil, penal e administrativo. 9. ed. São Paulo: Revista dos Tribunais, 2009. p. 38-41.

[578] LAURINO, Salvador Franco de Lima. *Tutela jurisdicional*: cumprimento dos deveres de fazer e não fazer. Rio de Janeiro: Elsevier, 2010. p. 8.

[579] Para uma leitura profícua do tema referente aos direitos fundamentais, recomenda-se: SARLET, Ingo Wolfgang. *A eficácia dos direitos fundamentais*: uma teoria geral dos direitos fundamentais na perspectiva constitucional. 12. ed. Porto Alegre: Livraria do Advogado, 2015; DUQUE, Marcelo Schenk. *Curso de direitos fundamentais*: teoria e prática. São Paulo: Revista dos Tribunais, 2014.

[580] Não se está aqui trabalhando com a temática da existência de postulados normativos. Para tanto, recomenda-se a leitura: ÁVILA, Humberto. *Teoria dos princípios*: da definição à aplicação dos princípios jurídicos. 16. ed. São Paulo: Malheiros, 2015.

Constituição Federal e mais, pode-se falar, a partir daí, numa Teoria Geral do Processo Constitucional que possa ser a diretriz a todos os demais ramos do processo?

Defende-se que, no tocante aos direitos e garantias processuais fundamentais, o que se tem é um procedimento mínimo que deve ser o guia para todo e qualquer processo judicial (e aqui a lista é longa, passando pelos mais tradicionais, como processo civil, penal e trabalhista, assim como os novos, como processo do consumidor, processo ambiental, entre outros já citados em capítulo próprio), sob pena de, não o fazendo, ou seja, retirando do jurisdicionado algum desses direitos, está-se dando vida a um ato eivado de nulidade[581] ou recheado de invalidade,[582] o que não pode ocorrer num contexto de um país que se diz ser de Estado Democrático de Direito.

A doutrina, no mais das vezes, querendo simplificar determinada questão, acaba por transformá-la em quase que incompreensível. Não é segredo que alguns cursos para concursos acabam por criar macetes[583] para que o concurseiro[584] lembre mais fácil de determinados conceitos ou diferenciações, que são muitas no Direito. Um dos problemas criados por uma parte dos profissionais do Direito é no tocante a como denominar o processo que se encontra tipificado na Constituição Federal. Alguns[585] encontram tamanha diferenciação no conteúdo processual

---

[581] ZIPPELIUS, Reinhold. *Introdução ao estudo do direito*. Tradução de: Gercélia Batista de Oliveira Mendes. Belo Horizonte: Del Rey, 2006. p. xiv. Luiz Moreira, na apresentação à obra, refere: "Como modo de introduzir o leitor nas categorias jurídicas endendradas pelo autor, necessária se faz a distinção e enumeração conceitual das garantias e dos princípios constitucionais brasileiros. O termo garantia constitucional liga-se à idéia de sanção desde que haja desobediência ao preceito constitucional garantidor do sistema processo-procedimental vigente. Quer isso dizer que a inobservância da garantia processual prevista no ordenamento jurídico levará, impreterivelmente, à nulidade do ato praticado – inválido e ineficaz – e, conseqüentemente, dos atos dela derivados. Desse modo, as garantias constitucionais formativas do processo porque a conduta atípica levará a aplicação da sanção prevista constitucionalmente: nulidade absoluta do ato tendo em vista a proteção do interesse público com dispensa da prova do prejuízo, que é presumido. Aqui, distingue-se da nulidade relativa, podendo o ato ser sanado se provado o prejuízo que tenha atingido o interesse privado".

[582] Para uma visão mais contemporânea dos temas das invalidades, recomenda-se: MARDER, Alexandre. *Das invalidades no direito processual civil*. São Paulo: Malheiros, 2010.

[583] Macetes tipo um tapa na nuca para lembrar-se efeito *ex nunc* (a cabeça vai para frente, portanto, os efeitos são daqui para o futuro) e um tapa na testa para o efeito *ex tunc* (pois a cabeça vai para trás, ou seja, os efeitos vão daqui para o passado).

[584] A palavra não está sendo utilizada pejorativamente, mas é como as próprias pessoas tem se denominado quando vivem para o estudo com o intuito de ingresso em alguma carreira pública.

[585] ROSAS, Roberto. *Direito processual constitucional*: princípios constitucionais do processo civil. 3. ed. São Paulo: Revista dos Tribunais, 1999. p. 11-12. Refere: "Daí a indicação do Direito Constitucional ao processualista, nos princípios sobre o âmbito de sua disciplina. A norma constitucional é a matriz da qual surgem princípios e institutos de direito processual chamado Direito Processual Constitucional individual, norma de direito processual que, por seu caráter de fundamentalidade na disciplina de processo, tem encontrado colocação na carta constitucional. Ao contrário, o Direito Constitucional Processual trata do processo constitucional (legitimação constitucional). Já o Direito Processual Constitucional compreende todos os princípios de institutos constitucionaos do Direito Processual (Renzo Provinciali)".

nela existente que o dividem em direito processual constitucional, direito constitucional processual, devido processo constitucional, processo constitucional ou, ainda, Justiça constitucional,[586] e essa expressão ainda pode encontrar múltipla fragmentação, conforme expõe Soraya Lunardi.[587] Note-se, por exemplo, o entendimento de Paulo Roberto de Gouvêa Medina,[588] que, embora admita que uma parte da doutrina pense nessa divisão, melhor sorte não lhe resta, uma vez que, além de não apresentar interesse prático, tampouco se funda em uma base metodológica segura. A doutrina deve servir para orientação, mostrando-se complexa quando há indícios para tanto, não necessitando, então, criar complexidade onde deveria existir, pois, em nossa ótica, qualquer conteúdo processual contido na Constituição Federal pode ser chamado de qualquer dos nomes, sem fazer distinção, preferindo-se, se pudesse escolher um deles somente, o processo constitucional, na esteira do que defende Hermes Zaneti Jr.,[589] mas, novamente, explicitando que qualquer deles poderá ser utilizado.

Mas qual seria a função do processo no Estado Democrático de Direito ou Estado Constitucional?[590] Finalmente, o processo, assim como a Teoria Geral defendida por muitos, encontra-se num estágio atual de libertar-se das amarras de um Estado moderno, no qual as garantias no processo eram por demais vantajosas quase sempre para aquele que não detinha a razão, rumando para um Estado pós-moderno, no qual se

---

[586] NERY JUNIOR, Nelson. *Princípios do processo na Constituição Federal*: processo civil, penal e administrativo. 9. ed. São Paulo: Revista dos Tribunais, 2009. p. 41-42. O autor é um dos que faz a distinção de áreas de processo constitucional, mas aloca estas áreas dentro de uma nomenclatura maior, que chama de justiça constitucional.

[587] LUNARDI, Soraia. *Teoria do processo constitucional*: análise de sua autonomia, natureza e elementos. São Paulo: Atlas, 2013. p. 21. Refere a autora que há quem defenda uma justiça constitucional *latissimo sensu*, uma justiça constitucional *lato sensu*, uma justiça constitucional *stricto sensu* e uma justiça constitucional *strictissimo sensu*.

[588] MEDINA, Paulo Roberto de Gouvêa. *Direito processual constitucional*. 5. ed. Rio de Janeiro: Forense, 2012. p. 5.

[589] ZANETI JR., Hermes. Processo constitucional: relações entre processo e constituição. In MITIDIERO, Daniel Francisco; ZANETI JR., Hermes. *Introdução ao estudo do processo civil*: primeiras linhas de um paradigma emergente. Porto Alegre: Sergio Antonio Fabris, 2004. p. 23-62. p. 33-34. Refere: "Na doutrina, a denominação suprapoposta encontra subdivisões, de ordem 'didática' (sic.), em: direito constitucional processual (dedicada aos princípios constitucionais processuais) e direito processual constitucional (dedicada à matéria propriamente processual, como a jurisdição constitucional, v.g., mandado de segurança, ação direta de constitucionalidade, etc.). Esta distinção se mostra meramente 'metafórica'; portanto, mesmo que acobertada sob o pálio da 'didática' revela-se desnecessária e deve ser repudiada frente à possibilidade de mitigação da importância do tema e sua diluição em discussões meramente terminológicas, de menor importância". E finaliza: "No presente estudo propugna-se que o termo 'processo constitucional' é preciso e suficiente para abarcar os princípios constitucionais processuais, as ações constitucionais, a jurisdição constitucional stricto sensu e as normas sobre organização judiciaria que estão na Constituição".

[590] Ambas são expressões que aparentam ter o mesmo significado, mas não. Um ótimo ensaio para iniciar a compreender sua distinção pode ser lido na obra: MITIDIERO, Daniel. *Processo civil e estado constitucional*. Porto Alegre: Livraria do Advogado, 2007. Em especial a parte I: Estado Constitucional e controle de constitucionalidade no Brasil.

devem estudar novas formas de solução de conflitos, reler institutos obsoletos do processo e trabalhar na maior acessibilidade ao Poder Judiciário para aqueles que de forma alguma conseguem acessá-lo. Não existe outra forma de pensar um novo Poder Judiciário,[591] uma nova Teoria do Processo ou ainda um novo Direito para o ordenamento jurídico brasileiro senão pela ótica do Estado Constitucional trazido com enorme força pela Constituição Federal de 5 de outubro de 1988, ou seja, analisando essas bases com olhos na referida legislação. Diante desse fato, a introdução de Luiz Guilherme Marinoni,[592] em sua obra sobre Teoria Geral do Processo, é uma baliza para o alicerce desse pensamento, no qual o autor faz a leitura da disciplina sob o enfoque constitucional.

Além de demonstrar seu habitual respeito às posições passadas como os conceitos de jurisdição de Chiovenda e Carnelutti, que devem continuar a serem estudadas, reflete para um novo conceito do que vem a ser a atividade jurisdicional, voltada a uma nova concepção do Estado constitucional. Sob essa nova ótica, o princípio da legalidade, tão em voga no passado, perde seu *status*, pois a própria lei deve ceder quando em confronto com a Constituição Federal. Isso faz, obrigatoriamente, com que outro modelo de juiz seja pensado quando refere existir uma transformação do próprio Direito que influi no surgimento de um positivismo crítico, o qual desenvolve novas teorias para a afirmação do conteúdo legislativo infraconstitucional ao constitucional, devendo, a par disso, ser pensado num novo modelo de juiz, que abarque a realidade criada, que influi, de mesma forma, num novo modelo de se pensar a jurisdição.

Por essas razões, a introdução à obra acima referida é um grande contributo a um novo paradigma processual brasileiro, não havendo mais como se vendar os olhos a uma realidade constitucional[593] existente, o que faz com que se pense não só um novo modelo de magistrado, como alertou Luiz Guilherme Marinoni,[594] mais outro modelo de profissional do Direito, e até mesmo do Poder Judiciário.

---

[591] Para ver algumas funções do novo modelo, ver: HENRIQUE FILHO, Ruy Alves. *Direitos fundamentais e processo*. Rio de Janeiro: Renovar, 2008.

[592] MARINONI, Luiz Guilherme. *Teoria geral do processo*. 8. ed. São Paulo: Revista dos Tribunais, 2014. v. I.

[593] ZANETI JR., Hermes. Processo constitucional: relações entre processo e constituição. In MITIDIERO, Daniel Francisco; ZANETI JR., Hermes. *Introdução ao estudo do processo civil*: primeiras linhas de um paradigma emergente. Porto Alegre: Sergio Antonio Fabris, 2004. p. 23-62. p. 56. Na mesma linha, inclusive ressaltando a influência da Constituição na Teoria Geral do Processo, alerta o processualista: "Dentro dessas perspectivas renovadas pela visão constitucional, o processo constitucional passa a ter influência na teoria geral do processo, conformando os institutos processuais com seus limites ampliados e com a ideologia que lhe é inerente".

[594] MARINONI, Luiz Guilherme. *Teoria geral do processo*. 4. ed. São Paulo: Revista dos Tribunais, 2010. p. 24.

5.1. O conteúdo processual da Constituição da República Federativa do Brasil

O advento da Constituição da República Federativa do Brasil, promulgada em 5 de outubro de 1988, não foi somente aplaudida pela regulamentação do seu cunho de Direito material, em especial por seu catálogo de direitos e garantias fundamentais, mas também em razão de trazer previsões constitucionais para matérias que irradiaram seus efeitos a várias disciplinas ligadas ao Direito, o que se comprova com a quase febre da chamada constitucionalização do Direito Privado. Mas não foi só num lado da dicotomia jurídica que a Constituição obrou reformar, mas no outro também e, dentre as áreas mais afetadas está a do processo. O conteúdo processual da Constituição é vastíssimo.[595] Diante desse fato, e sabendo-se que existem inúmeros dispositivos constitucionais aplicados ao processo, dos quais se pode citar, exemplificativamente, a organização judiciária, as ações constitucionais, o controle de constitucionalidade de leis, os recursos aos tribunais superiores, o processo legislativo e os princípios processuais constitucionais, opta-se, para fins didáticos, iniciar por estes, uma vez que se espraiam a todas as áreas do processo e merecem ser quase que como uma introdução ao restante do conteúdo processual da Constituição e dos demais ramos do processo. Encontra-se no processo, basicamente, para fins do presente estudo, quatro diferentes fontes que podem ser identificadas com conteúdo processual jurisdicional: (i) os direitos e garantias individuais e coletivos; (ii) a organização judiciária; (iii) o controle de constitucionalidade das leis; e (iv) as ações constitucionais, restando, pois, de fora, o processo legislativo. Por isso, no presente estudo, o conceito de processo constitucional é o mais amplo possível, podendo-se, inclusive, falar em processos constitucionais, como lembram Dimitri Dimoulis e Soraya Lunardi.[596]

Finalizando, ainda em caráter introdutório ao capítulo, é bom ser referido que os recursos aos Tribunais Superiores estão inseridos dentro do conjunto de dispositivos que formam a organização judiciária, razão pela qual não será aberto um tópico exclusivo para o estudos desses meios de impugnação de decisões judiciais.

---

[595] PORTO, Sérgio Gilberto; USTÁRROZ, Daniel. *Lições de direitos fundamentais no processo civil*: o conteúdo processual da Constituição Federal. Porto Alegre: Livraria do Advogado, 2009. p. 11. Aduzem: "No Brasil, o vínculo entre Constituição e processo ficou mais evidente a partir da Constituição de 1988, em face das múltiplas previsões aplicáveis ao direito processual".

[596] DIMOULIS, Dimitri; LUNARDI, Soraya. *Curso de direito constitucional*: controle de constitucionalidade e remédios constitucionais. São Paulo: Atlas, 2011. p. 7-8.

5.1.1. Direitos fundamentais processuais na Constituição Federal

A Constituição Federal tem no seu rol de garantias processuais[597] ou direitos fundamentais processuais uma série de individualizações, ou seja, há garantias ou direitos que devem ser lidos para todo e qualquer área processual, como, por exemplo, da tempestividade do processo,[598] assim como há garantias ou direitos que devem ser analisados e interpretados especificamente para uma ou outra seara, como a irretroatividade da lei penal, que somente pode ser lida para esse, ou a anterioridade tributária, que somente pode ser atribuída ao Direito Tributário propriamente dito. Neste capítulo apenas serão alvo de análise os direitos fundamentais processuais insertos na Constituição que, em tese, devem ser aplicados a todos os ramos do Direito Processual.

Acesso ao Poder Judiciário seria a melhor das nomenclaturas para elucidar qual realmente seria o alcance, como regra, do conteúdo existente no artigo 5º, inciso XXXV, da Constituição Federal,[599] embora outras tantas sejam encontradas na doutrina. Há, nas obras já produzidas sobre a temática, incontáveis formas de se referir ao nome do enunciado ou fonte[600] normativa ali residente, sendo que, até mesmo pelo contexto crítico que adiante será tomado, não se pode negar que a melhor nomenclatura para referir, num primeiro momento, sua densidade, é o do direito fundamental de acesso ao Poder Judiciário. Conforme relembra Paulo Roberto de Figueiredo Dantas,[601] ao eleger o princípio como o da inafastabilidade da jurisdição, há outros nomes a lembrar, como o do livre acesso ao Poder Judiciário, da inafastabilidade da tutela jurisdicional, o da universalidade ou ubiquidade da jurisdição, o da inafastabilidade do controle jurisdicional,[602] utilizado por Dierle Nunes, Alexandre Bahia, Bernando Ribeiro Câmara e Carlos Henrique Soares.[603] Contudo, a leitura atenta do texto do artigo 5º, inciso XXXV, ao dispor que *a lei não excluirá da apreciação do Poder Judiciário lesão ou ameaça a direito*, demons-

---

[597] Reconhece-se a diferença entre garantias e direitos, sendo estes normas que declaram a existência de um interesse e aquelas como normas de conteúdo assecuratório de direitos.

[598] Em que pese, por exemplo, o tempo do processo penal, o tempo do processo civil e o tempo do processo do trabalhista terem diferenciações.

[599] Que tem previsão no CPC/2015: "Art. 3º Não se excluirá da apreciação jurisdicional ameaça ou lesão a direito".

[600] Prefere-se a palavra fonte. Para tanto, recomenda-se a leitura: GUASTINI, Ricardo. *Das fontes às normas*. Tradução de Edson Bini. São Paulo: Quartir Latin, 2005.

[601] DANTAS, Paulo Roberto de Figueiredo. *Direito processual constitucional*. São Paulo: Atlas, 2009, p. 29.

[602] Encontramos, inclusive, título de livro com esta redação: GERAIGE NETO, Zaiden. *O princípio da inafastabilidade do controle jurisdicional*: art. 5º, inciso XXXV, da Constituição Federal. São Paulo: Revista dos Tribunais, 2003.

[603] NUNES, Dierle et al. *Curso de direito processual civil*: fundamentação e aplicação. Belo Horizonte: Fórum, 2011. p. 90.

tra, num primeiro momento, que o texto pode ser normatizado como regra, e não princípio, o que lhe fortaleceria como uma cláusula de acesso.[604] Note-se que, até mesmo pelo que já foi exposto em momentos mais iniciais da leitura, há meios de resolução de conflitos que deveriam, ao menos, coibir que as partes, após seu acertamento, fossem ainda privilegiadas com a abertura, sem limitações, das portas do Poder Judiciário. Uma nomenclatura de direito fundamental que traz o Poder Judiciário como inafastável para qualquer tipo de situação da vida faz com que todo tipo de violação em que se acredite existir um pretenso direito acabe nele, causando prejuízos que vão muito além da mera estruturação. De igual forma, nominar o enunciado de princípio de livre acesso ao Poder Judiciário padece do mesmo problema, sendo que neste sequer o texto se respeita, quando refere que só será apreciado pelo Judiciário lesão ou ameaça a direito, encontrando, no próprio inciso, limitação ao acesso, o que derrubaria, de vez, a nomenclatura sugerida. Ainda, princípio do acesso à justiça,[605] por se tratar de outro nome bastante utilizado para identificar o artigo 5º, inciso XXXV, deve ser de igual forma criticado, caso não utilizada a expressão justiça em substituição a Poder Judiciário,[606] tendo em vista que, se utilizada com intenção de levar ao cidadão a crer que no Poder Judiciário encontrará justiça,[607] está-se prometendo algo praticamente ou totalmente incumprível, o que não pode, em hipótese alguma, encontrar norte.

Contudo, as críticas acima servem quando o acesso é interpretado como se regra fosse, pois, principiologicamente, seu conteúdo é bem mais alargado. Como princípio, resta evidente que não se nega que ao

---

[604] MARINONI, Luiz Guilherme; MITIDIERO, Daniel. Direitos fundamentais processuais. In: SARLET, Ingo Wolfgang; MARINONI, Luiz Guilherme; MITIDIERO, Daniel. *Curso de direito constitucional*. 4. ed. São Paulo: Saraiva, 2015. p. 729-794. p. 741. Não se está diminuindo, em hipótese alguma, a importância do direto de ação visto, para os autores, como o acesso a uma tutela adequada e efetiva. O que se está querendo dizer é que, interpretado o texto, há uma regra clara de acesso, assim como um princípio, cada qual com conteúdos próprios.

[605] NUNES, Dierle et al. *Curso de direito processual civil*: fundamentação e aplicação. Belo Horizonte: Fórum, 2011. p. 90. Referem os autores que o princípio foi uma implementação via consagração do Projeto Florença de Acesso à Justiça.

[606] Isso se dá pelo respeito ao movimento de acesso à justiça que pode ser encontrado nas linhas escritas por: PORTO, Sérgio Gilberto; USTÁRROZ, Daniel. *Lições de direitos fundamentais no processo civil*: o conteúdo processual da Constituição Federal. Porto Alegre: Livraria do Advogado, 2009. p. 40.

[607] CAPPELLETTI, Mauro; GARTH, Bryant. *Acesso à justiça*. Tradução de: Ellen Gracie Northfleet. Porto Alegre: Fabris, 1998. p. 8. Por evidente que não se nega que poderá existir justiça no Poder Judiciário. Mas a expressão, por si só, é muito forte e, conforme apontam Mauro Cappelletti e Bryant Garth, há duas concepções sobre a expressão que não podem ser perdidas de vista. Referem eles: "A expressão 'acesso à Justiça' é reconhecidamente de difícil definição, mas serve para determinar duas finalidades básicas do sistema jurídico – o sistema pelo qual as pessoas podem reivindicar seus direitos e/ou resolver seus litígios sob os auspícios do Estado. Primeiro, o sistema deve ser igualmente acessível a todos; segundo, ele deve produzir resultados que sejam individual e socialmente justos. Nosso enfoque, aqui, será primordialmente sobre o primeiro aspecto, mas não poderemos perder de vista o segundo".

jurisdicionado deva ser assegurado os direitos e garantias inerentes a ter um Poder Judiciário que lhe confirme seu direito, mas isso não pode ser alocado ao texto, quando interpretado como regra. Sob este ponto de vista, pode-se afirmar que o direito de acesso já é um grande avanço, ou seja, poder ir atrás do seu direito é uma conquista realizada ao longo da história e sua existência não deve ser negada. Para que se garanta o direito final violado, com efetividade, o próprio ordenamento constitucional cuida do procedimento de como se chegar lá. Deve haver um compartilhamento na densificação do texto constitucional, pois, quando se densifica o artigo 5º, inciso XXXV, com conteúdos que a própria Constituição diz que existem em momentos ou por institutos diversos, perde-se normatividade e na concretização do texto. A tutela jurisdicional inicia pelo acesso, mas se concretiza com a leitura constitucional e infraconstitucional dos demais princípios e regras que fazem parte do ordenamento jurídico. Assim, não se nega que o artigo 5º, inciso XXXV, tem, na doutrina majoritária, um alcance muito maior do que o que se está agora defendendo. Contudo, o acesso desencadeia um mecanismo que, lido de forma sistemática, alcança, na própria Constuição Federal e legislações infraconstitucionais, aquilo que se defende como um modelo ideal de Poder Judiciário, de Justiça, de Direito, de Processo e de Jurisdição. A marcha do processo que é desencadeada com o acesso encontra, no devido processo legal, a esteira que regerá sua vida no Poder Judiciário, ou no próprio artigo 5º, inciso XXXV, caso se prefira interpretá-lo, ao lado da regra, como princípio.

Então, após a parte ingressar com sua pretensão no Poder Judiciário, provocando-o, deverá encontrar nele fontes que sejam cumpridas no caminho percorrido pelo processo de seu início ao seu final, razão pela qual se faz presente como princípio processual constitucional o do devido processo legal,[608] alocado no artigo 5º, inciso LIV, afirmando que *ninguém será privado da liberdade ou de seus bens sem o devido processo legal.* Um dos estudos mais profundos sobre a cláusula do devido processo legal é a obra de Ângelo Aurélio Gonçalves Pariz,[609] denominada de **O Princípio do Devido Processo Legal: Direito Fundamental do Cidadão**, na qual faz uma abordagem histórica do Direito em diversos ordenamentos jurídicos estrangeiros, passando por Estados Unidos, Portugal, Espanha, Itália, Noruega, Finlândia, Suíça, Áustria, México, Venezuela, Colômbia, Uruguai, Japão, Alemanha, Argentina, Panamá, China, Peru, Cuba, Chile, França, Grã-Bretanha, até chegar ao Brasil.

---

[608] Para uma compreenão mais histórica, até mesmo de suas raízes com o *common law*, recomenda-se: MATTOS, Sérgio Wetzel de. *Devido processo legal e proteção de direitos.* Porto Alegre: Livraria do Advogado, 2009.

[609] PARIZ, Ângelo Aurélio Gonçalves. *O princípio do devido processo legal*: direito fundamental do cidadão. Coimbra: Almedina, 2009.

Há na doutrina mais recente uma tendência a elencar dentre o rol de direitos fundamentais aquele que garante ao jurisdicionado o processo justo. Já existe dito direito, por exemplo, positivado no artigo 111[610] da Constituição, italiana ao garantir o *giusto processo*[611] ao seu cidadão. Segundo referem Luiz Guilherme Marinoni e Daniel Mitidiero,[612] a cláusula do direito fundamental ao processo justo concentra-se no artigo 5º, inciso LIV, da Constituição Federal brasileira, que trata, de mesma forma, do devido processo legal, e tem uma matriz que pode ser visualizada nas emendas V e XIV da Constituição dos Estados Unidos da América. O conteúdo existente na cláusula do processo justo, segundo os processualistas,[613] pende para o lado da organização do processo, sendo um modelo mínimo de atuação processual que visa a garantir a obtenção de decisões justas ao caso levado à apreciação do Poder Judiciário. Quanto à nomenclatura, entendem não ser pertinente a do devido processo legal, tendo em vista duas razões existentes, quais sejam, (i) a de que ela remete ao Estado de Direito, no qual o processo era um anteparo estatal; e (ii) de que se faz pensar no *substantive due process of law*, quando, na tradição brasileira, não há necessidade de se pensar a cláusula para além de sua dimensão processual. Em síntese final, concluem eles[614] que o direito fundamental ao processo justo impõe um respeito aos demais direitos fundamentais processuais, sendo esse um perfil mínimo para a atuação da jurisdição, devendo existir uma divisão do trabalho processual que seja pautado pela *colaboração*[615] do juiz para com as partes. Cumpre referir que a cláusula do devido processo legal ou devido processo constitucional, ou direito fundamental ao processo justo, ou,

---

[610] O texto no original é: "*La giurisdizione si attua mediante il giusto processo regolato dalla legge*".

[611] GIUDICE, Frederico del. *La Costituzione esplicata*: la Carta fondamentale della Repubblica spiegata articolo per articolo. Napoli: Esselibri, 2003. p. 111. "Ogni processo si svolge nel contraddittorio tra Le parti, in condizioni do parità, davanti a giudice terzo e imparziale. La legge NE assicura la ragionevole durata".

[612] SARLET, Ingo Wolfgang; MARINONI, Luiz Guilherme; MITIDIERO, Daniel. *Curso de direito constitucional*. São Paulo: Revista dos Tribunais, 2012. p. 615. Aduzem que: "De forma absolutamente inovadora na ordem interna, nossa Constituição assevera que 'ninguém será privado da liberdade ou de seus bens sem o devido processo legal' (art. 5º, LIV). Com isso, institui o direito fundamental ao processo justo no direito brasileiro".

[613] Idem, p. 616.

[614] Idem, p. 618-619. Referem: "O direito ao processo justo conta, pois, com um perfil mínimo. Em primeiro lugar, do ponto de vista da 'divisão do trabalho' processual, o processo justo é pautado pela *colaboração* do juiz para com as partes. *O juiz é paritário no diálogo e assimétrico apenas no momento da imposição de suas decisões*. Em segundo lugar, constitui processo capaz de prestar *tutela jurisdicional adequada e efetiva*, em que as partes participam em pé de *igualdade* e com *paridade de armas*, em *contraditório*, com *ampla defesa*, com *direito à prova*, perante *juiz natural*, em que todos os seus pronunciamentos são *previsíveis, confiáveis e motivados*, em procedimento *público*, com *duração razoável* e, sendo o caso, com direito à *assistência jurídica integral* e formação de *coisa julgada*".

[615] Para compreender mais sobre o modelo de processo colaborativo: MITIDIERO, Daniel. *Colaboração no processo civil*: pressupostos sociais, lógicos e éticos. 2. ed. São Paulo: Revista dos Tribunais, 2011.

ainda, direito fundamental ao procedimento justo, contém um conceito tão aberto[616] que poderia não existir qualquer outro princípio ou regra expresso na Constituição Federal e, mesmo assim, para concretizar sua abstração, poderiam estar inseridos na cláusula do *due process of law*.

A redação do artigo 5º, inciso LIII, da Constituição Federal, parece cristalina ao expor que *ninguém será processado nem sentenciado senão por autoridade competente,* fazendo, assim, alusão a dois princípios que são garantidores do procedimento justo ou do devido processo legal ou de direito, que são o do juiz natural[617] (ao ilustrar que ninguém será sentenciado) e do promotor natural (ao referir que ninguém será processado), senão por uma autoridade legitimada para tais atos. Paulo Roberto de Gouvêa Medina[618] afirma que o alcance do juiz natural é tão amplo que abarca, inclusive, a proibição de um julgamento por órgãos judiciários não constituídos ao tempo do julgamento, o que parece encontrar guarida em um outro princípio constitucional, que seria o da proibição da criação de tribunal de exceção, que será trabalhado *a posteriori*.

Ao juiz não basta estar legitimado por meio de um concurso público de provas e títulos[619] para prolatar decisões judiciais em casos levados ao seu conhecimento, mas, de mesma forma, deve-se garantir que esse agente esteja imbuído de total imparcialidade, o que faz com que sua decisão esteja garantida contra agentes externos que influenciem, sobremaneira, seu convencimento na hora de decidir.[620] Segundo Paulo de Gouvêa Medina,[621] o juiz, além de ser natural, deve ser imparcial,

---

[616] ALVIM, Eduardo Arruda; THAMAY, Rennan Faria Kruger; GRANADO, Daniel Willian. *Processo constitucional*. São Paulo: Revista dos Tribunais, 2014. p. 29. Referem: "Dissemos também que o princípio do *due process of law*, em verdade, abrange uma série de outros princípios, que, por isso mesmo, de rigor, não precisariam sequer constar expressamente do texto constitucional, e nem por isso deixariam de estar nele compreendidos. Nada obstante, tem-se por louvável a preocupação do constituinte de 1988 em fazer constar do texto constitucional uma série de princípios que, a rigor, estariam contidos no devido processo legal".

[617] Um bom livro que aborda a função dos juízes no Estado Democrático de Direito é: GOMES, Luiz Flávio. *A dimensão da magistratura no Estado Constitucional e Democrático de Direito*: independência judicial, controle judiciário, legitimação da jurisdição, politização e responsabilidade do juiz. São Paulo: Revista dos Tribunais, 1997.

[618] MEDINA, Paulo Roberto de Gouvêa. *Direito processual constitucional*. 5. ed. Rio de Janeiro: Forense, 2012, p. 40.

[619] É o que dispõe a Constituição Federal em seu artigo 93, I, assim como o artigo 78 da Lei Orgânica da Magistratura (LOMAN).

[620] Cabe ressaltar que existe uma discussão sobre o Tribunal do Júri, sua imparcialidade e se há respeito ao juiz natural com sua previsão. Como explica Francisco Gérson Marques de Lima, o Júri está previsto do rol de direitos e garantias fundamentais e, antes de ser um órgão do Poder Judiciário, é um direito do cidadão. LIMA, Francisco Gérson Marques de. *Fundamentos constitucionais do processo*: sob a perspectiva da eficácia dos direitos e garantias fundamentais. São Paulo: Malheiros, 2002. p. 185.

[621] MEDINA, Paulo Roberto de Gouvêa. *Direito processual constitucional*. 5. ed. Rio de Janeiro: Forense, 2012, p. 42.

havendo instrumentos, como as exceções de impedimento e suspeição,[622] que trabalhem para que isso ocorra no caso concreto, o que encontra respaldo em casos já julgados pelo Poder Judiciário.[623] É de se referir que há previsão constitucional para o cargo de juiz, além de existir regramento próprio na Lei Orgânica da Magistratura[624] (Lei Complementar n. 35/79) e do contestável Código de Ética criado no seio do Conselho Nacional de Justiça.[625]

Da mesma forma como insculpido no texto constitucional, o direito fundamental ao juiz natural no artigo 5º, inciso LIII, ao referir que ninguém será sentenciado senão por autoridade competente, aloca o promotor natural em igual patamar, ao colocar que, da mesma forma, ninguém será processado senão por autoridade competente. Tal fonte traz, como observam Eduardo Arruda Alvim, Rennan Faria Kruger Thamay e Daniel William Granado,[626] uma convicção de que aquele que processar outrem (no caso, o membro do Ministério Público[627]), estará dotado de autonomia e independência no processo, o que lhe garante a imparcialidade e o desinteresse na condenação do réu, não se esquecendo de que suas atribuições estão elencadas tanto na Constituição Federal[628] como na Lei n. 8.625/93[629] (Lei Orgânica Nacional do Ministério Público).

---

[622] Os motivos de impedimento e de suspeição estão, respectivamente, no Código de Processo Civil, nos artigos 134 e 135, sendo que o incidente está inserido nos artigos 304, 305, 306, 312, 313 e 314 do mesmo *Codex*.

[623] O entendimento de que a imparcialidade é parte importante na densificação do princípio do juiz natural pode ser visto no seguinte julgamento: Exceção de suspeição n. 7005533691, de relatoria do Desembargador Rui Portanova: "Ementa: EXCEÇÃO DE SUSPEIÇÃO. AUSÊNCIA DE FATOS QUE COMPROMETAM A IMPARCIALIDADE DA JUÍZA EXCEPTA. A exceção de suspeição constitui mecanismo processual destinado a afastar o juiz de suas funções judicantes em determinadas situações em que sua imparcialidade restou prejudicada. Ou seja, a medida é de extrema excepcionalidade e somente se justifica quando estiver presente alguma das hipóteses previstas no artigo 135 do Código de Processo Civil. O caso dos autos, contudo, não reúne de longe espelha qualquer dessas hipóteses. E não há nos autos quaisquer indicativos que demonstrem tal situação. Inexiste qualquer prova ou indício que indique o comprometimento da imparcialidade da magistrada excepta, o que seria indispensável aqui, sob pena de violação ao princípio constitucional do juiz natural, sendo de rigor a rejeição da presente exceção. EXCEÇÃO DE SUSPEIÇÃO REJEITADA. (Exceção de Suspeição Nº 70055336291, Oitava Câmara Cível, Tribunal de Justiça do RS, Relator: Rui Portanova, Julgado em 01/08/2013)". Disponível em: <http://www.tjrs.jus.br/busca/?q=princ%EDpio+e+juiz+e+natural+e+imparcialidade&tb=jurisnova%2520RS.%28_q=&ini=20>. Acesso em: 26 ago. 2013.

[624] Para consulta na íntegra da lei, ver: <http://www.planalto.gov.br/ccivil_03/leis/lcp/lcp35.htm>. Acesso em: 26 nov. 2014.

[625] Para consulta na íntegra da lei, ver: <http://www.cnj.jus.br/codigo-de-etica-da-magistratura>. Acesso em: 26 nov. 2014.

[626] ALVIM, Eduardo Arruda; THAMAY, Rennan Faria Kruger; GRANADO, Daniel Willian. *Processo constitucional*. São Paulo: Revista dos Tribunais, 2014. p. 40.

[627] Para melhor compreender a função do Ministério Público, recomenda-se a leitura: PORTO, Sérgio Gilberto. *Sobre o Ministério Público no processo não-criminal*. 2. ed. Rio de Janeiro: AIDE, 1998.

[628] Entre os artigos 127 e 130-A.

[629] Para consulta na íntegra da lei, ver: <http://www.planalto.gov.br/ccivil_03/leis/l8625.htm>. Acesso em: 26 nov. 2014.

Talvez um dos temas mais tormentosos que se seguiu após a derrocada da Alemanha nazista no pós-guerra seja o julgamento daqueles que, em nome daquilo que se podia falar em normatividade, na época, cometeram seus atos albergados por ela. Julgar atos passados nos quais, aparentemente, havia uma regulação a ser seguida, não é tarefa simples, pelo menos não para aquele que pretende estudar com certa profundidade as questões relacionadas à Teoria do Direito. Quem julgará os atos? Como julgar sem estar lá para ver as consequências da não realização de uma ordem? Como declarar, no presente, que uma conduta passada que, aparentemente, estava revestida pela legalidade, é hoje considerada ilegal? Essas e outras perguntas são necessárias para a compreensão da razão da existência de um direito fundamental de proibição da criação de juízo ou de tribunal de exceção[630] que está positivado no artigo 5º, inciso XXXVII, da Constituição Federal.

O texto do artigo 5º, inciso LV, da Constituição Federal, expõe que *aos litigantes, em processo judicial ou administrativo, e aos acusados em geral são assegurados o contraditório e a ampla defesa, com os meios e recursos a ele inerentes*, demonstrando, a princípio, pelo menor esforço possível hermenêutico que se possa realizar sobre a leitura do texto, que são previstos dois princípios diferentes: o do contraditório e o da ampla defesa, que não podem, diante disso, ser tratados como se tivessem o mesmo sentido. O primeiro deles, alvo deste tópico, ainda é conhecido como princípio da bilateralidade de audiência ou da *audita altera pars*, conforme relata Bruno Ponich Ruzon.[631] Sob a escrita de Ovídio A. Baptista da Silva e Fábio Luiz Gomes,[632] o princípio tem função cardeal para que se determine o próprio conceito da função da jurisdição, indo além, ao referirem que a história do contraditório se confunde com a própria história do processo civil.

Numa linha argumentativa, pode-se auferir uma importância salutar na garantia do contraditório, como se verifica na leitura de Sérgio Gilberto Porto e Daniel Ustárroz,[633] ao afirmarem que é a partir dele – contraditório – que o cidadão encontra meios de participação no exer-

---

[630] As discussões podem ser vistas pela ótica cinematográfica, pois há filmes que retratam exatamente a criação de tribunais de exceção e como se deram seus julgamentos, quer numa dimensão mais ligada à ficção, como *O Esquadrão de Justiça*, ou películas que resgatam partes históricas do passado, como os dois *O Julgamento de Nuremberg* (um de 1961 e sua refilmagem do ano de 2000), assim como *O Leitor*, em sua versão de livro ou de filme, e ainda o mais recente *Hannah Arendt*, que retrata parte da vida da filósofa alemã no tempo em que cobriu o julgamento de Adolf Eichmann, cuja obra Eichmann em Jerusalém, que deu sustentáculo ao filme, se tornou um clássico da literatura.

[631] RUZON, Bruno Ponich. Princípios do contraditório e da ampla defesa. In: —— (Org.). *Princípios do processo civil brasileiro*. Porto Alegre: Verbo Jurídico, 2013. p. 141-166. p. 148.

[632] SILVA, Ovídio A. Baptista da; GOMES, Fábio Luiz. *Teoria geral do processo civil*. 5. ed. São Paulo: Revista dos Tribunais, 2010. p. 50.

[633] PORTO, Sérgio Gilberto; USTÁRROZ, Daniel. *Lições de direitos fundamentais no processo civil*: o conteúdo processual da Constituição Federal. Porto Alegre: Livraria do Advogado, 2009. p. 52.

cício do poder, legitimando, assim, a atuação do Estado. O princípio encontra nas normas fundamentais do processo civil (Lei n. 13.105/15), pelo menos, três visões contemporâneas, podendo ser tratado como a mera bilateralidade de audiência[634] ou de reequilíbrio processual, assim como direito de influência na construção da decisão judicial[635] e ainda como elemento integrante da proibição de surpresa[636] no processo.[637]

Também encontrada no mesmo artigo 5º, inciso LV, da Constituição Federal, a ampla defesa é uma garantia do jurisdicionado, tanto quando esse for parte ou interessado em processo administrativo ou judicial. Note-se que, diferentemente do contraditório, a ampla defesa está mais ligada à instrumentalização das partes no tramitar do processo. Como se chega a uma representação adequada ou como se impugna um laudo pericial em juízo? A primeira resposta que seria com um advogado capacitado e a segunda ligada a um assistente técnico capacitado são representações de uma ampla defesa. Um dos casos de maior impacto no princípio da ampla defesa foi julgado na Suprema Corte dos Estados Unidos em 1962. Trata-se do caso *Gideon v. Wainwright*, quando a Corte anulou a condenação de Gideon por não ter sido providenciado advogado em sua defesa criminal nas instâncias inferiores,[638] sendo um precedente ligado ao *due process of law*, sendo um exemplo do que seria a ampla defesa.[639]

---

[634] CPC/2015: "Art. 7º É assegurada às partes paridade de tratamento em relação ao exercício de direitos e faculdades processuais, aos meios de defesa, aos ônus, aos deveres e à aplicação de sanções processuais, competindo ao juiz zelar pelo efetivo contraditório".

[635] CPC/2015: "Art. 9º Não se proferirá decisão contra uma das partes sem que ela seja previamente ouvida. Parágrafo único. O disposto no caput não se aplica: I – à tutela provisória de urgência; II – às hipóteses de tutela da evidência previstas no art. 311, incisos II e III; III – à decisão prevista no art. 701".

[636] CPC/2015: "Art. 10. O juiz não pode decidir, em grau algum de jurisdição, com base em fundamento a respeito do qual não se tenha dado às partes oportunidade de se manifestar, ainda que se trate de matéria sobre a qual deva decidir de ofício".

[637] DELFINO, Lúcio. *Direito processual civil*: artigos e pareceres. Belo Horizonte: Fórum, 2011. p. 40. Em síntese, afirma o autor: "Mais condizente com a realidade atual e hábil para afiançar legitimidade (democrática) à atividade jurisdicional, o contraditório, imbuído dos significados que hoje lhe são apregoados, garante aos cidadãos participação direta e efetiva no exercício da jurisdição e no resultado dela emanado".

[638] PRENTZAS, G. S. *Gideon v. Wainwright*: the right to free legal counsel. New York: Chelsea House, 2007. p. 7-8. Eis um pouco da história do caso: "Gideon claimed that He had been denied due processo f law at his Trial in Florida. The Fourteenth Amendment to the U.S. Constitution, He noted, guarantees that no states hall take any citizen's 'life, liberty, or property without due processo f law'. At his Trial, Gideon had asked the judge to provide him an attorney to assist in his defense. Following state law, the judge had denied the request. In his petition to the Supreme Court, Gideon insisted that He was imprisoned illegally. He claimed that the due process clause of the Fourteenth Amendment required the State of Florida to provide him a lawyer. Gideon also asserted that the state should have offered an attorney free of charge because He could not afford to hire one".

[639] Contudo, em nome da ampla defesa, muito se contribuiu negativamente, sendo necessário saber o que é realmente seu conteúdo e o que é abuso dentro do processo. Para uma leitura crítica, recomenda-se: SANTOS FILHO, Orlando Venâncio dos. *A dogmatização da ampla defesa*: óbice à efetividade do processo. Rio de Janeiro: Lumen Juris, 2005.

O direito fundamental à publicidade dos atos processuais está duplamente prevista no texto constitucional, sendo que no artigo 5º, inciso LX, encontra-se à disposição de que *a lei só poderá restringir a publicidade dos atos processuais quando a defesa da intimidade ou o interesse social o exigirem*, e no artigo 93, inciso IX, em sua primeira parte, refere [...] *que todos os julgamentos dos órgãos do Poder Judiciário serão públicos, e fundamentadas todas as decisões, sob pena de nulidade, podendo a lei limitar a presença, em determinados atos, às próprias partes e a seus advogados, ou somente a estes, em casos nos quais a preservação do direito à intimidade do interessado no sigilo não prejudique o interesse público à informação, podendo a lei limitar a presença, em determinados atos, às próprias partes e a seus advogados, ou somente a estes, em casos nos quais a preservação do direito à intimidade do interessado no sigilo não prejudique o interesse público à informação.*

O que traz a tão almejada transparência aos atos emanados pelo Poder Público? Tal garantia está expressa no artigo 11[640] do CPC/2015 e se trata de uma das maiores garantias de controle dos atos da administração judiciária.[641]

A motivação[642] das decisões judiciais e administrativas[643] é um direito fundamental do cidadão e uma das formas de fiscalização do Poder Judiciário. Está prevista no artigo 93, inciso IX, da Constituição Federal, e traz a previsão de que o jurisdicionado no Poder Judiciário tem o direito de ter *fundamentadas todas as decisões, sob pena de nulidade*, estando, juntamente com a publicidade, no artigo 11º do CPC/2015. Aliado a esse fato deve ser lembrado que o novo texto processual é cristalino em seu artigo 489,[644] quando vem referir o que não é uma decisão fundamentada, assim

---

[640] CPC/2015: "Art. 11. Todos os julgamentos dos órgãos do Poder Judiciário serão públicos, e fundamentadas todas as decisões, sob pena de nulidade. Parágrafo único. Nos casos de segredo de justiça, pode ser autorizada a presença somente das partes, de seus advogados, de defensores públicos ou do Ministério Público".

[641] ALMADA, Roberto José Ferreira de. *A garantia processual da publicidade*. São Paulo: Revista dos Tribunais, 2005.

[642] Leitura imprescindível: TARUFFO, Michele. *A motivação da sentença civil*. Tradução de: Daniel Mitidiero; Rafael Abreu; Vitor de Paula Ramos. São Paulo: Marcial Pons, 2015.

[643] FREITAS, Juarez. *Direito fundamental à boa administração pública*. 3. ed. São Paulo: Malheiros, 2014. Sobre o assunto recomenda-se a leituras das páginas 69 a 84.

[644] CPC/2015: "Art. 489. São elementos essenciais da sentença: I – o relatório, que conterá os nomes das partes, a identificação do caso, com a suma do pedido e da contestação, e o registro das principais ocorrências havidas no andamento do processo; II – os fundamentos, em que o juiz analisará as questões de fato e de direito; III – o dispositivo, em que o juiz resolverá as questões principais que as partes lhe submeterem. § 1º Não se considera fundamentada qualquer decisão judicial, seja ela interlocutória, sentença ou acórdão, que: I – se limitar à indicação, à reprodução ou à paráfrase de ato normativo, sem explicar sua relação com a causa ou a questão decidida; II – empregar conceitos jurídicos indeterminados, sem explicar o motivo concreto de sua incidência no caso; III – invocar motivos que se prestariam a justificar qualquer outra decisão; IV – não enfrentar todos os argumentos deduzidos no processo capazes de, em tese, infirmar a conclusão adotada pelo julgador; V – se limitar a invocar precedente ou enunciado de súmula, sem identificar seus fundamentos determinantes nem demonstrar que o caso sob julgamento se ajusta àqueles fundamentos; VI – deixar de

como inova ao trazer para dentro do contexto decisório a possibilidade da justificação judicial[645] no caso de colisão de normas, o que encontra previsão no § 2º do mesmo artigo e que deve fazer parte da estrutura lógica de uma sentença judicial, como aponta Pierluigi Chiassoni.[646]

O artigo 5º, inciso LVI, da Constituição Federal, elenca um dos mais importantes direitos processuais que um jurisdicionado tem durante a tramitação de seu processo, que é o da proibição da prova ilícita, ao textualizar que *são inadmissíveis, no processo, as provas obtidas por meios ilícitos*. Enquanto parcela da doutrina invoca como nome mais adequado o da proibição da prova ilícita,[647] entende-se, até para que fique mais bem compreensível, que é mais técnico que se refira ao mesmo como direito fundamental à prova lícita. Se existe na Constituição Federal, em seu artigo 5º, inciso LVI, a previsibilidade de que *são inadmissíveis, no processo, as provas obtidas por meios ilícitos*, criando-se, assim, o que se tem trabalhado pela doutrina como sendo um direito fundamental à proibição da prova ilícita,[648] resta evidente que, lido de outra forma, há, no mesmo texto, um direito fundamental[649] que garante ao jurisdicionado a obtenção de qualquer prova em seu processo que tenha sido obtida por algum meio lícito, razão pela qual qualquer das nomenclaturas apresentadas neste subtítulo pode ser deduzida para a compreensão do instituto. Segundo expõem Sérgio Gilberto Porto e Daniel Ustárroz,[650] a escuta telefônica clandestina, a quebra de sigilo bancário e a violação de segredo profissional podem ser exemplos de provas obtidas ilicitamente e, por isso, não se prestam a permanecer no processo, pois violadoras do direito fundamental em questão.

Talvez os mais equivocados entendimentos que se tenha sobre um direito fundamental processual sejam aqueles advindos da leitura do tex-

---

seguir enunciado de súmula, jurisprudência ou precedente invocado pela parte, sem demonstrar a existência de distinção no caso em julgamento ou a superação do entendimento. § 2º No caso de colisão entre normas, o juiz deve justificar o objeto e os critérios gerais da ponderação efetuada, enunciando as razões que autorizam a interferência na norma afastada e as premissas fáticas que fundamentam a conclusão. § 3º A decisão judicial deve ser interpretada a partir da conjugação de todos os seus elementos e em conformidade com o princípio da boa-fé".

[645] Para uma melhor compreensão do tema, recomenda-se a obra: MOTTA, Otávio Verdi. *Justificação da decisão judicial*: a elaboração da motivação e a formação de precedente. São Paulo: Revista dos Tribunais, 2015.

[646] CHIASSONI, Pierluigi. *Tecnica dell'interpretazione giuridica*. Bologna: Mulino, 2007. p. 18 *et seq*.

[647] ALVIM, Eduardo Arruda; THAMAY, Rennan Faria Kruger; GRANADO, Daniel Willian. *Processo constitucional*. São Paulo: Revista dos Tribunais, 2014. p. 43. Os autores assim nominam o princípio.

[648] PORTO, Sérgio Gilberto; USTÁRROZ, Daniel. *Lições de direitos fundamentais no processo civil*: o conteúdo processual da Constituição Federal. Porto Alegre: Livraria do Advogado, 2009. p. 80.

[649] Sobre o tema, ver: REICHELT, Luis Alberto. *A prova no direito processual civil*. Porto Alegre: Livraria do Advogado, 2009.

[650] PORTO, Sérgio Gilberto; USTÁRROZ, Daniel. *Lições de direitos fundamentais no processo civil*: o conteúdo processual da Constituição Federal. Porto Alegre: Livraria do Advogado, 2009. p. 81.

to do artigo 5º, inciso LXXIV, da Constituição Federal, que refere que *o Estado prestará assistência jurídica integral e gratuita aos que comprovarem insuficiência de recursos*, pois, há que se diferenciar, para uma correta interpretação do texto consticional, o que seria Assistência Judiciária Gratuita e o que seria Justiça Gratuita,[651] sendo esta uma mera dispensa da parte do adiantamento das despesas vinculadas ao processo, quer sejam judiciais ou não, e aquela seria o patrocínio gratuito da causa por advogado público ou, até mesmo, numa exceção, o particular, como lembram Fredie Didier Jr. e Rafael Oliveira,[652] ainda referindo os autores da existência da Assistência Jurídica, que compreende ambos os já expostos, além dos serviços jurídicos extrajudiciais. A Constituição Federal brasileira trata, pois, da Assistência Jurídica Integral, como pontua Cleber Francisco Alves.[653]

Num primeiro momento, poder-se-ia cogitar, com a simples leitura do texto inserido no artigo 5º, inciso LV, da Constituição Federal, ao aduzir que aos litigantes, em processo judicial ou administrativo, e aos acusados em geral, são assegurados o contraditório e a ampla defesa, com os meios e recursos a ela inerentes, estaria ali, onde reside a expressão recursos, um direito fundamental ao duplo grau de jurisdição. Ledo engano! Muita pena gastou parte da doutrina para tentar enumerar como uma garantia constitucional o duplo grau de jurisdição, podendo ser citado, por exemplo, Gerson Luis Carlos Branco,[654] que afirmava ser um princípio inerente ao devido processo legal, mas não elencava onde ele se encontrava para ser lido fora do direito antes referido. Sérgio Gilberto Porto e Guilherme Athayde Porto[655] elencam o duplo grau de jurisdição como uma garantia constitucional-processual implícita, assim como a proporcionalidade, a imparcialidade, o *ne bis in idem*, o processo judicial e a prova judicial.

Direito fundamental muito confundido pela doutrina com a duração razoável do processo, com ele muito pouco tem a ver, fora a questão

---

[651] Ótimo estudo para conhecer mais o que é um e outro seria: GIANNAKOS, Angelo Maraninchi. *Assistência judiciária do direito brasileiro*. Porto Alegre: Livraria do Advogado, 2008.

[652] DIDIER JR., Fredie; OLIVEIRA, Rafael. *Benefício da justiça gratuita*. 5. ed. Salvador: Juspodivm, 2012. p. 11.

[653] ALVES, Cleber Francisco. *Justiça para todos! Assistência jurídica gratuita nos Estados Unidos, na França e no Brasil*. Rio de Janeiro: Lumen Juris, 2006. p. 262.

[654] BRANCO, Gerson Luís Carlos. O duplo grau de jurisdição e sua perspectiva constitucional. In: ALVARO DE OLIVEIRA, Carlos Alberto. *Processo e Constituição*. Rio de Janeiro, Forense, 2004. p. 185-231. p. 228. "A Constituição Federal, nesse aspecto, não suprimiu o duplo grau de jurisdição, mas estabeleceu uma modificação em relação à sua estrutura, para que o julgamento seja efetuado por juízes da mesma instância que, na prática, consistem em juízes que cumprem as funções dos tribunais de apelação, revelando norma de caráter cultural, adequada ao sistema constitucional, de conceder sempre o direito de exercitar o duplo grau de jurisdição, não só como elemento inerente ao devido processo legal, mas também ao princípio do Estado de Direito".

[655] PORTO, Sérgio Gilbero; PORTO, Guilherme Athayde. *Lições sobre teoria do processo* – civil e constitucional. Porto Alegre: Livraria do Advogado, 2013. p. 193. Na nota de rodapé 300, afirmam o autores ser o duplo grau decorrência da própria organização judiciária.

de que trabalham, ambos, sob um paradigma temporal. A leitura do artigo 5º, inciso LXXVIII, da Constituição Federal, é cristalina, ao referir que *a todos, no âmbito judicial e administrativo, são assegurados a razoável duração do processo e os meios que garantam a celeridade de sua tramitação*. É aqui, nessa segunda parte do inciso, quando fala em meios que garantam a celeridade, que se abre o horizonte, único, da rapidez de determinadas etapas do processo, não se confundindo com o processo em sua inteireza, que deverá, ao seu final, ser considerado como tempestivo. Lembra Nelson Nery Junior[656] que deve existir um sopesamento na aplicação do princípio, não negando a realidade dos demais valores constitucionais, não se esperando, a partir de sua aplicação, uma justiça fulminante, o que atentaria contra os próprios valores constitucionais, sendo, inclusive, um dos debates mais caros do processo, o acomodamento da aplicação da celeridade com a segurança jurídica, como explica Frederico Augusto Leopoldino Koehler.[657]

Talvez um dos maiores anseios do jurisdicionado tenha sido parcialmente respondido com a inserção do direito fundamental da duração razoável do processo no artigo 5º, inciso LXXVIII, da Constituição Federal, com o advento da Emenda Constitucional n. 45/2004, também denominada de a emenda reformista do Poder Judiciário. O texto constitucional, bastante abstrato, traz a redação de que *a todos, no âmbito judicial e administrativo, são assegurados a razoável duração do processo e os meios que garantam a celeridade de sua tramitação*. Sendo o processo, conforme lição de Ovídio A. Baptista da Silva,[658] um caminhar para um fim, nada mais acertado que esse fim não seja eternizado, razão pela qual, ao menos, deve-se garantir ao jurisdicionado, o qual confia suas pretensões ao Estado para a resolução de seu conflito existente, que esse lhe entregue, dentro de um prazo razoável, sagrando-se, aí, um *neo*[659] direito fundamental constitucionalizado, que é o da tempestividade do processo.

Hoje não existe como compreender o fenômeno da segurança jurídica sem a leitura atenta da obra de Humberto Ávila[660] sobre o tema,

---

[656] NERY JUNIOR, Nelson. *Princípios do processo na Constituição Federal*: processo civil, penal e administrativo. 9. ed. São Paulo: Revista dos Tribunais, 2009. p. 318.

[657] KOEHLER, Frederico Augusto Leopoldino. *A razoável duração do processo*. 2. ed. Salvador: Juspodivm, 2013. p. 34-35.

[658] SILVA, Ovídio A. Baptista da. *Curso de processo civil*: processo de conhecimento. 7. ed. Rio de Janeiro: Forense, 2005. v. 1. p. 1. Refere: "Processo (processus, do verbo procedere) significa avançar, caminhar em direção a um fim. Todo processo, portanto, envolve a ideia de temporalidade, de um desenvolver-se temporalmente, a partir de um ponto inicial até atingir o fim desejado".

[659] É novo no sentido de ser constitucionalizado apenas em 2004, mas já era previsto em ordenamentos estrangeiros e, até mesmo, da própria leitura da legislação infraconstitucional. Para saber mais, ler: JOBIM, Marco Félix. *Direito fundamental à duração razoável do processo*: a responsabilidade civil do Estado em decorrência da intempestividade processual. 2. ed. Porto Alegre: Livraria do Advogado, 2012.

[660] ÁVILA, Humberto. *Teoria da segurança jurídica*. 3. ed. São Paulo: Malheiros, 2014.

estudo que apresentou para o concurso de professor titular da Universidade do Largo de São Francisco sobre o tema. Para que se entenda a expressão latina *strictu senso* no início, cumpre antes referir a existência de segurança jurídica *latu senso*, sendo essa uma leitura de todas as garantias que se pode retirar do processo, ou seja, tudo o que se viu até o momento, não deixa de ser para que se tenha segurança jurídica dentro do Poder Judiciário. Nos tópicos abaixo, e aqui se explica o *strictu senso*, há expressa previsão de três garantias,[661] sob a égide da segurança jurídica, que apontam para um fortalecimento estrito sobre eles, pois são garantidores de demais direitos inerentes à pessoa, quais sejam eles o direito adquirido, o ato jurídico perfeito e a coisa julgada, sendo esta a mais importante para o estudo, tratando-se do resultado da definição da relação processual,[662] indo bem mais além do que isso, quer nos escritos do próprio Ovídio A. Baptista da Silva, ou em obras como **Coisa Julgada Civil**, de Sérgio Gilberto Porto,[663] e **Coisa Julgada e Preclusões Dinâmicas: entre Continuidade, Mudança e Transição de Posições Processuais Estáveis**, de Antônio do Passo Cabral.[664]

Para Ovídio A. Baptista da Silva e Fábio Luiz Gomes,[665] o princípio da igualdade das partes trata-se de uma implicação do próprio princípio do contraditório, uma vez que, para assegurar este, é dever do legislador igualar as forças por meio da efetiva igualdade das partes no processo. O princípio em comento vem renovado no seio do processo civil quando, nas normas fundamentais do processo, encontra pousada no artigo 7º, ao referir que *é assegurada às partes paridade de tratamento em relação ao exercício de direitos e faculdades processuais, aos meios de defesa, aos ônus, aos deveres e à aplicação de sanções processuais, competindo ao juiz zelar pelo efetivo contraditório*, sendo, pois, uma necessidade que o processo seja estruturado de forma a assegurar às partes essa paridade de tratamento, segundo reforça Rafael Sirangelo de Abreu.[666] Pode-se, inclusive, a partir desse fortalecimento do princípio, conseguir defender que ação e defesa devem estar no mesmo patamar de forças, o que, por

---

[661] LIMA, Francisco Gérson Marques de. *Fundamentos constitucionais do processo*: sob a perspectiva da eficácia dos direitos e garantias fundamentais. São Paulo: Malheiros, 2002. p. 211-212. Sendo para o autor três garantias de índole material e elementos autênticos de segurança jurídica.

[662] SILVA, Ovídio A. Baptista da. *Sentença e coisa julgada*: ensaios. 3. ed. Porto Alegre: Fabris, 1995. p. 95.

[663] PORTO, Sérgio Gilberto. *Coisa julgada civil*. 4. ed. São Paulo: Revista dos Tribunais, 2011.

[664] CABRAL, Antônio do Passo. *Coisa julgada e preclusões dinâmicas*: entre continuidade, mudança e transição de posições processuais estáveis. Salvador: Juspodivm, 2013.

[665] SILVA, Ovídio A. Baptista da; GOMES, Fábio Luiz. *Teoria geral do processo civil*. 5. ed. São Paulo: Revista dos Tribunais, 2010. p. 51.

[666] ABREU, Rafael Sirangelo de. *Igualdade e processo*: posições processuais equilibradas e unidade do direito. São Paulo: Revista dos Tribunais, 2015.

outras vias, também parece ser o entendimento de Heitor Vitor Mendonça Sica.[667]

Realizando um esforço, pode-se concluir que existe um *iter*[668] criado pelo legislador constitucional, que institucionalizou um procedimento constitucional processual mínimo para o processo judicial e até mesmo administrativo, a partir da esquematização sistemática das garantias apontadas. Todas elas são revestidas de índole processual e devem ser mantidas em qualquer processo,[669] sob pena de se ferir a própria filosofia constitucional, caso não cumprido algum dos princípios lá elencados.

5.1.2. A organização judiciária

Certamente, a organização judiciária, matéria que se faz presente na Constituição Federal, deveria fazer parte de uma disciplina de introdução do direito processual, tendo em vista todas as áreas processuais estarem em contato direto com ela, sendo seus conceitos fundamentais para que o profissional do Direito compreenda a estruturação que terá de lidar, tanto na sua vida acadêmica, como na profissional. Tendo o Brasil um modelo tripartite[670] de divisão de Poderes, o Judiciário é então organizado para o fim de concretizar a jurisdição, contando, para isso, com um rol amplo de estrutura física e funcional, conforme se demonstrará. Uma organização judiciária boa é condição de possibilidade para

---

[667] SICA, Heitor Vitor Mendonça. *O direito de defesa no processo civil brasileiro*: um estudo sobre a posição do réu. São Paulo: Atlas, 2011.

[668] Que muitos colocam este caminho como um dos alicerces de um processo justo que levaria a uma justiça da decisão. RAMOS, Vitor de Paula. *Ônus da prova no processo civil*: do ônus ao dever de provar. São Paulo: Revista dos Tribunais, 2015. p. 40. Refere: "Já foi salientado pela doutrina que não é possível eleger-se um único critério idôneo para avaliar a justiça da decisão. Pelo menos três critérios foram desenhados, entretanto, como necessários, mas nenhum, sozinho, suficiente para garantir a justiça da decisão". Finalizando: "Os critérios são os seguintes: (a) correta escolha e interpretação da regra jurídica; (b) apuração adequada ados fatos relevantes do caso; (c) emprego de um procedimento válido e justo para chegar à decisão".

[669] ZIPPELIUS, Reinhold. *Introdução ao estudo do direito*. Tradução de: Gercélia Batista de Oliveira Mendes. Belo Horizonte: Del Rey, 2006. p. xvi. Luiz Moreira aduz: "É da reunião destas garantias e princípios constitucionais do processo que se pode apontar a garantia do devido processo legal, que não se refere a nenhuma garantia ou princípio especificamente, mas a todos eles, em conjunto e simultaneamente, como garantidor de que a prestação jurisdicional se exprima de forma ilibada. Quer isto dizer que o processo só será válido e eficaz se e quando prosperarem todas as garantias e princípios constitucionais, sob pena de inexistência ou nulidade do processo ou ato processual, pois estes princípios e normas constitucionais se constituem como garantias fundamentais".

[670] Poderia ser questionado se o modelo é obsoleto ou não, como fez Dallari. Para tanto, ver: DALLARI, Dalmo de Abreu. *O poder dos juízes*. 3. ed. São Paulo: Saraiva, 2007. p. 1. Expõe: "Os três poderes que compõem o aparato governamental dos Estados contemporâneos, sejam ou não definidos como poderes, estão inadequados para a realidade social e política do nosso tempo. Isso pode ser facilmente explicado pelo fato de que eles foram concebidos no século dezoito, para realidades diferentes, quando, entre outras coisas, imaginava-se o 'Estado mínimo', pouco solicitado, mesmo porque só uma pequena parte das populações tinha a garantia de seus direitos e a possibilidade de exigir que eles fossem respeitados".

a segurança e liberdade de uma nação, conforme expõe Chrysolito de Gusmão,[671] razão pela qual seu aprendizado deve ser o mais completo possível e encontra na disciplina de introdução ao processo seu albergue.

Na Constituição Federal de 1988, o tema propicia ganhar espaço no Capítulo III, que trata do Poder Judiciário, Seção I, que aborda as disposições gerais e, desde o artigo 92, estão elencados quais órgãos fazem parte do Poder Judiciário, sendo eles: (i) o Supremo Tribunal Federal; (ii) o Conselho Nacional de Justiça; (iii) o Superior Tribunal de Justiça; (iv) os Tribunais Regionais Federais e Juízes Federais; (v) os Tribunais e Juízes do Trabalho; (vi) os Tribunais e Juízes Eleitorais; (vii) os Tribunais e Juízes Militares; e (viii) os Tribunais e Juízes dos Estados e do Distrito Federal e Territórios. Após, o texto constitucional inicia a tratar de temas extremamente relevantes para a compreensão da estrutura do Poder Judiciário. Dentre eles, podem ser citados o ingresso dos juízes, como são feitas suas promoções, aposentadoria, remoção, garantias, competências de matérias afetas aos Tribunais e demais assuntos elencados nos artigos pertinentes à matéria.

Na seção II do mesmo Capítulo III, a partir do artigo 101, trabalha a estruturação do Supremo Tribunal Federal, sua competência e ações do controle abstrato de constitucionalidade, súmulas vinculantes, seguindo-se, no mesmo Capítulo, no artigo 103-B, as regras de constituição do Conselho Nacional de Justiça,[672] criado pela Emenda Constitucional n. 45/2004. Após, no artigo 104, traz o regramento do Superior Tribunal de Justiça; no artigo 106, dos Tribunais Regionais Federais e Juízes Federais; no artigo 111, dos Tribunais e Juízes que formam o Poder Judiciário Trabalhista; seguido, no artigo 118, dos Tribunais e Juízes Eleitorais; no artigo 122, dos Tribunais e Juízes Militares; e, finalmente, no artigo 125, trata dos Tribunais e Juízes dos Estados. Para uma melhor compreensão do tema, a obra de André Ramos Tavares[673] é específica para o entendi-

---

[671] GUSMÃO, Chrysolito de. *Direito judiciário e direito constitucional*. Rio de Janeiro/São Paulo: Freitas Bastos, 1956. p. 33. Refere: "A organização judiciária de uma nação é assunto de alta relevância e deve constituir objeto dos maiores desvelos da parte de seus governantes, pois é matéria que diz respeito àqueles órgãos que devem constituir as atalaias vigilantes do direito, os exercitantes duma função quase sobre-humana, qual a de distribuir justiça entre os homens. Uma boa organização judiciária constitui a melhor garantia para a tranqüilidade das relações jurídicas inter-individuais duma nação".

[672] Sobre o tema, em que pese a pouca bibliografia existente, recomenda-se: SAMPAIO, José Adércio Leite. *O Conselho Nacional de Justiça e a independência do judiciário*. Belo Horizonte: Del Rey, 2007.

[673] TAVARES, André Ramos. *Manual do Poder Judiciário brasileiro*. São Paulo: Saraiva, 2012. p. 21. Refere Cezar Peluso: "É nesse contexto, ou, antes, sob tal pressuposto, que se deve ler a análise da estrutura do Poder Judiciário, em diversos planos, como o da consideração da partilha das suas competências, do regime jurídico de seus membros, bem como das suas garantias e proibições, as quais envolvem a delicada temática do sistema remuneratório, que consta ao final da obra. Com tratamento inovador, trabalha com as fontes de produção normativa e, sobremodo, com o que convencionou denominar direitos judiciários fundamentais em espécie".

mento de questões de competência, regime jurídico dos seus membros, assim como demais temas relacionados ao Poder Judiciário, como aponta Cezar Peluso, ao prefaciar o estudo.

Mas, note-se que o estudo dos temas relacionados com o processo, com a jurisdição, incluindo o que já foi exposto, é tão amplo que se poderia, ainda, ingressar pelo texto constitucional nas carreiras jurídicas[674] propriamente ditas do Poder Judiciário, e a vastidão da matéria se tornaria mais clara ao estudioso de que o conteúdo processual da Constituição é algo que deve ser estudado e sistematizado à parte dos demais ramos do Direito Processual.

5.1.3. *O controle abstrato de constitucionalidade das leis*

O Brasil tem um modelo híbrido, misto[675] ou eclético[676] de controle de constitucionalidade de leis, sendo que convivem o controle difuso,[677] ou concreto, e o controle abstrato,[678] ou concentrado, ao mesmo

---

[674] HADDAD, José Ricardo; WAGNER JUNIOR, Luiz Guilherme da Costa; JACOB, Luiz Guilherme de Almeida Ribeiro; FREITAS FILHO, Roberto Mendes de; VALLIM FILHO, Sérgio Carvalho de Aguiar. *Poder judiciário e carreiras jurídicas*. 5. ed. São Paulo: Atlas, 2014.

[675] CICCONETTI, Stefano Maria; TEIXEIRA, Anderson Vichinkeski. *Jurisdição constitucional comparada*. Florianópolis: Conceito, 2010. p. 19. Assim referem os autores: "A estruturação da jurisdição constitucional brasileira possui uma formação histórica que a diferencia dos modelos de controle concentrado (ou abstrato) de constitucionalidade (representado pelo sistema kelsiano com a Constituição austríaca de 1920) quanto dos modelos de controle difuso (ou incidental) de constitucionalidade (bem exemplificados com o modelo estadunidense). Incorporando, ao longo do seu percurso formativo, elementos teóricos e doutrinários vindos, sobretudo, dos sistemas alemão e estadunidense, bem como do sistema constitucional italiano, a Constituição da República Federativa do Brasil de 1988 consagra um modelo de jurisdição constitucional notadamente 'misto', 'integrado' ou, ainda, 'abrangente', pois conserva em um mesmo sistema os caracteres fundamentais do controle concentrado e controle difuso". MARTINS, Ives Gandra da Silva; MENDES, Gilmar Ferreira. *Controle concentrado de constitucionalidade*: comentários à lei n. 9.868, de 10-11-1999. 3. ed. São Paulo: Saraiva, 2009. p. 1. Também é a lição dos constitucionalistas: "Enquanto o modelo difuso é apresentado como aquele que contém um *self-restraint* implícito, porque autoriza a intervenção judicial apenas no exame do caso concreto, o modelo concentrado é tido como aquele que suscita maiores controvérsias e indagações de índole política, tendo em vista a possibilidade de exame da constitucionalidade não apenas no caso concreto (incidente), mas também de forma abstrata. Essas concepções aparentemente apodíticas acabaram por ensejar o surgimento dos modelos mistos, com combinações de elementos dos dois sistemas básicos (v. g., o sistema brasileiro e o sistema português)".

[676] BINENBOJM, Gustavo. *A nova jurisdição constitucional brasileira*: legitimidade democrática e instrumentos de realização. 3. ed. Rio de Janeiro: Renovar, 2010. O autor adota a nomenclatura eclética no capítulo IV.2 para afirmar a existência dos dois modelos, nas páginas 129 a 138.

[677] CANOTILHO, J. J. Gomes. *Direito constitucional e teoria da Constituição*. 7. ed. Coimbra: Almedina, 2003. p. 917. Apenas para não deixar sem uma conceituação ao leitor, refere o jurista português: "Consagra-se o controlo difuso, concreto e incidental dos actos normativos, na senda da tradição republicana portuguesa. A competência para fiscalizar a constitucionalidade das normas continua a ser reconhecida a todos por impugnação das partes, quer *ex officio* pelo juiz ou pelo ministério público, julgam e decidem a questão da inconstitucionalidade das normas aplicáveis ao caso concreto submetido a decisão judicial".

[678] CANOTILHO, J. J. Gomes. *Direito constitucional e teoria da Constituição*. 7. ed. Coimbra: Almedina, 2003. p. 918. E sobre esta modalidade de controle, aduz: "Ao lado do controlo difuso e concreto – o controlo português de fiscalização da constitucionalidade – a Constituição de 1976 consagrou um

tempo,⁶⁷⁹ inclusive com discussões sobre a abstrativização⁶⁸⁰ do controle difuso de constitucionalidade. Na Constituição Federal, em especial no capítulo atinente ao Poder Judiciário, ao tratar das competências do Supremo Tribunal Federal, o constituinte optou por elencar as ações existentes no modelo abstrato ou concentrado de constitucionalidade de leis. O texto do artigo 102 aponta que *compete ao Supremo Tribunal Federal, precipuamente, a guarda da Constituição, cabendo-lhe: I – processar e julgar, originariamente: a) a ação direta de inconstitucionalidade de lei ou ato normativo federal ou estadual e a ação declaratória de constitucionalidade de lei ou ato normativo federal [...]*, sendo que, após, no § 1º, refere que *a arguição de descumprimento de preceito fundamental, decorrente desta Constituição, será apreciada pelo Supremo Tribunal Federal, na forma da lei*. O § 2º do texto do artigo 102 revela o alcance das decisões em sede das ações do controle abstrato, ao dizer que *as decisões definitivas de mérito, proferidas pelo Supremo Tribunal Federal, nas ações diretas de inconstitucionalidade e nas ações declaratórias de constitucionalidade produzirão eficácia contra todos e efeito vinculante, relativamente aos demais órgãos do Poder Judiciário e à administração pública direta e indireta, nas esferas federal, estadual e municipal*, e, também, algo que ainda navega nas águas da doutrina, como um tema que necessita ser mais bem trabalhado, o § 3º aposta numa objetivação⁶⁸¹ do controle difuso, ao afirmar que, *no recurso extraordinário o recorrente deverá demonstrar a repercussão geral das questões constitucionais discutidas no caso, nos termos da lei, a fim de que o Tribunal examine a admissão do recurso, somente podendo recusá-lo pela manifestação de dois terços de seus membros*.

As ações do controle concentrado de constitucionalidade estão regulamentadas por duas leis infraconstitucionais que complementam o texto constitucional, sendo que a Arguição de Descumprimento de Preceito Fundamental⁶⁸² está regulamentada pela Lei n. 9.882, de 3 de

---

controle concentrado e abstracto de normas. Por controle de normas entende-se o processo constitucional dirigido à fiscalização e decisão, com força obrigatória geral (com força de lei), do desvalor formal ou material de uma norma jurídica".

⁶⁷⁹ Para um estudo mais aprofundado, recomenda-se: STRECK, Lenio Luiz. *Jurisdição constitucional e decisão jurídica*. 3. ed. São Paulo: Revista dos Tribunais, 2013.

⁶⁸⁰ REIS, Maurício Martins. *A legitimação do Estado Democrático de Direito para além da decretação abstrata de constitucionalidade*: o valor prospectivo da interpretação conforme à Constituição como desdobramento concreto entre a lei e o Direito. Passo Fundo: Imed, 2012. p. 311 *et seq*.

⁶⁸¹ DIDIER JR., Fredie. O recurso extraordinário e a transformação do controle difuso de constitucionalidade no direito brasileiro. In: CAMARGO, Marcelo Novelino (Org.). *Leituras complementares de constitucional*: controle de constitucionalidade. Salvador: Juspodivm, 2007. p. 99-113. p. 99. Refere o processualista baiano: "O objetivo deste ensaio é o de demonstrar a transformação do controle difuso de constitucionalidade no direito brasileiro, notadamente quando realizado por meio do recurso extraordinário." E finaliza: "A idéia é a seguinte: o controle, embora difuso, quando feito pelo STF (Pleno) tem força para vincar os demais órgãos do Poder Judiciário, assemelhando-se, nesta eficácia, ao controle concentrado de constitucionalidade".

⁶⁸² Recomenda-se a leitura: TAVARES, André Ramos. *Argüição de descumprimento de preceito fundamental*: (Lei n. 9.868/99 e Lei n. 9.882/99). São Paulo: Saraiva, 2001; MENDES, Gilmar Ferreira.

dezembro de 1999,[683] e a ação direta de inconstitucionalidade, a ação declaratória de constitucionalidade e a ação direta de inconstitucionalidade[684] por omissão estão reguladas pela Lei n. 9.868, de 10 de novembro de 1999.[685]

5.1.4. As ações ou remédios[686] constitucionais

Poder-se-iam enquadrar as ações do controle abstrato (ADPF, ADI, ADC e ADFO) como ações constitucionais,[687] e, na verdade, são, pois têm natureza constitucional,[688] sendo que, contudo, para uma maior diferenciação didática, uma vez que pertencem ao controle abstrato, trata-se das ações elencadas no artigo 5º da Constituição Federal como ações ou remédios constitucionais, por estarem mais relacionadas ao controle difuso ou concreto de constitucionalidade das leis, sendo elas o *habeas corpus*,[689] inserido no inciso LXVIII, ao dizer que *se concederá habeas corpus sempre que alguém sofrer ou se achar ameaçado de sofrer violência ou coação em sua liberdade de locomoção, por ilegalidade ou abuso de poder*, o mandado de segurança individual e coletivo regulados no inciso LXIX do artigo 5º da CF e infraconstitucionalmente na Lei n. 12.016, de 7 de agosto de 2009,[690]

Arguição de descumprimento de preceito fundamental. 2. ed. São Paulo: Saraiva, 2011; e CRUZ, Gabriel Dias Marques da. *Arguição de descumprimento de preceito fundamental*: lineamentos básicos e revisão crítica no direito constitucional brasileiro. São Paulo: Malheiros, 2011.

[683] Disponível em: <http://www.planalto.gov.br/ccivil_03/leis/l9882.htm>. Acesso em: 05 fev. 2016.

[684] MENDES, Gilmar Ferreira. *Controle abstrato de constitucionalidade*: ADI, ADC e ADO: comentários à Lei n. 9.868/99". São Paulo: Saraiva, 2012.

[685] Disponível em: <http://www.planalto.gov.br/ccivil_03/leis/L9868.htm>. Acesso: 05 fev. 2016.

[686] RODRIGUES, Geisa. *Ações constitucionais*. Rio de Janeiro: Forense; São Paulo: Método, 2014. p. 26. Alguns, como a autora, colocam as ações constitucionais inseridas dentro dos remédios constitucionais, que podem, na sua visão, ser, também, concretizados em formas extrajudiciais, como o direito de petição ou o direito de certidão.

[687] NEVES, Daniel Amorim Assumpção. *Ações constitucionais*. 2. ed. Rio de Janeiro: Forense; São Paulo: Método, 2013; e DOZINETTI, Elpídio. *Ações constitucionais*. 2. ed. São Paulo: Atlas, 2010. Como fazem os autores em suas obras ao tratarem do controle abstrato juntamente com as ações constitucionais mais propriamente do controle difuso.

[688] SILVA, José Afonso da. *O mandado de segurança e outras ações constitucionais típicas*. 4. ed. São Paulo: Revista dos Tribunais, 2012. p. 423. O autor divide em três os tipos. Aduz ele: "Partimos da constatação de que as ações previstas na Carta Magna de 1988, com as alterações subsequentes, alinham-se em três categorias: a primeira, formada pela ação de constitucionalidade e de inconstitucionalidade de lei e atos e pela arguição de descumprimento de preceito fundamental, de natureza estritamente constitucional, versando material dessa espécie, em processo peculiar, perante tribunal próprio; segunda, composta por aquelas que foram não só alçadas ao nível constitucional, mas, sobretudo, enquadradas entre os direitos e garantias fundamentais, o que lhes dá conotação incomum; e a terceira, consistente das que não tiveram essa colocação especial, embora estejam inscritas na Constituição".

[689] Recomenda-se: NUCCI, Guilherme de Souza. *Habeas corpus*. Rio de Janeiro: Forense, 2014.

[690] Disponível em: <http://www.planalto.gov.br/ccivil_03/_ato2007-2010/2009/lei/l12016.htm>. Acesso em: 10 fev. 2016.

que revogou a Lei n. 1.533/51, a qual deu uma moldagem mais atualizada ao texto constitucional.[691] A redação do artigo constitucional da ação mandamental aponta que *se concederá mandado de segurança para proteger direito líquido e certo, não amparado por habeas corpus ou habeas data, quando o responsável pela ilegalidade ou abuso de poder for autoridade pública ou agente de pessoa jurídica no exercício de atribuições do Poder Público*, e complementado pelo inciso LXX, que refere que *o mandado de segurança coletivo pode ser impetrado por a) partido político com representação no Congresso Nacional e b) organização sindical, entidade de classe ou associação legalmente constituída e em funcionamento há pelo menos um ano, em defesa dos interesses de seus membros ou associados;* o mandado de injunção,[692] no inciso LXXI, ao expor que *se concederá mandado de injunção sempre que a falta de norma regulamentadora torne inviável o exercício dos direitos e liberdades constitucionais e das prerrogativas inerentes à nacionalidade, à soberania e à cidadania*, o *habeas data*;[693] no inciso LXXII, ao referir que *se concederá habeas data: a) para assegurar o conhecimento de informações relativas à pessoa do impetrante, constantes de registros ou bancos de dados de entidades governamentais ou de caráter público; b) para a retificação de dados, quando não se prefira fazê-lo por processo sigiloso, judicial ou administrativo*; a ação popular,[694] no inciso LXXIII, ao anunciar que *qualquer cidadão é parte legítima para propor ação popular que vise a anular ato lesivo ao patrimônio público ou de entidade de que o Estado participe, à moralidade administrativa, ao meio ambiente e ao patrimônio histórico e cultural, ficando o autor, salvo comprovada má-fé, isento de custas judiciais e do ônus da sucumbência*. Há, ainda, de ser referida, a existência na Constituição Federal da ação civil pública,[695] que, embora não seja uma ação constitucional propriamente dita, tem um *status* constitucional, com previsão no artigo 129, quando atribui as funções do Ministério Público,[696] refere que uma delas seria, no inciso III, a de *promover*

---

[691] GOMES JUNIOR, Luiz Manoel; CRUZ, Luana Pedrosa de Figueiredo; CERQUEIRA, Luís Otávio Sequeira de; MARCÃO, Reano; FAVRETO, Rogério; PALHARINI JUNIOR, Sidney. *Comentários à lei do mandado de segurança*: Lei 12.016, de 7 de agosto de 2009. 4. ed. São Paulo: Revista dos Tribunais, 2015. p. 39. Também pode ser consultada a obra: MEDINA, José Miguel Garcia; ARAÚJO, Fábio Caldas de. *Mandado de segurança individual e coletivo*: comentários à Lei 12.016/2009. 2. ed. São Paulo: Revista dos Tribunais, 2012.

[692] Excepcional contribuição doutrinária sobre o tema pode ser vista em: MENDES, Gilmar Ferreira; VALE, André Rufino do; QUINTAS, Fábio Lima (Org.). *Mandado de injunção*: estudos sobre sua regulamentação. São Paulo: Saraiva, 2013.

[693] Aqui se recomenda duas obras para início de leitura WAMBIER, Teresa Arruda Alvim (Org.). *Habeas data*. São Paulo: Revista dos Tribunais, 1998; e ALVIM, José Eduardo Carreira. *Processo de habeas data*. Curitiba: Juruá, 2013.

[694] Dentre tantas obras que poderiam ser recomendadas sobre o tema aponta-se duas: MANCUSO, Rodolfo de Camargo. *Ação popular*. 8. ed. São Paulo: Revista dos Tribunais, 2015; e SILVA, José Afonso da. *Ação popular constitucional*: doutrina e processo. 2. ed. São Paulo: Malheiros, 2007.

[695] Ação regulada infraconstitucionalmente pela Lei n. 7347/85. Disponível em: <http://www.planalto.gov.br/ccivil_03/Leis/L7347orig.htm>. Acesso em: 14 fev. 2016.

[696] MORAES, Voltaire de Lima. *Ação civil pública*. Porto Alegre: Livraria do Advogado, 2007.

o inquérito civil e a ação civil pública, para a proteção do patrimônio público e social, do meio ambiente e de outros interesses difusos e coletivos.

Há, ainda, mais algumas ações que poderiam ser destacadas como constitucionais, pois previstas no próprio texto da Constituição Federal, sendo que navegam na doutrina como parte integrante do controle abstrato[697] ou não,[698] como são, no caso, a ação ou representação interventiva, assim como se poderia falar na reclamação constitucional,[699] inserida no artigo 102, inciso I, alínea *l*, e artigo 105, inciso I, alínea *f*, sendo um instrumento para preservar e garantir a autoridade das decisões, num primeiro momento, dos Tribunais Superiores e, posteriormente, alargada para outros Tribunais, como lembram Eduardo Arruda Alvim, Rennan Faria Kruger Thamay e Daniel Willian Granado[700] e ainda na impugnação de mandato eletivo.[701]

---

[697] BARROSO, Luís Roberto. *O controle de constitucionalidade no direito brasileiro*. 5. ed. São Paulo: Saraiva, 2011. p. 98. O autor elenca a ação interventiva como uma hipótese especial ao lado da ADPF, de controle concentrado.

[698] MEIRELLES, Hely Lopes; WALD, Arnoldo; MENDES, Gilmar Ferreira. *Mandado de segurança e ações constitucionais*. 34. ed. São Paulo: Malheiros, 2012. p. 787. Ao tratarem sobre o tema, expõem os autores: "Esta colocação empresta adequado enquadramento dogmático à chamada representação interventiva, diferenciando-a do controle abstrato de normas propriamente dito, no qual se manifesta o interesse público genérico na preservação da ordem jurídica".

[699] Apesar de instituto novo, obras muito boas já foram produzidas. Para tanto, ver: COSTA, Eduardo José da Fonseca; NOGUEIRA, Pedro Henrique Pedrosa (Org.). *Reclamação constitucional*. Salvador: Juspodivm, 2013; TAKOI, Sérgio Massaru. *Reclamação constitucional*. São Paulo: Saraiva, 2013; MORATO, Leonardo L. *Reclamação e sua aplicação para o respeito da súmula vinculante*. São Paulo: Revista dos Tribunais, 2007; LEONEL, Ricardo de Barros. *Reclamação constitucional*. São Paulo: Revista dos Tribunais, 2011.

[700] ALVIM, Eduardo Arruda; THAMAY, Rennan Faria Kruger; GRANADO, Daniel Willian. *Processo constitucional*. São Paulo: Revista dos Tribunais, 2014. p. 217-218.

[701] BARBOSA, Edmilson. Ação de impugnação de mandato eletivo (AIME). In: DIDIER JR., Fredie (Org.). *Ações constitucionais*. 5. ed. Salvador: Juspodivm, 2011. p. 659-704.

Considerações finais

Ao final do trabalho, nota-se como o estudo do Direito, e aqui incluindo qualquer área que se possa defender existir, deve ser levado a sério,[702] não como um senso comum teórico,[703] mas como uma teoria construída a base de muito esforço intelectual. Não há, como se tentou demonstrar, unanimidade em praticamente nenhum assunto abordado, sendo que a gama de autores muitas vezes citados na vasta bibliografia apresentada é prova disso. Esses dias deparei-me com o estudo em nível de doutorado de Arthur Maria Ferreira Neto[704] e conseguiu, mais do que nunca, refletindo, ver o quanto se precisa de outras áreas para alicerçar o estudo comprometido do Direito, em especial se quiser tentar modificar algo.

Existe um espaço em comum no qual se poderia cogitar da existência da uma Teoria Geral do Processo?[705] Apesar de tudo o que já se contribuiu para que exista uma referida teoria, sempre é bom ressaltar que não há unanimidade em sua existência,[706] o que parece já neste

---

[702] Lembro-me de uma obra que pode auxiliar na compreensão da frase: DWORKIN, Ronald. *Levando os direitos a sério*. 3. ed. São Paulo: Martins Fontes, 2010.

[703] WARAT, Luiz Alberto. *Introdução geral do Direito I*: interpretação da lei: temas para uma reformulação. Porto Alegre: Sergio Antonio Fabris, 1994. Recomenda-se a leitura do primeiro capítulo "Senso Comum Teórico: as vozes incógnitas das verdades jurídicas", a partir da página 9.

[704] FERREIRA NETO, Arthur Maria. *Metaética e a fundamentação do direito*. Porto Alegre: Elegantia Juris, 2015.

[705] MEDINA, Paulo Roberto de Gouvêa. *Teoria geral do processo*. Belo Horizonte: Del Rey, 2012. p. 2-3. O autor aponta para este norte sobre a existência de uma controvérsia no que toca a subsistência de uma teoria geral do processo, ao referir: "O pressuposto da teoria geral é o de que, realmente, 'existe uma base comum entre o processo civil e o processo penal' que lhe serve de alicerce e justifica-lhe a formulação científica. Para alguns autores, isso parece pouco, razão por que sustentam que só caberia falar na existência de institutos comuns ao direito processual civil e ao direito processual penal, não propriamente numa teoria geral do processo, tão longe está a possibilidade de uniformização doutrinária desses dois ramos do direito processual. Não faltam, mesmo, como se verá a seguir, os que entendem que essa divisão é insuperável, em vista de certas características essenciais de cada um dos ramos do processo, disso decorrendo que o seu estudo só poderia ser feito em disciplinas autônomas e distintas".

[706] CÂMARA, Alexandre Freitas. *Lições de direito processual civil*. 24. ed. São Paulo: Atlas, 2013. v. 1, p. 15. Lembra o autor: "Não é pacífica em sede doutrinária a existência de uma teoria geral do Direito Processual".

momento ter restado claro. Isso, pois, se dá pelo fato de que, num primeiro momento, é de se vislumbrar que determinados conceitos que servem ao processo penal não se prestam, na mesma dimensão, ao processo civil e assim por diante. Essa constatação é lembrada por Cândido Rangel Dinamarco[707] e, já muito antes, por Chrysolito de Gusmão,[708] ao apontarem que entre ambos há contextos diferentes, pois construídos seus institutos sobre valores diferentes, o que, conforme explana Vicente Greco Filho,[709] inicia ainda na fase primitiva dos povos, quando não havia, sequer, diferenciação entre uma área civil e uma penal, sendo, ambas, reprimidas da mesma maneira. Valdir Ferreira de Oliveira Junior,[710] ao expor o assunto, anota quais pensadores do Direito são adeptos à existência de uma Teoria Geral do Processo e quais são contrários.

Mas se propõe responder a algumas indagações no início desta jornada, as quais, mesmo sendo preliminares e podendo ser alvo de críticas, que podem ser acatadas futuramente ou não, após debate e reflexão. Assim, de uma forma bem objetiva, responde-se o que foi inicialmente proposto em tópicos para que se resuma, em breves linhas, a essência do que foi trazido na obra.

São estas as considerações finais:

---

[707] DINAMARCO, Cândido Rangel. *A instrumentalidade do processo*. 13. ed. São Paulo: Malheiros, 2008. p. 74-75. Discorre o autor: "Entre o processo civil e o penal existem diferenças decorrentes do trato com valores diferentes, sendo constante neste a tensão representada pelo binômio liberdade-repressão, com intensa indisponibilidade do *jus puniendi*, do *status libertatis*, da ação, da defesa e das mais importantes situações jurídico-substanciais. Afora isso e a maior permeabilidade do processo penal aos mutantes interesses de grupos politicamente dominantes nos Estados autoritários (os processos do Santo Ofício, as tristes experiências européias-continentais deste século, a repressão ideológica nos países socialistas, as freqüentes oscilações de poder em terras ibero-americanas), ele é ainda marcado por diferenças históricas profundas e procedimentos bastante peculiares. Tantas diferenças trazem consigo a (falsa) impressão de tratar-se de disciplina assente em fundamento diverso e voltada a escopo distinto dos que tem o processo civil".

[708] GUSMÃO, Chrysolito de. *Direito judiciário e direito constitucional*. Rio de Janeiro/São Paulo: Freitas Bastos, 1956. No capítulo V, intitulado *Relações entre a ação penal e a civil – questões prejudiciais*, há espaço para a discussão.

[709] GRECO FILHO, Vicente. *Direito processual civil brasileiro*: teoria geral do processo e auxiliares da justiça. 21. ed. São Paulo: Saraiva, 2009. v. 1. p. 3. Aponta: "Na fase primitiva do direito dos povos, os atos ilícitos não recebiam qualificação específica civil ou penal e eram corrigidos ou reprimidos identicamente. Assim, no direito romano antigo o termo *iniuria* representava qualquer conduta contra o direito, sem preocupação de separar a violação civil ou penal. Por consequência, o direito processual acompanhava essa indefinição, se é que se pode dizer que exista um direito processual, cuja autonomia somente muito mais tarde foi reconhecida".

[710] OLIVEIRA JUNIOR, Valdir Ferreira de. Existe uma teoria geral do processo. In: DIDIER JR, Fredie; JORDÃO, Eduardo Ferreira. *Teoria geral do processo*: panorama doutrinário mundial. Salvador: Juspodivm, 2007. p. 963. A teoria geral do processo é admitida por grande parte dos processualistas, dentre os quais podemos citar: Liebman, Dante Angelotti, Ada Pellegrini Grinover, Cândido Rangel Dinamarco, Antônio Carlos de Araújo Cintra, Calmon de Passos, Fredie Didier Jr., José de Albuquerque Rocha, J. E. Carreira Alvim, Daniel Francisco Mitidiero, Fernando de La Rua, dentre outros. Dentre os autores que não admitem a existência de uma Teoria Geral do Processo estão: Luis Eulálio Bueno de Vidigal, José Rogério Lauria Tucci e Manoel Arruda Alvim.

(i) Deve existir uma disciplina ou uma parte de uma diciplina processual introdutória que possibilite ao estudante de graduação um primeiro contato com a matéria e que fortaleça seu aprendizado naquilo que será, depois, desmenbrado nas demais disciplinas de Direito Processual. A disciplina pode ser específica para cada um dos processos existentes na grade curricular, como Teoria do Processo Civil, Teoria do Processo Penal ou Teoria do Processo Trabalhista ou trabalhar seus conceitos mais duros inseridos dentro das próprias disciplinas, como Processo Civil I com o início comprometido com sua teoria geral, assim em diante;

(ii) A disciplina introdutória ao Direito Processual não deveria ser denominada de Teoria Geral do Processo, pois, além do já desgastado tema, alvo das mais diversas controvérsias sobre sua existência ou não, há um equívoco semântico na própria construção, pois uma teoria é feita para ser geral. Por isso prefere-se como referido no item I, como sendo uma teoria geral para cada processo existente na grade ou parte integrante da primeira das disciplinas específicas de processo;

(iii) A parte introdutória de cada uma das disciplinas explicaria sua existência, funções, competências e, em especial, o que ela auxilia na compreensão do processo a qual ela (disciplina) quer ser geral. As matérias realmente existentes dentro da teoria devem ser as que mais irão auxiliar os graduandos na compreensão de seu próprio processo, não ingressando em temas específicos, que ficariam para o mais adiantado na própria matéria;

(iv) Assuntos como a formação da sociedade e a tutela dos direitos não necessitaria ser ensinada nessa parte introdutória da disciplina, uma vez que poderia, muito bem, ser lecionada nas demais disciplinas propedêuticas do curso, como de ciência política, de sociologia ou de filosofia;

(v) Outra matéria comumente lecionada como os meios alternativos de resolução de conflitos devem ser deixados para uma disciplina que compreenda a análise econômica do Direito ou do processo, na qual serão trabalhados temas como arbitragem e alguns outros meios necessários a resolução de conflitos em pelo século XXI;

(vi) Há, sim, uma necessidade de existir uma disciplina autônoma, independentemente da introdutória ao processo, direcionada ao estudo da história do processo, passando pelas fases mais primitivas até a essência dos motivos das legislações mais atuais nas diversas áreas do Direito Processual. A vastidão dos temas relacionados à história do processo não pode ser deixada de lado, sendo que, estudá-la de forma densa seria um auxílio ao bom andamento do restante do curso nas disciplinas diretamente relacionadas com o Direito Processual. A disciplina poderia, inclusive, ser facultativa e com uma carga horária reduzida, mas com grande importância na formação do graduando;

(vii) Há um conteúdo processual significativo na Constituição da República Federativa do Brasil que envolve a possibilidade de construção de uma teorial processual constitucional e não uma teoria geral processual constitucional em razão da crítica à construção semântica da expressão já explicada. Talvez esse fosse um excelente início para a compreensão de temas relacionados com a organização do Poder Judiciário, as garantias processuais fundamentais e outros temas mais;

(viii) Entretanto, a disciplina de teoria do processo constitucional não poderia ser geral para todos os processos, mas simplesmente de diagnóstico do conteúdo processual existente na Constituição Federal, pois, caso se tentasse aplicar as garantias processuais constitucionais de uma forma estática para os demais ramos do processo cairíamos na mesma armadilha d euma Teoria Geral do Processo, não encontrando unanimidade em sua existência, pois há garantias que devem ser lidas de diferentes formas em sua aplicação ao processo penal, ao processo civil, ao processo do trabalho e assim por diante.

Eram essas algumas considerações que restaram do estudo realizado ao longo do tempo, aguardando, ansiosamente, as críticas que porventura surgirem e que serão, quem sabe, internalizadas para uma eventual segunda publicação.

Posfácio

Refere à literatura mais balizada que o posfácio é uma advertência realizada ao final do livro, sendo que, para tal desiderato, o conceito se amolda para algumas poucas palavras que surgiram após a diagramação da obra e que nesse momento não são mais possíveis de serem inseridas ao longo do texto principal, mas que merecem alguma reflexão para a confirmação da atualidade do texto produzido.

O primeiro dos fatos reside na publicação do estudo de Rômulo de Andrade Moreira[1] denominado de **Uma crítica a teoria geral do processo**, não se tratando, ao que parece, de uma nova edição, mas sim de uma tiragem renovada. A conclusão a que se chega é do texto ser semelhante à obra trabalhada no livro, mudando o visual e a editora, razão pela qual a abordagem já realizada na obra se mantém hígida, não existindo ressalvas sobre as minhas conclusões.

A segunda das advertências mora no fato de que recentemente o autor pode ter contato direto com a obra de Auri Lopes Jr., que trabalha **os Fundamentos do Processo Penal**: introdução crítica, defendendo ele, claramente, a inexistência de uma Teoria Geral do Processo, fato que já havia sido alertado no contexto do estudo agora publicado quando faço a abordagem dos autores contrário a essa unidade processual, mas que se confirma com leitura de trecho importante para a compreensão da razão pela qual entende inexistir tal disciplina, deixando sua mensagem bem clara de um basta a Teria Geral do Processo.[2]

---

[1] MOREIRA, Rômulo de Andrade. *Uma crítica a teoria geral do processo*. Florianópolis: Empório do Direito, 2015.

[2] LOPES JR., Aury. *Fundamentos do Processo Penal*: uma instrução crítica. São Paulo: Saraiva, 2015. O capítulo referente ao rechaço inicia na página 68 com o título (1.7. A necessária recusa à teoria geral do processo. Respeitando as categorias próprias do processo penal. Quando Cinderela terá suas próprias roupas), finalizando na página 78, sendo esta a página que consta a citação que se apresente. Refere: "Portanto, em rápidas pinceladas (sim, teria muito mais a dizer) está demonstrada (e desenhada0 a necessidade de se recusar a Teoria Geral do Processo e assimilar o necessário respeito às categorias jurídicas próprias do processo penal", e finaliza: "Voltando ao início carneluttiano, Cinderela é uma boa irmã e não aspira uma superioridade em relação às outras, senão, unicamente, uma afirmação de paridade. O processo civil, ao contrário do que se fez, não serve para compreen-

Também merece referência o contato do autor com a obra de Victor Fairen Guillen[3], intitulada **Teoría General de Derecho Procesal** que aborda o tema de forma exaustiva e colocaria em pauta, assim como outros autores trabalhados no livro, a existência de um Direito Processual Geral. Embora a riqueza da obra, realmente um tratado sobre o assunto, o que foi abordado pelo jurista espanhol foi alvo de reflexão durante a escrita e os pilares do que foi pensado até então se mantém.

Por fim e de grande relevância para o estudo do Direito Processual, é de ser referendada a edição de uma minirreforma na nova legislação processual civil brasileira (Lei n. 13.105/2015), consubstanciada na Lei n. 13.256 de 4 de fevereiro de 2016[4] que disciplina o processo e o julgamento do recurso extraordinário e do recurso especial, e dá outras providências. Esta legislação reformista não toca no texto produzido, uma vez que não houve incursão doutrinária ou prática sobre os assuntos nela modificados.

Assim, em que pese o contato com obras posteriores à finalização do livro, minhas conclusões estão intactas, uma vez que já abordados os temas relacionados a eles, direta ou indiretamente, conforme esclarecimentos feitos nesse posfácio.

---

der o que é o processo penal: serve para compreender o que não é. Daí por que, como todo o respeito, basta de Teoria Geral de Processo".

[3] GUILLEN, Victor Fairen. *Teoría general de Derecho Procesal*. México: UNAM, 2006.

[4] Disponível em: <http://www.planalto.gov.br/ccivil_03/_ato2015-2018/2016/Lei/L13256.htm>.

Referências

A GUERRA do fogo. Diretor: Jean-Jacques Annaud. Ano: 1981. 1 DVD. 100 min. Título no original: La Guerre du Feu.

ABBOUD, Georges. *Processo constitucional brasileiro*. São Paulo: Revista dos Tribunais, 2016.

ABRÃO, Carlos Henrique. *Processo eletrônico*: lei 11.419, de 19 de dezembro de 2006. 2. ed. São Paulo: Revista dos Tribunais, 2009.

ABREU, Rafael Sirangelo de. *Igualdade e processo*: posições processuais equilibradas e unidade do direito. São Paulo: Revista dos Tribunais, 2015.

ALMADA, Roberto José Ferreira de. *A garantia processual da publicidade*. São Paulo: Revista dos Tribunais, 2005.

ALMEIDA, Gregório Assagra de. *Codificação do direito processual coletivo*. Belo Horizonte: Del Rey, 2007.

ALMEIDA, Roberto Moreira de. *Teoria geral do processo*: civil, penal e trabalhista. 2. ed. Rio de Janeiro: Forense; São Paulo: Método, 2010.

ALVES, Cleber Francisco. *Justiça para todos!* Assistência jurídica gratuita nos Estados Unidos, na França e no Brasil. Rio de Janeiro: Lumen Juris, 2006.

ALVES, José Carlos Moreira. *Direito romano*. 14. ed. Rio de Janeiro: Forense, 2007.

ALVIM, Eduardo Arruda. *Direito processual civil*. 2. ed. São Paulo: Revista dos Tribunais, 2008.

——; THAMAY, Rennan Faria Kruger; GRANADO, Daniel Willian. *Processo constitucional*. São Paulo: Revista dos Tribunais, 2014.

ALVIM, José Eduardo Carreira. *Processo de habeas data*. Curitiba: Juruá, 2013.

——. *Teoria geral do processo*. 13. ed. Rio de Janeiro: Forense, 2010.

AMARAL, Luiz Otávio de Oliveira. *Teoria geral do direito*. 3. ed. São Paulo: Saraiva, 2011.

AMENDOEIRA JR., Sidnei. *Manual de direito processual civil*: teoria geral do processo e fase de conhecimento em primeiro grau de jurisdição. 2. ed. São Paulo: Saraiva, 2012. v. 1.

AMIGO, Bianca Neves. A evolução histórica da jurisdição. In: ZAGANELLI, Margareth Vetis (Coord.). *Estudos de história do processo*. Rio de Janeiro: Lumen Juris, 2009. p. 23-35.

ARAÚJO, Justino Magno. *A renovação do processo civil e outros estudos processuais*. São Paulo: Método, 2004.

ARAÚJO, Rodrigo Mendes. *A representação adequada nas ações coletivas*. Salvador: Juspodivm, 2013.

ARENHART, Sérgio Cruz. *A tutela coletiva de interesses individuais*: para além da proteção dos interesses individuais homogêneos. 2. ed. São Paulo: Revista dos Tribunais, 2014.

——. *Perfis da tutela inibitória coletiva*. São Paulo: Revista dos Tribunais, 2003.

AREOSA, Ricardo Damião. *Processo do trabalho*: teoria geral do processo trabalhista e processo do conhecimento. Rio de Janeiro: Lumen Juris, 2009.

ARISTÓTELES. *Ética a Nicômaco*. Tradução de: Torrieri Guimarães. São Paulo: Martin Claret, 2001.

ARONNE, Ricardo. *Direito civil-constitucional e teoria do caos*: estudos preliminares. Porto Alegre: Livraria do Advogado, 2006.

ASSIS, Araken de. *Processo civil brasileiro*: parte geral: fundamentos e distribuição de conflitos. São Paulo: Revista dos Tribunais, 2015. v. I.

——— [et al.]. *Processo coletivo e outros temas de direito processual*: homenagem aos 50 anos de docência do professor José Maria Rosa Tesheiner e 30 anos de docência do professor Sérgio Gilberto Porto. Porto Alegre: Livraria do Advogado, 2012.

ÁVILA, Humberto. *Teoria da segurança jurídica*. 3. ed. São Paulo: Malheiros, 2014.

———. *Teoria dos princípios*: da definição à aplicação dos princípios jurídicos. 16. ed. São Paulo: Malheiros, 2015.

AYALA, Patryck de Araújo. *Devido processo ambiental e o direito fundamental ao meio ambiente*. Rio de Janeiro: Lumen Juris, 2011.

AZUELA, Héctor Santos. *Teoría general del processo*. Cidade do México: McGraw-Hill, 2000.

BALERA, Wagner; RAEFRAY, Ana Paula Oriola de (Coord.). *Processo previdenciário*: teoria e prática. Florianópolis: Conceito, 2011.

BARACHO, José Alfredo de Oliveira. *Direito processual constitucional*: aspectos contemporâneos. Belo Horizonte: Fórum, 2008.

BARBOSA, Edmilson. Ação de impugnação de mandato eletivo (AIME). In: DIDIER JR., Fredie (Org.). *Ações constitucionais*. 5. ed. Salvador: Juspodivm, 2011. p. 659-704.

BARROS, Wellington Pacheco. *Curso de processo administrativo*. Porto Alegre: Livraria do Advogado, 2005.

BARROSO, Luís Roberto. *O controle de constitucionalidade no direito brasileiro*. 5. ed. São Paulo: Saraiva, 2011.

BEDAQUE, José Roberto dos Santos. *Direito e processo*: influência do direito material sobre o processo. 5. ed. São Paulo: Malheiros, 2009.

BENABENTOS, Omar A. *Teoría general unitaria del derecho procesal*. Rosario: Juris, 2001.

BERALDO, Leonardo de Faria. *Curso de arbitragem*: nos termos da lei 9.307/06. São Paulo: Atlas, 2014.

BERMUDES, Sérgio. *Introdução ao processo civil*. 5. ed. Rio de Janeiro: Forense, 2010.

———. *Direito processual civil*: estudos e pareceres: 3ª série. São Paulo: Saraiva, 2002.

BINENBOJM, Gustavo. *A nova jurisdição constitucional brasileira*: legitimidade democrática e instrumentos de realização. 3. ed. Rio de Janeiro: Renovar, 2010.

BONÍCIO, Marcelo José Magalhães. *Introdução ao processo civil moderno*. São Paulo: Lex, 2010.

BORIN, Rafael; NICHELE, Rafael. *Curso avançado de processo administrativo tributário*. Porto Alegre: Livraria do Advogado, 2012.

BOTELHO, Guilherme. *Direito ao processo qualificado*: o processo civil na perspectiva do Estado Constitucional. Porto Alegre: Livraria do Advogado, 2010.

BRAGA NETO, Adolfo. Mediação de conflitos: conceitos e técnicas. In: SALLES, Carlos Alberto de; LORENCINI, Marco Antônio Garcia Lopes; SILVA, Paulo Eduardo Alves da (Coord.). *Negociação, mediação e arbitragem*: curso básico para programa de graduação em direito. Rio de Janeiro: Forense; São Paulo: Método, 2012. p. 103-125.

BRANCO, Gerson Luís Carlos. O duplo grau de jurisdição e sua perspectiva constitucional. In: ALVARO DE OLIVEIRA, Carlos Alberto. *Processo e Constituição*. Rio de Janeiro, Forense, 2004. p. 185-231.

BRASILEIRO, Ricardo Adriano Massara. *O objeto do processo civil romano*. Belo Horizonte: Lidre, 2007.

BRITO, Hugo Machado de. *Processo tributário*. 6. ed. São Paulo: Atlas, 2012.

BRUSCHI, Gilberto Gomes *et al*. *Direito processual empresarial*: estudos em homenagem a Manoel de Queroz Pereira Calças. Rio de Janeiro: Elsevier, 2012.

BUENO, Eduardo. *Brasil*: uma história: cinco séculos de um país em construção. Rio de Janeiro: Leya, 2012.

BÜLOW, Oskar Von. *Teoria das exceções e dos pressupostos processuais*. Tradução de: Ricardo Rodrigues Gama. Campinas: LZN, 2005

BUSTAMANTE, Thomas da Rosa de. *Teoria do precedente judicial*: a justificação e a aplicação de regras jurisprudenciais. São Paulo: Noeses, 2012.

BUZAID, Alfredo. *Estudos e pareceres de direito processual civil*. São Paulo: Revista dos Tribunais, 2002.

CABRÁL, Antônio do Passo. *Coisa julgada e preclusões dinâmicas*: entre continuidade, mudança e transição de posições processuais estáveis. Salvador: Juspodivm, 2013.

CABRAL, Érico de Pina. *Inversão do ônus da prova no processo civil do consumidor*. São Paulo: Método, 2008.

CAHALI, Francisco José. *Curso de arbitragem*: resolução CNJ 125/2010: mediação e conciliação. 2. ed. São Paulo: Revista dos Tribunais, 2012.

CALDAS, Gilberto. *Novo tratado das ações*: ações declaratória, constitutivas, condenatórias, executiuvas e cautelares: face à sistemática do processo civil brasileiro. São Paulo: Ediprax, 1990.

CALMON, Petrônio. *Fundamentos da mediação e da conciliação*. Rio de Janeiro: Forense, 2007.

CÂMARA, Alexandre Freitas. *Lições de direito processual civil*. 24. ed. São Paulo: Atlas, 2013. v. 1.

CAMPOS, Marcelo. *Direito processual tributário*: a dinâmica da interpretação: estudos em homenagem ao professor Dejalma de Campos. São Paulo: Revista dos Tribunais, 2008.

CANOTILHO, J. J. Gomes. *Direito constitucional e teoria da Constituição*. 7. ed. Coimbra: Almedina, 2003.

CAPPELLETTI, Mauro; GARTH, Bryant. *Acesso à justiça*. Tradução de: Ellen Gracie Northfleet. Porto Alegre: Fabris, 1998.

CARMONA, Carlos Alberto (Coord.). *Processo administrativo*. São Paulo: Atlas, 2008.

CARNEIRO, Athos Gusmão. *Jurisdição e competência*. 13. ed. São Paulo: Malheiros, 2004.

CARNELUTTI, Francesco. *Teoria geral do direito*. Tradução de: Antônio Carlos Ferreira. São Paulo: LEJUS, 1999.

CARVALHO, Fabiano; BARIONI, Rodrigo (Org.). *Processo imobiliário*. São Paulo: Forense, 2011.

CARVALHO, Milton Paulo de (Coord.). *Teoria geral do processo civil*. Rio de Janeiro: Elsevier, 2010. p. 25-30.

——. Esforço histórico do direito processual civil brasileiro. In: —— (Coord.). *Teoria geral do processo civil*. Rio de Janeiro: Elsevier, 2010. p. 41-60.

CASTILHO, Ricardo dos Santos. *A defesa dos interesses do consumidor*: da legitimidade do Ministério Público nos interesses difusos, coletivos e individuais. São Paulo: Iglu, 2002.

CATENA, Victor Moreno; DOMINGUEZ, Valentin Cortes; SENDRA, Vicente Gimeno. *Introduccion al derecho procesal*. Valencia: Tirant lo Blanch, 1993.

CHEDID, Luciano; WEBER, Adriana. *Noções introdutórias de teoria geral do processo*. 2. ed. Porto Alegre: Livraria do Advogado, 2004.

CHIASSONI, Pierluigi. *Tecnica dell'interpretazione giuridica*. Bologna: Mulino, 2007.

CICCONETTI, Stefano Maria; TEIXEIRA, Anderson Vichinkeski. *Jurisdição constitucional comparada*. Florianópolis: Conceito, 2010.

CINTRA, Antonio Carlos de Araújo; GRINOVER, Ada Pellegrini; DINAMARCO, Cândido Rangel. *Teoria geral do processo*. 21. ed. São Paulo: Malheiros, 2005.

——; ——; ——. *Teoria geral do processo*. 27. ed. São Paulo: Malheiros, 2011.

——; ——; ——. *Teoria geral do processo*. 30. ed. São Paulo: Malheiros, 2014.

——; ——; ——. *Teoria geral do processo*. 26. ed. São Paulo: Malheiros, 2010.

COCURUTTO, Ailton. *Fundamentos de direito processual civil*: teoria e prática. São Paulo: Malheiros, 2011.

COELHO, Fábio Alexandre. *Teoria geral do processo*. São Paulo: Juarez de Oliveira, 2004.

COELHO, Marcus Vinícius Furtado. *Direito eleitoral e processo eleitoral*. Rio de Janeiro: Renovar, 2012.

COLUCCI, Maria da Glória. *Fundamentos de teoria geral do direito e do processo*. 3. ed. Curitiba: JM, 2003.

——; ALMEIDA, José Maurício Pinto de. *Lições de teoria geral do processo*. 4. ed. Curitiba: Juruá, 2009.

——; ——. *Lições de teoria geral do processo*. 3. ed. Curitiba: Juruá, 1996.

COMOGLIO, Luigi Paolo; FERRI, Corrado; TARUFFO, Michele. *Lezioni sul processo civile*: il processo ordinário di cogniziuone. Bologna: Mulino, 1995. v. I.

CONRADO, Paulo Cesar; ARAUJO, Juliana Furtado Costa (Coord.). *O novo CPC e seu impacto no Direito Tributário*. São Paulo: Fiscosoft, 2015.

COSTA, Eduardo José da Fonseca; NOGUEIRA, Pedro Henrique Pedrosa (Org.). *Reclamação constitucional*. Salvador: Juspodivm, 2013.
COUTURE, Eduardo J. *Estudios de derecho procesal civil*: la constitucion y el processo civil. 5. ed. Buenos Aires: La Ley, 2010. v. I.
——. *Fundamentos del derecho procesal civil*. Cuarta edición. Buenos Aires: IBdeF, 2010.
CRUZ, Gabriel Dias Marques da. *Arguição de descumprimento de preceito fundamental*: lineamentos básicos e revisão crítica no direito constitucional brasileiro. São Paulo: Malheiros, 2011.
CUNHA, Leonardo Carneiro da; LESSA NETO, João Luiz. Mediação e conciliação no Poder Judiciário e o Novo Código de Processo Civil. In: DIDIER JR., Fredie (Coord.) *Novo CPC doutrina selecionada*: parte geral. Organização de Lucas Buril de Macêdo; Ravi Peixoto; Alexandre Freire. Salvador: Juspodivm, 2015. v. 1. p. 259-270.
CUNHA, Mauro; SILVA, Roberto Geraldo Coelho. *Guia para estudo da teoria geral do processo*. Porto Alegre: Sagra, 1984.
DALLARI, Dalmo de Abreu. *O poder dos juízes*. 3. ed. São Paulo: Saraiva, 2007.
DANTAS, Francisco Wildo Lacerda. *Teoria geral do processo* (jurisdição, ação (defesa), processo). 2. ed. São Paulo: Método, 2007.
DANTAS, Paulo Roberto de Figueiredo. *Direito processual constitucional*. São Paulo: Atlas, 2009.
——. *Direito processual constitucional*. 5. ed. São Paulo: Atlas, 2014.
DÁVALOS, José Vizcarra. *Teoría general del proceso*. 7. ed. Cidade do México: Porrúa, 2004.
DE LA RUA, Fernando. *Proceso y justicia*: temas procesales. Buenos Aires: Lerner Editores Asociados, 1980.
DELFINO, Lúcio. *Direito processual civil*: artigos e pareceres. Belo Horizonte: Fórum, 2011.
DECAT, Scheyla Althoff. *Direito processual desportivo*. Belo Horizonte: Del Rey, 2014.
DEFOE, Daniel. *As aventuras de Robinson Crusoé*. Tradução de: Albino Poli Jr. Porto Alegre: L&PM, 2010.
DIAS, Ronaldo Bretãs de Carvalho. *Processo constitucional e Estado Democrático de Direito*. Belo Horizonte: Del Rey, 2010.
DIDIER JR., Fredie. A reconstrução da teoria geral do processo. In: —— (Org.). *Reconstruindo a teoria geral do processo*. Salvador: Juspodivm, 2012. p. 15-45.
——. O recurso extraordinário e a transformação do controle difuso de constitucionalidade no direito brasileiro. In: CAMARGO, Marcelo Novelino (Org.). *Leituras complementares de constitucional*: controle de constitucionalidade. Salvador: Juspodivm, 2007. p. 99-113.
——. *Reconstruindo a teoria geral do processo*. Salvador: Juspodivm, 2012.
——. *Sobre a teoria geral do processo, essa desconhecida*. Salvador: Juspodivm, 2012.
——. *Sobre a teoria geral do processo, essa desconhecida*. 3. ed. Salvador: Juspodivm, 2016.
——. Teoria do processo e teoria do direito. In: JOBIM, Geraldo Cordeiro; JOBIM, Marco Félix; TELLINI, Denise Estrella. *Tempestividade e efetividade processual*: novos rumos do processo civil brasileiro. Caxias do Sul: Plenum, 2010. p. 195-201.
——. *Teoria geral do processo*: panorama doutrinário mundial. Salvador: Juspodivm, 2010. v. 2.
——; JORDÃO, Eduardo Ferreira. *Teoria geral do processo*: panorama doutrinário mundial. Salvador: Juspodivm, 2007.
——; OLIVEIRA, Rafael. *Benefício da justiça gratuita*. 5. ed. Salvador: Juspodivm, 2012.
DIMOULIS, Dimitri. *Manual de introdução ao estudo do direito*. 4. ed. São Paulo: Revista dos Tribunais, 2011.
——. *Positivismo jurídico*: introdução a uma teoria do direito e defesa do pragmatismo jurídico-político. São Paulo: Método, 2006.
——; LUNARDI, Soraya. *Curso de direito constitucional*: controle de constitucionalidade e remédios constitucionais. São Paulo: Atlas, 2011.
DINAMARCO, Cândido Rangel. *A arbitragem na teoria geral do processo*. São Paulo: Malheiros, 2013.
——. *A instrumentalidade do processo*. 13. ed. São Paulo: Malheiros, 2008.
——. *Processo civil empresarial*. São Paulo: Malheiros, 2010.
DOZINETTI, Elpídio. *Ações constitucionais*. 2. ed. São Paulo: Atlas, 2010.

DUCOS, Michèle. *Roma e o direito*. Tradução de: Silvia Sarzana; Mário Pugliese Netto. São Paulo: Madras, 2007.

DUQUE, Marcelo Schenk. *Curso de direitos fundamentais*: teoria e prática. São Paulo: Revista dos Tribunais, 2014.

DUTRA, Delamar José Volpato. Teoria discursiva do direito. In: TRAVESSONI, Alexandre (Org.). *Dicionário de teoria e filosofia do direito*. São Paulo: LTr, 2011.

DWORKIN, Ronald. *Levando os direitos a sério*. 3. Ed. São Paulo: Martins Fontes, 2010.

EBLING, Cláudia Marlise da Silva Alberton. *Teoria geral do processo*: uma crítica à teoria unitária do processo através da abordagem da questão da sumarização e do tempo no/do processo penal. Porto Alegre: Livraria do Advogado, 2004.

ECHANDÍA, Hernando Devis. *Teoria general del proceso*: aplicable a todas clase de procesos. 3. ed. Buenos Aires: Universidad, 2002.

FARIAS, Cristiano Chaves de; ROSENVALD, Nelson. *Curso de direito civil*: parte geral e LINDB. 10. ed. Salvador: Juspodivm, 2012. v. 1.

FERRAZ, Sérgio; DALLARI, Adilson Abreu. *Processo administrativo*. 3. ed. São Paulo: Malheiros, 2012.

FERREIRA NETO, Arthur Maria. *Metaética e a fundamentação do direito*. Porto Alegre: Elegantia Juris, 2015.

FIGUEIRA JÚNIOR, Joel Dias. *Lições de teoria geral do processo*. Florianópolis: Florianópolis, 1992.

——; LOPES, Maurício Antônio Ribeiro. *Comentários à lei dos juizados especiais cíveis e criminais*. 2. ed. São Paulo: Revista dos Tribunais, 1997.

FIORILLO, Celso Antônio Pacheco. *Princípios do direito processual ambiental*. São Paulo: Saraiva, 2012.

——; RODRIGUES, Marcelo Abelha; NERY, Rosa Maria Andrade. *Direito processual ambiental brasileiro*. Belo Horizonte: Del Rey, 1996.

FISS, Owen. *El derecho como razón pública*. Traducción de: Esteban Restrepo Saldarriaga. Madrid: Marcial Pons, 2007.

FIUZA, César Augusto de Castro. Formas alternativas de solução de conflitos. In: FIUZA, César Augusto de Castro; SÁ, Maria de Fátima Freire de; DIAS, Ronaldo Brêtas C. (Coord.). *Temas atuais de direito processual civil*. Belo Horizonte: Del Rey, 2001. p. 73-100.

——. Algumas linhas de processo civil romano. In: ——. *Direito processual na história*. Belo Horizonte: Mandamentos, 2002. p. 15-58.

FONTES, André. *A pretensão como situação jurídica subjetiva*. Belo Horizonte: Del Rey, 2002.

FREITAS, Juarez. *Direito fundamental à boa administração pública*. 3. ed. São Paulo: Malheiros, 2014.

FUX, Luiz. *Teoria geral do processo civil*. Rio de Janeiro: Forense, 2014.

GAIO JÚNIOR, Antônio Pereira. *Direito processual civil*: teoria geral do processo, processo de conhecimento e recursos. 2. ed. Belo Horizonte: Del Rey, 2008. v. I.

GÁLVEZ, Juan F. Monroy. *Teoría general del proceso*. Lima: Palestra, 2007.

GARCEZ, José Maria Rossani. *ADRS*: métodos alternativos de solução de conflitos: análise estrutural dos tipos, fundamentos e exemplos na prática nacional/internacional. Rio de Janeiro: Lumen Juris, 2013.

GERAIGE NETO, Zaiden. *O princípio da inafastabilidade do controle jurisdional*: art. 5º, inciso XXXV, da Constituição Federal. São Paulo: Revista dos Tribunais, 2003.

GIANNAKOS, Angelo Maraninchi. *Assistência judiciária do direito brasileiro*. Porto Alegre: Livraria do Advogado, 2008.

GIDI, Antônio. *A class action como instrumento de tutela coletiva dos direitos*: as ações coletivas em uma perspectiva comparada. São Paulo: Revista dos Tribunais, 2007.

——; TESHEINER, José Maria; THIBAU, Tereza Cristina Sorice Baracho. *Processos coletivos*: ação civil pública e ações coletivas. Porto Alegre: Livaria do Advogado, 2015.

GIORGIS, José Carlos Teixeira. *A lide como categoria comum do processo*. Porto Alegre: Lejur, 1991.

—— (Org.). *Inovações do Código de Processo Civil*. Porto Alegre: Livraria do Advogado, 1997.

GIUDICE, Frederico del. *La Costituzione esplicata*: la Carta fondamentale della Repubblica spiegata articolo per articolo. Napoli: Esselibri, 2003.

GÓES, Gisele Santos Fernandes. Quais as bases científicas para um renovado direito processual. In: CARNEIRO, Athos Gusmão; CALMON, Petrônio. *Bases científicas para um renovado direito processual*. 2. ed. Salvador: Juspodivm, 2009. . p. 861-870.

GOLDSHIMIDT, James. *Direito processual civil*. Tradução de: Lisa Pary Scarpa. Campinas: Bookseller, 2003. t. I.

──. *Teoria geral do processo*. Tradução de: Leandro Farina. Leme, SP: Forum, 2006.

GOMES JUNIOR, Luiz Manoel; CRUZ, Luana Pedrosa de Figueiredo; CERQUEIRA, Luís Otávio Sequeira de; MARCÃO, Reano; FAVRETO, Rogério; PALHARINI JUNIOR, Sidney. *Comentários à lei do mandado de segurança*: Lei 12.016, de 7 de agosto de 2009. 4. ed. São Paulo: Revista dos Tribunais, 2015.

GOMES, Camila de Magalhães. História do processo – perspectiva histórico-cultural do direito processual. In: ZAGANELLI, Margareth Vetis (Coord.). *Estudos de história do processo*. Rio de Janeiro: Lumen Juris, 2009. p. 37-65.

GOMES, Luiz Flávio. *A dimensão da magistratura no Estado Constitucional e Democrático de Direito*: independência judicial, controle judiciário, legitimação da jurisdição, politização e responsabilidade do juiz. São Paulo: Revista dos Tribunais, 1997.

GONÇALVES, Marcus Vinícius Rios. *Novo curso de direito processual civil*: teoria geral e processo de conhecimento. 7. ed. São Paulo: Saraiva, 2010. v. 1.

GONÇALVES, William Couto. *Filosofia do direito processual*: estudos sobre a jurisdição e o processo fundamentando uma compreensão histórica, ontológica e teleológica. Rio de Janeiro: Lumen Juris, 2005.

GORCZEVSKI, Clovis. *Formas alternativas para resolução de conflitos*: a arbitragem no Brasil. Porto Alegre: Livraria do Advogado, 1999.

GRECO FILHO, Vicente. *Direito processual civil brasileiro*: teoria geral do processo e auxiliares da justiça. 21. ed. São Paulo: Saraiva, 2009. v. 1.

GRINOVER, Ada Pellegrini. Direito processual coletivo. In: DIDIER JR., Fredie; JORDÃO, Eduardo Ferreira (Org.). *Teoria geral do processo*: panorama doutrinário mundial. Salvador: Juspodivm, 2008. p. 27-35.

──. *O processo em sua unidade*. São Paulo: Saraiva, 1978.

──; BENJAMIN, Antonio Herman; WAMBIER, Teresa Arruda Alvim; VIGORITI, Vincenzo. *Processo coletivo*: do surgimento à atualidade. São Paulo: Revista dos Tribunais, 2014.

──; MENDES, Aluisio Gonçalves de Castro; WATANABE, Kazuo. *Direito processual coletivo e o anteprojeto de código brasileiro de processos coletivos*. São Paulo: Revista dos Tribunais, 2007.

GUASTINI, Ricardo. *Das fontes às normas*. Tradução de: Edson Bini. São Paulo: Quartir Latin, 2005.

GUEDES, Carús Guedes; DALL'ALBA, Felipe Camilo; AZEM, Guilherme Beux Nassif; BATISTA, Liliane Maria (Org.). *Novo Código de Processo Civil*: comparativo entre o projeto do novo CPC e o CPC de 1973. Belo Horizonte: Fórum, 2010.

GUERRERO, Luis Fernando. *Convenção de arbitragem e processo arbitral*. São Paulo: Atlas, 2009.

GUILHERME, Walter de Almeida; KIM, Richard Pae; SILVEIRA, Vladmir Oliveira da. *Direito eleitoral e processo eleitoral*: temas relevantes. São Paulo: Revista dos Tribunais, 2012.

GUILLEN, Victor Fairen. *Teoría general de Derecho Procesal*. México: UNAM, 2006.

GUSMÃO, Chrysolito de. *Direito judiciário e direito constitucional*. Rio de Janeiro/São Paulo: Freitas Bastos, 1956.

HABERMAS, Jürgen. *Direito e democracia*: entre faticidade e validade. 2. ed. Rio de Janeiro: Tempo Brasileiro, 2003. v. I.

──. *Direito e democracia*: entre faticidade e validade. 2. ed. Rio de Janeiro: Tempo Brasileiro, 2011. v. II.

HADDAD, José Ricardo; WAGNER JUNIOR, Luiz Guilherme da Costa; JACOB, Luiz Guilherme de Almeida Ribeiro; FREITAS FILHO, Roberto Mendes de; VALLIM FILHO, Sérgio Carvalho de Aguiar. *Poder judiciário e carreiras jurídicas*. 5. ed. São Paulo: Atlas, 2014.

HENRIQUE FILHO, Ruy Alves. *Direitos fundamentais e processo*. Rio de Janeiro: Renovar, 2008.

HESPANHA, Benedito. *Tratado de teoria do processo*. Rio de Janeiro: Forense, 1986. v. I.

──. *Tratado de teoria geral do processo*. Rio de Janeiro: Forense, 1986. v. II.

HIDALGO, Daniela Boito Maurmann. *Relação entre direito material e processo*: uma compreensão hermenêutica. Porto Alegre: Livraria do Advogado, 2011.

HIRATA, Alessandro. *Conselheiro Ribas*: o sistematizador do Direito Civil brasileiro. Disponível em: <http://www.cartaforense.com.br/conteudo/colunas/conselheiro-ribas-o-sistematizador-do-direito-civil-brasileiro/7568>. Acesso em: 10 jul. 2013.

IGLESIAS, Juan. *Direito romano*. Atualização de Juan Iglesias Redondo. Tradução de: Claudia de Miranda Avena. São Paulo: Revista dos Tribunais, 2011.

JAUERNIG, Othmar. *Direito processual civil*. 25. ed. Tradução de: F. Silveira Ramos. Coimbra: Almedina, 2002.

JOBIM, Marco Félix. *Cultura, escolas fases metodológicas do processo*. 3. ed. Porto Alegre: Livraria do Advogado, 2016.

——. *Direito fundamental à duração razoável do processo*: a responsabilidade civil do Estado em decorrência da intempestividade processual. 2. ed. Porto Alegre: Livraria do Advogado, 2012.

——. *Cultura, escolas e fases metodológicas do processo*. Porto Alegre: Livraria do Advogado, 2011.

——. *Medidas estruturantes*: da Suprema Corte estadunidense ao Supremo Tribunal Federal. Porto Alegre: Livraria do Advogado, 2013.

KEPPEN, Luiz Fernando Tomasi; MARTINS, Nadia Bevilaqua. *Introdução à resolução alternativa de conflitos*: negociação, mediação, levantamento de fatos, avaliação técnica independente. Curitiba: JM Livraria Jurídica, 2009.

KOEHLER, Frederico Augusto Leopoldino. *A razoável duração do processo*. 2. ed. Salvador: Juspodivm, 2013.

KUHN, Thomas S. *A estrutura das revoluções científicas*. Tradução de: Beatriz Vianna Boeira e Nelson Boeira. São Paulo: Perspectiva, 2005.

LACERDA, Galeno. *Despacho saneador*. 3. ed. Porto Alegre: Fabris, 1985.

——. *Teoria geral do processo*. Rio de Janeiro: Forense, 2008.

LAMY, Eduardo de Avelar; RODRIGUES, Horácio Wanderlei. *Curso de processo civil*: teoria geral do processo. Florianópolis: Conceito, 2010. v. 1.

LANES, Julio Cesar Goulart. *Audiências*: conciliação, saneamento, prova e julgamento. Rio de Janeiro: Forense, 2009.

——. *Fato e direito no processo civil cooperativo*. São Paulo: Revista dos Tribunais, 2014.

LAURINO, Salvador Franco de Lima. *Tutela jurisdicional*: cumprimento dos deveres de fazer e não fazer. Rio de Janeiro: Elsevier, 2010.

LEAL, André Cordeiro. *Instrumentalidade do processo em crise*. Belo Horizonte: Mandamentos, 2008.

LEAL, Rosemiro Pereira. *Teoria geral do processo*: primeiros estudos. 9. ed. Rio de Janeiro: Forense, 2010.

LEONEL, Ricardo de Barros. *Reclamação constitucional*. São Paulo: Revista dos Tribunais, 2011.

LIMA, Fernando Antônio Negreiros. *Teoria geral do processo judicial*. São Paulo: Atlas, 2013.

LIMA, Francisco Gérson Marques de. *Fundamentos constitucionais do processo*: sob a perspectiva da eficácia dos direitos e garantias fundamentais. São Paulo: Malheiros, 2002.

——. *Fundamentos do processo do trabalho*: bases científicas e sociais de um processo de princípios e equidade para a tutela de direitos fundamentais do trabalho. São Paulo: Malheiros, 2010.

LIMA, Tiago Asfor Rocha. *Precedentes judiciais no Brasil*. São Paulo: Saraiva, 2013.

LOPES FILHO, Juraci Mourão. *Os precedentes judiciais no constitucionalismo brasileiro contemporâneo*. Salvador: Juspodivm, 2014.

LOPES JR., Aury. *Fundamentos do Processo Penal*: uma instrução crítica. São Paulo: Saraiva, 2015.

LOPES, Serpa. *Curso de direito civil*: introdução, parte geral e teoria dos negócios jurídicos. 2. ed. Rio de Janeiro: Freitas Bastos, 1957.

LUNARDI, Soraia. *Teoria do processo constitucional*: análise de sua autonomia, natureza e elementos. São Paulo: Atlas, 2013.

LUTZ, José Fernando. *Locações*: questões atuais e polemicas. Curitiba: Juruá, 2014

MACEDO, Elaine Harzheim. *Jurisdição e processo*: crítica histórica e perspectivas para o terceiro milênio. Porto Alegre: Livraria do Advogado, 2005.

——; MACEDO, Fernanda dos Santos. *O direito processual civil e a pós-modernidade*. No prelo.

MACHADO, Antônio Alberto. *Teoria geral do processo penal*. 2. ed. São Paulo: Atlas, 2010.

MACIEL, José Fabio Rodrigues; AGUIAR, Renan. *História do direito*. 6. ed. São Paulo: Saraiva, 2013.

MANCUSO, Rodolfo de Camargo. *Ação popular*. 8. ed. São Paulo: Revista dos Tribunais, 2015.

MARANHÃO, Clayton. *Tutela jurisdicional do direito à saúde*: arts. 83 e 84 CDC. São Paulo: Revista dos Tribunais, 2003.

MARDER, Alexandre. *Das invalidades no direito processual civil*. São Paulo: Malheiros, 2010.

MARINONI, Luiz Guilherme. *A ética dos precedentes*: justificativa do novo CPC. São Paulo: Revista dos Tribunais, 2014.

——. *Curso de processo civil*: teoria geral do processo. São Paulo: Revista dos Tribunais, 2006. v. 1.

——. *Julgamentos nas cortes supremas*: precedente e decisão do recurso mediante o novo CPC. São Paulo: Revista dos Tribunais, 2015.

——. *O STJ enquanto corte de precedentes*: recompreensão do sistema processual da corte suprema. São Paulo: Revista dos Tribunais, 2013.

——. *Precedentes obrigatórios*. São Paulo: Revista dos Tribunais, 2010.

——. *Teoria geral do processo*. 4. ed. São Paulo: Revista dos Tribunais, 2010.

——. *Teoria geral do processo*. 8. ed. São Paulo: Revista dos Tribunais, 2014. v. I.

——; ARENHART, Sérgio Cruz; MITIDIERO; Daniel. *Novo curso de processo civil*: teoria do processo civil. São Paulo: Revista dos Tribunais, 2015. v. I.

——; ARENHART; Sérgio Cruz. *Processo de conhecimento*. 8. ed. São Paulo: Revista dos Tribunais, 2010.

——; MITIDIERO, Daniel. Direitos fundamentais processuais. In: SARLET, Ingo Wolfgang; MARINONI, Luiz Guilherme; MITIDIERO, Daniel. *Curso de direito constitucional*. 4. ed. São Paulo: Saraiva, 2015. p. 729-794.

MARQUES, José Frederico. *Instituições de direito processual civil*. Campinas: Millennium, 2000.

MARTINS, Ives Gandra da Silva; MENDES, Gilmar Ferreira. *Controle concentrado de constitucionalidade*: comentários à lei n. 9.868, de 10-11-1999. 3. ed. São Paulo: Saraiva, 2009.

MARTINS, Sergio Pinto. *Teoria geral do processo*. São Paulo: Saraiva, 2016.

MATTOS, Sérgio Wetzel de. *Devido processo legal e proteção de direitos*. Porto Alegre: Livraria do Advogado, 2009.

MAZZEI, Rodrigo. Breve história (ou 'estória') do direito processual civil brasileiro: das ordenações até a derrocada do Código de Processo Civil de 1973. In: DIDIER JR., Fredie (Coord.). *Novo CPC doutrina selecionada*: parte geral. Organização de Lucas Buril de Macêdo; Ravi Peixoto; Alexandre Freire. Salvador: Juspodivm, 2015. v. 1. p. 35-63.

MEDEIROS, Hortencio Catunda de. *Esquema de teoria geral do processo*. 5. ed. Rio de Janeiro: Renovar, 2003.

MEDINA, José Miguel Garcia; ARAÚJO, Fábio Caldas de. *Mandado de segurança individual e coletivo*: comentários à Lei 12.016/2009. 2. ed. São Paulo: Revista dos Tribunais, 2012.

MEDINA, Paulo Roberto de Gouvêa. *Direito processual constitucional*. 5. ed. Rio de Janeiro: Forense, 2012.

MEDINA, Paulo Roberto de Gouvêa. *Teoria geral do processo*. Belo Horizonte: Del Rey, 2012.

MEIRELES, Edilton. O novo CPC e sua aplicação supletiva e subsidiária no processo do trabalho. In: MIESA, Elison (Org.). *O novo Código de Processo Civil e seus reflexos no processo do trabalho*. Salvador: Juspodivm, 2015. p. 31-54.

MEIRELLES, Hely Lopes; WALD, Arnoldo; MENDES, Gilmar Ferreira. *Mandado de segurança e ações constitucionais*. 34. ed. São Paulo: Malheiros, 2012.

MELLO, Patrícia Perrone Campos. *Precedentes*: o desenvolvimento judicial do direito no constitucionalismo contemporâneo. Rio de Janeiro: Renovar, 2008.

MELO, Nehemias Domingos de. *Da defesa do consumidor em juízo*. São Paulo: Atlas, 2010.

MENDES, Aluísio Gonçalves de Castro; MARINONI, Luiz Guilherme; WAMBIER, Teresa Arruda Alvim. (Coord.). *Direito jurisprudencial*. São Paulo: Revista dos Tribunais, 2014. v. II.

MENDES, Gilmar Ferreira. *Arguição de descumprimento de preceito fundamental*. 2. ed. São Paulo: Saraiva, 2011.

——. *Controle abstrato de constitucionalidade*: ADI, ADC e ADO: comentários à Lei n. 9.868/99". São Paulo: Saraiva, 2012.

——; VALE, André Rufino do; QUINTAS, Fábio Lima (Org.). *Mandado de injunção*: estudos sobre sua regulamentação. São Paulo: Saraiva, 2013.

MIRANDA, Pontes de. *Fontes e evolução do direito civil brasileiro*. 2. ed. São Paulo: Forense, 1981.

MITIDIERO, Daniel. *Colaboração no processo civil*: pressupostos sociais, lógicos e éticos. 2. ed. São Paulo: Revista dos Tribunais, 2011.

——. *Colaboração no processo civil*: pressupostos sociais, lógicos e éticos. 3. ed. São Paulo: Revista dos Tribuanis, 2015.

——. *Cortes superiores e cortes supremas*: do controle à interpretação, da jurisprudência ao precedente. São Paulo: Revista dos Tribunais, 2013.

——. *Elementos para uma teoria contemporânea do processo civil brasileiro*. Porto Alegre: Livraria do Advogado, 2005.

——. O processualismo e a formação do Código Buzaid. In: JOBIM, Geraldo Cordeiro; JOBIM, Marco Félix; TELLINI, Denise Estrela (Org.). *Tempestividade e efetividade processual*: novos rumos do processo civil brasileiro. Caxias do Sul: Plenum, 2010. p. 109-130.

——. *Precedentes*: da persuasão à vinculação. São Paulo: Revista dos Tribunais, 2016.

——. *Processo civil e estado constitucional*. Porto Alegre: Livraria do Advogado, 2007.

MORAES, Maria Celina Bodin; KONDER, Carlos Nelson. *Dilemas de direito civil-constitucional*. Rio de Janeiro: Renovar, 2012.

MORAES, Voltaire de Lima. *Ação civil pública*. Porto Alegre: Livraria do Advogado, 2007.

MORATO, Leonardo L. *Reclamação e sua aplicação para o respeito da súmula vinculante*. São Paulo: Revista dos Tribunais, 2007.

MOREIRA, Rômulo de Andrade. *Uma crítica a teoria geral do processo*. Florianópolis: Empório do Direito, 2015.

——. *Uma crítica à teoria geral do processo*. Porto Alegre: Magister, 2013.

MOTTA, Otávio Verdi. *Justificação da decisão judicial*: a elaboração da motivação e a formação de precedente. São Paulo: Revista dos Tribunais, 2015.

NASCIMENTO, Amauri Mascaro. *Ordenamento jurídico trabalhista*. São Paulo: LTr, 2013.

NERY JUNIOR, Nelson. *Princípios do processo na Constituição Federal*: processo civil, penal e administrativo. 9. ed. São Paulo: Revista dos Tribunais, 2009.

NETTO, Fernando Gama de Miranda; ROCHA, Felippe Borring (Org.). *Juizados especiais cíveis*: novos desafios. Rio de Janeiro: Lumen Juris, 2010.

NEVES, Daniel Amorim Assumpção. *Ações constitucionais*. 2. ed. Rio de Janeiro: Forense; São Paulo: Método, 2013.

NEVES, Jose Roberto de Castro. *A invenção do direito*: as lições de Ésquilo, Sófocles, Eurípedes e Aristóteles. Rio de Janeiro: Edições de Janeiro, 2015.

NOGUEIRA, Gustavo Santana. *Precedentes vinculantes no direito comparado e brasileiro*. 2. ed. Salvador: Juspodivm, 2013.

NUCCI, Guilherme de Souza. *Habeas corpus*. Rio de Janeiro: Forense, 2014.

NUNES, Antonio Carlos Ozório. *Manual de mediação*: guia prático da autocomposição. São Paulo: Revista dos Tribunais, 2016.

NUNES, Dierle *et al*. *Curso de direito processual civil*: fundamentação e aplicação. Belo Horizonte: Fórum, 2011.

O CLÃ do urso das cavernas. Diretor: Michael Chapman. Ano: 1986. 1 DVD. 98 min. Color. LWE. Título no original: The Clan of the Cave Bear.

OLIVEIRA FILHO, Candido de. *Curso de prática do processo*. Rio de Janeiro: Livraria Editora Dr. Candido de Oliveira Filho, 1938.

OLIVEIRA JUNIOR, Valdir Ferreira de. Existe uma teoria geral do processo. In: DIDIER JR, Fredie; JORDÃO, Eduardo Ferreira. *Teoria geral do processo*: panorama doutrinário mundial. Salvador: Juspodivm, 2007. p. 961-974.

OLIVEIRA, Carlos Alberto Alvaro de. *Do formalismo no processo civil*: proposta de um formalismo-valorativo. 4. ed. São Paulo: Saraiva, 2010.

—— (org.). *Elementos para uma nova teoria geral do processo*. Porto Alegre: Livraria do Advogado, 1997.

——. *Teoria e prática da tutela jurisdicional*. Rio de Janeiro: Forense, 2008.

——; MITIDIERO, Daniel. *Curso de processo civil*: teoria geral do processo civil e parte geral do direito processual civil. São Paulo: Atlas, 2010. v. 1.

OLIVEIRA, Daniela Olímpio de. *Desjudicialização, acesso à justiça e teoria geral do processo*. 2. ed. Curitiba: Juruá, 2015.

OLIVEIRA, Paulo Mendes. *Coisa julgada e precedente*: limites temporais e as relações jurídicas de trato continuado. São Paulo: Revista dos Tribunais, 2015.

PACHECO, José da Silva. *Evolução do processo civil brasileiro*. 2. ed. Rio de Janeiro: Renovar, 1999.

PAIXÃO JÚNIOR, Manuel Galdino da. *Teoria geral do processo*. Belo Horizonte: Del Rey, 2002.

PAMPLONA FILHO, Rodolfo; SOUZA, Tercio. *Curso de direito processual do trabalho*. São Paulo: Marcial Pons, 2013.

PARENTE, Eduardo de Albuquerque. *Processo arbitral e sistema*. São Paulo: Atlas, 2012.

PARIZ, Ângelo Aurélio Gonçalves. *O princípio do devido processo legal*: direito fundamental do cidadão. Coimbra: Almedina, 2009.

PAULA, Jônatas Luiz Moreira de. *História do direito processual brasileiro*: das origens à escola crítica do processo. Barueri: Manole, 2002.

──. *Teoria geral do processo*. 3. ed. Barueri: Manole, 2002.

PAUMGARTTEN, Michele Pedrosa. *Novo processo civil brasileiro*: métodos adequados de resolução de conflitos. Curitiba: Juruá, 2015.

PAVANI, Sérgio Augusto Zampol. *Estado e processo civilizatório*. São Paulo: MP, 2009.

PELEJA JR., Antônio Veloso. *Direito eleitoral*: aspectos processuais: ações e recursos. São Paulo: Juruá, 2010.

PEREIRA, Paula Pessoa. *Legitimidade dos precedentes*: universabilidade das decisões do STJ. São Paulo: Revista dos Tribunais, 2014.

PESTANA, Marcio. *A prova no processo administrativo tributário*. Rio de Janeiro: Elsevier, 2007.

PICARDI, Nicola. *Jurisdição e processo*. Organizador e revisor da tradução Carlos Alberto Alvaro de Oliveira. Rio de Janeiro: Forense, 2008.

PORTO, Éderson Garin. *Manual da execução fiscal*. 2. ed. Porto Alegre: Livraria do Advogado, 2010.

PORTO, Sérgio Gilberto. *Cidadania processual*: processo constitucional e o novo processo civil. Porto Alegre: Livraria do Advogado, 2016.

──. *Coisa julgada civil*. 4. ed. São Paulo: Revista dos Tribunais, 2011.

──. *Common law, civil law* e precedente judicial. In: MARINONI, Luiz Guilherme (Coord.) *Estudos de direito processual civil*. São Paulo: Revista dos Tribunais, 2005. p. 761-776.

──. *Sobre o Ministério Público no processo não-criminal*. 2. ed. Rio de Janeiro: AIDE, 1998.

──; PORTO, Guilherme Athayde. *Lições de teoria do processo*: civil e constitucional. Porto Alegre: Livraria do Advogado, 2013.

──; USTÁRROZ, Daniel. *Lições de direitos fundamentais no processo civil*: o conteúdo processual da Constituição Federal. Porto Alegre: Livraria do Advogado, 2009.

PRENTZAS, G. S. *Gideon v. Wainwright*: the right to free legal counsel. New York: Chelsea House, 2007.

RAMOS, Vitor de Paula. *Ônus da prova no processo civil*: do ônus ao dever de provar. São Paulo: Revista dos Tribunais, 2015.

RÉ, Aluísio Monti Ruggeri. *Processo civil coletivo e sua efetividade*. São Paulo: Malheiros, 2012.

REALE, Miguel. *Lições preliminares de direito*. 27. ed. 5. tiragem. São Paulo: Saraiva, 2005.

REDONDO, Bruno Garcia; SANTOS, Welder Queiroz dos; SILVA, Augusto Vinícius Fonseca e; VALLADARES, Carlos Pereira (Coord.). *Juizados especiais*. Salvador: Juspodivm, 2016.

REICHELT, Luis Alberto. *A prova no direito processual civil*. Porto Alegre: Livraria do Advogado, 2009.

REIS, Maurício Martins. *A legitimação do Estado Democrático de Direito para além da decretação abstrata de constitucionalidade*: o valor prospectivo da interpretação conforme à Constituição como desdobramento concreto entre a lei e o Direito. Passo Fundo: Imed, 2012.

RIBEIRO, Darci Guimarães. *Da tutela jurisdicional às formas de tutela*. Porto Alegre: Livraria do Advogado, 2010.

──. Esboço de uma teoria processual do direito. In: DIDIER JR., Fredie (Org.). *Teoria geral do processo*: panorama doutrinário mundial. 2ª série. Salvador: Juspodivm, 2010. p. 117-136.

RIVAS, Adolfo. *Teoría general del derecho procesal*. Buenos Aires: Lexis Nexis, 2005.

ROCHA, José de Albuquerque. *Teoria geral do processo*. 10. ed. São Paulo: Atlas, 2009.

ROCHA, Mauro Luís. *Processo judicial tributário*. 8. ed. São Paulo: Impetus, 2012.

RODRIGUES, Geisa. *Ações constitucionais*. Rio de Janeiro: Forense; São Paulo: Método, 2014.

RODRIGUES, Horácio Wanderley; LAMY, Eduardo de Avelar. *Teoria geral do processo*. 3. ed. Rio de Janeiro: Elsevier, 2012.

RODRIGUES, Marcelo Abelha. *Processo civil ambiental*. 3. ed. São Paulo: Revista dos Tribunais, 2011.

RODRIGUES, Ruy Zoch. *Ações repetitivas*: casos de antecipação de tutela sem o requisito da urgência. São Paulo: Revista dos Tribunais, 2010.

ROQUE, Andre Vasconcelos; PINHO, Humberto Dalla Bernadina de (Coord.). *O projeto do novo Código de Processo Civil*: uma análise crítica. Brasília: Gazeta Jurídica, 2013.

ROSAS, Roberto. *Direito processual constitucional*: princípios constitucionais do processo civil. 3. ed. São Paulo: Revista dos Tribunais, 1999.

ROSITO, Francisco. *Teoria dos precedentes judiciais*: racionalidade da tutela jurisdicional. Curitiba: Juruá, 2012.

RUTHES, Astrid Maranhão de Carvalho. *Ônus da prova no Código de Defesa do Consumidor*. Curitiba: Juruá, 2010.

RUZON, Bruno Ponich. Princípios do contraditório e da ampla defesa. In: ―― (Org.). *Princípios do processo civil brasileiro*. Porto Alegre: Verbo Jurídico, 2013. p. 141-166.

SALLES, Carlos Alberto de. Processo: procedimento dotado de normatividade – uma proposta de unificação conceitual. In: ZUFETALO, Camilo e YARSHELL, Flávio Luiz (Org.). *40 anos da teoria geral do processo no Brasil*: passado, presente e futuro. São Paulo: Malheiros, 2013. p. 201-217.

――; LORENCINI, Marco Antônio Garcia Lopes; Silva, Paulo Eduardo da (Coord.). *Negociação, mediação e arbitragem*: curso básico para programas de graduação em Direito. Rio de Janeiro: Forense; São Paulo: Método, 2012.

SAMPAIO JÚNIOR, José Herval. *Processo constitucional*: nova concepção de jurisdição. São Paulo: Método, 2008.

SAMPAIO, José Adércio Leite. *A Constituição reinventada pela jurisdição constitucional*. Belo Horizonte: Del Rey, 2002.

――. *O Conselho Nacional de Justiça e a independência do judiciário*. Belo Horizonte: Del Rey, 2007.

SANTOS FILHO, Orlando Venâncio dos. *A dogmatização da ampla defesa*: óbice à efetividade do processo. Rio de Janeiro: Lumen Juris, 2005.

SANTOS, Ernane Fidélis. *Manual de direito processual civil*: processo de conhecimento. 11. ed. São Paulo: Saraiva, 2006. v. 1.

SANTOS, Moacyr Amaral. *Primeiras linhas de direito processual civil*. 25. ed. Atualizado por Maria Beatriz Amaral Santos Köhnen. São Paulo: Saraiva, 2007. v. 1.

SANTOS, Valcedi dos. *Teoria geral do processo*. Campinas: Millennium, 2007.

SARAIVA, Gastão Grossê. História do processo, até o atual Código de Processo Civil. In: WAMBIER, Luiz Rodrigues; WAMBIER, Teresa Arruda Alvim (Org.). *Doutrinas essenciais*: processo civil. São Paulo: Revista dos Tribunais, 2011. v. 1. p. 471-479.

SARLET, Ingo Wolfgang. *A eficácia dos direitos fundamentais*: uma teoria geral dos direitos fundamentais na perspectiva constitucional. 12. ed. Porto Alegre: Livraria do Advogado, 2015.

――; MARINONI, Luiz Guilherme; MITIDIERO, Daniel. *Curso de direito constitucional*. São Paulo: Revista dos Tribunais, 2012.

SARTI, Saulo. *As medidas assecuratórias na persecução à criminalidade econômica*: análise dos requisitos para a decretação do arresto nas decisões do Tribunal Regional Federal da 4ª Região e da 7ª Vara Federal de Porto Alegre. Porto Alegre: PUCRS (PPGCrim), 2015.

――. *As medidas assecuratórias na persecução à criminalidade econômica*: análise dos requisitos para a decretação do arresto nas decisões do Tribunal Regional Federal da 4ª Região e da 7ª Vara Federal de Porto Alegre. Porto Alegre. 2015. Dissertação (Mestrado em Ciências Criminais) – Faculdade de Direito, Pontifícia Universidade Católica do Rio Grande do Sul, Porto Alegre, 2015.

SCHMITZ, Leonard Ziesemer. A teoria geral do processo e a parte geral no Código de Processo Civil. In: DIDIER JR., Fredie (Coord.). *Novo CPC doutrina selecionada*: parte geral. Organização de Lucas Buril de Macêdo; Ravi Peixoto; Alexandre Freire. Salvador: Juspodivm, 2015. v. 1. p. 101-134.

SERAU JR., Marco Aurélio. *Curso de processo judicial previdenciário*. 3. ed. São Paulo: Método, 2012.

SHIMURA, Sérgio. *Tutela coletiva e sua efetividade*. São Paulo: Método, 2006.

SICA, Heitor Vitor Mendonça. *O direito de defesa no processo civil brasileiro*: um estudo sobre a posição do réu. São Paulo: Atlas, 2011.

———. Perspectivas atuais da teoria geral do processo. In: CARNEIRO, Athos Gusmão e CALMON, Petrônio (Org.). *Bases científicas para um renovado direito processual*. 2. ed. Salvador: Juspodivm, 2009. p. 55-78.

SILVA, Eduardo Silva da; MORAES, Henrique Choer; BARBIERI, Maurício Lindenmeyer. *Teoria geral do processo*. Porto Alegre: Sergio Antonio Fabris, 2002.

SILVA, José Afonso da. *Ação popular constitucional*: doutrina e processo. 2. ed. São Paulo: Malheiros, 2007.

———. *O mandado de segurança e outras ações constitucionais típicas*. 4. ed. São Paulo: Revista dos Tribunais, 2012.

SILVA, José Milton da. *Teoria geral do processo*. Rio de Janeiro: Forense, 1997.

SILVA, Ovídio A. Baptista da. *Curso de processo civil*: processo de conhecimento. 7. ed. Rio de Janeiro: Forense, 2005. v. 1.

———. *Curso de processo civil*: processo de conhecimento. 8. ed. Rio de Janeiro: Forense, 2008. v. 1. t. 1.

———. *Jurisdição e execução na tradição romano-canônica*. 3. ed. Rio de Janeiro: Forense, 2007.

———. *Sentença e coisa julgada*: ensaios. 3. ed. Porto Alegre: Fabris, 1995.

———; GOMES, Fábio Luiz. *Teoria geral do processo civil*. 5. ed. São Paulo: Revista dos Tribunais, 2010.

SILVEIRA, José Neri da. *Aspectos do processo eleitoral*. Porto Alegre: Livraria do Advogado, 1998.

SOARES, Ricardo Maurício Freire. Fundamentos epistemológicos para uma teoria geral do processo. In: DIDIER JR., Fredie; JORDÃO, Eduardo Ferreira. *Teoria geral do processo*: panorama mundial. Salvador: Juspodivm, 2007. p. 841-853.

SPENGLER, Fabiana Marion. *Da jurisdição à mediação*: por uma cultura no tratamento de conflitos. Ijuí: Unijuí, 2010.

STRECK, Lenio Luiz. *Jurisdição constitucional e decisão jurídica*. 3. ed. São Paulo: Revista dos Tribunais, 2013.

———; ABBOUD, Georges. *O que é isto – o precedente judicial e as súmulas vinculantes?* Porto Alegre: Livraria do Advogado, 2013.

TAKOI, Sérgio Massaru. *Reclamação constitucional*. São Paulo: Saraiva, 2013.

TARTUCE, Fernanda. Conciliação em juízo: o que (não) é conciliar? In: SALLES, Carlos Alberto de; LORENCINI, Marco Antônio Garcia Lopes; SILVA, Paulo Eduardo Alves da (Coord.). *Negociação, mediação e arbitragem*: curso básico para programa de graduação em direito. Rio de Janeiro: Forense; São Paulo: Método, 2012. p. 149-178.

TARUFFO, Michele. *A motivação da sentença civil*. Tradução de: Daniel Mitidiero; Rafael Abreu; Vitor de Paula Ramos. São Paulo: Marcial Pons, 2015.

TAVARES, André Ramos. *Argüição de descumprimento de preceito fundamental*: (Lei n. 9.868/99 e Lei n. 9.882/99). São Paulo: Saraiva, 2001.

———. *Manual do Poder Judiciário brasileiro*. São Paulo: Saraiva, 2012.

———. *Mensalão*: percalços processuais de fundo constitucional. Disponível em: <http://www.cartaforense.com.br/conteudo/colunas/mensalao-percalcos-processuais-de-fundo-constitucional/11071>. Acesso em: 07 jun. 2013.

TAVARES, Fernando Horta. Mediação, processo e Constituição: considerações sobre a autocomposição de conflitos no novo Código de Processo Civil. In: FREIRE, Alexandre et al. (Org.). *Novas tendências do processo civil*: estudos sobre o projeto do novo Código de Processo Civil. Salvador: Juspodivm, 2013. p. 57-74.

TEPEDINO, Gustavo (Coord.). *O Código Civil na perspectiva civil-constitucional*. Rio de Janeiro: Renovar, 2013.

TESHEINER, José Maria Rosa. *Elementos para uma teoria geral do processo*. São Paulo: Saraiva, 1993.

———; THAMAY, Rennan Faria Krüger. *Teoria geral do processo*: em conformidade com o novo CPC. Rio de Janeiro: Forense, 2015.

———. *Processos coletivos*. Porto Alegre: HS, 2012.

TESSLER, Luciane Gonçalves. *Tutelas jurisdicionais do meio ambiente*: tutela inibitória, tutela de remoção, tutela do ressarcimento na forma específica. São Paulo: Revista dos Tribunais, 2004.

TORRES, Artur. *A tutela coletiva dos direitos individuais*: considerações acerca do projeto de novo Código de Processo Civil. Porto Alegre: Arama, 2013.

TOSTA, Jorge (Coord.). *Juizados especiais cíveis*. Rio de Janeiro: Elsevier, 2010.

TROLLER, Alois. *Dos fundamentos do formalismo processual civil*. Tradução de Carlos Alberto Alvaro de Oliveira. Porto Alegre: Sergio Antonio Fabris, 2009.

TUCCI, José Rogério Cruz e; AZEVEDO, Luiz Carlos de. *Lições de história do processo civil lusitano*. São Paulo: Revista dos Tribunais, 2009.

——; ——. *Lições de história do processo civil romano*. São Paulo: Revista dos Tribunais, 2001.

——; ——. *Lições de processo civil canônico* (história e direito vigente). São Paulo: Revista dos Tribunais, 2001.

TUTIKIAN, Priscila David Sansone. *O silêncio na formação dos contratos*: proposta, aceitação e elementos da declaração negocial. Porto Alegre: Livraria do Advogado, 2009.

VELOSO, Waldir de Pinho. *Direito processual administrativo*. Curitiba: Juruá, 2010.

VERBIC, Francisco. *Procesos colectivos*. Buenos Aires: Astrea, 2007.

VÉSCOVI, Enrique. *Teoría general del proceso*. Segunda Edición. Santa Fé de Bogotá, Colômbia: Temis, 1999.

VILLEY, Michel. *Direito romano*. Tradução de: Fernando Couto. Porto: Rés, s.d.

VIOLIN, Jordão. *Protagonismo judiciário e processo coletivo estrutural*: o controle jurisdicional de decisões políticas. Salvador: Juspodivm, 2013.

WARAT, Luiz Alberto. *Introdução geral do Direito I*: interpretação da lei: temas para uma reformulação. Porto Alegre: Sergio Antonio Fabris, 1994.

WAMBIER, Teresa Arruda Alvim (Coord.). *Direito jurisprudencial*. São Paulo: Revista dos Tribunais, 2012.

—— (Org.). *Habeas data*. São Paulo: Revista dos Tribunais, 1998.

WATANABE, Kazuo. *Da cognição no processo civil*. Campinas: Bookseller, 2000.

WINDSCHEID, Bernhard; MUTHER, Theodor. *Polemica sobre la '"actio"*. Tradução de: Tomás A. Banzhaf. Buenos Aires: Ediciones Jurídicas Europa-América, 1976.

WOLKART, Erik Navarro. *Precedente judicial no processo civil brasileiro*: mecanismos de objetivação do processo. Salvador: Juspodivm, 2013.

YARSHELL, Flavio Luiz. *Curso de direito processual civil*. São Paulo: Marcial Pons, 2014.

ZANETI JR., Hermes. *O 'novo' mandado de segurança coletivo*. Salvador: Juspodivm, 2013.

——. *Processo constitucional*: o modelo constitucional do processo civil brasileiro. Rio de Janeiro: Lumen Juris, 2007.

——. Processo constitucional: relações entre processo e constituição. In MITIDIERO, Daniel Francisco; ZANETI JR., Hermes. *Introdução ao estudo do processo civil*: primeiras linhas de um paradigma emergente. Porto Alegre: Sergio Antonio Fabris, 2004. p. 23-62.

ZAVASCKI, Teoria Albino. *Processo coletivo*: tutela de direitos coletivos e tutela coletiva de direitos. 2. ed. São Paulo: Revista dos Tribunais, 2007.

ZIPPELIUS, Reinhold. *Introdução ao estudo do direito*. Tradução de: Gercélia Batista de Oliveira Mendes. Belo Horizonte: Del Rey, 2006.

ZUFELATO, Camilo; YARSHELL, Flávio Luiz (Org.). *40 anos da teoria geral do processo no Brasil*: presente, passado e futuro. São Paulo: Malheiros, 2013.

Anexo

Convite para o debate que foi realizado sobre a existência ou não de uma Teoria Geral do Processo entre Fredie Didier Jr. e Rômulo de Andrade Moreira